GLOBAL TRENDS 2040
A MORE CONTESTED WORLD

글로벌 트렌드

2040

더 다투는 세계

미국 국가정보위원회(NIC) 지음

박동철 · 박삼주 · 박행웅 · 정승욱 옮김

"정보기관은 자기가 한 예측의 무오류성을 주장하지 않는다.
정보기관은 자기가 준 답이 가장 깊고 객관적인 근거에 입각해
신중하게 검토한 판단이라고 주장할 뿐이다."

셔먼 켄트(Sherman Kent)
국가판단실 창설자*

Contents

2004년 '정보개혁·테러방지법'에 의해 신설된 미국의 국가정보장[DNI, 현재 에이브릴 헤인즈(Avril Haines)]은 정보 공동체를 통할하며, 대통령의 수석정보보좌관으로서 대통령 주재로 백악관 지하 상황실에서 주요 대외정책을 검토하는 국가안보회의(NSC) 정례 멤버다. 미국 정보 공동체는 국가정보장실(ODNI), 중앙정보부(CIA) 등 18개 정보기관으로 구성되어 있으며, 이 보고서를 작성한 국가정보위원회(NIC)는 국가정보장실에 소속되어 있다. 1979년 설치된 NIC는 국가정보관(NIO)이라고 불리는 10여 명의 분야별·지역별 전문가를 중심으로 장기 전략적 분석을 통해 행정부 내 정책 공동체와 정보 공동체 간의 가교 역할을 담당한다.

 밖으로 드러난 NIC의 업무는 매년 외부의 안보 위협을 평가한 국가정보판단서(National Intelligence Estimate)를 작성하고 4년마다 미래예측 보고서를 내는 일이다. 전자의 대외용 버전이 올해 4월 13일 공개된 『미국 정보 공동체의 안보 위협 평가 2021』*로서 중국, 러시아, 이란, 북한을 주된 위협국으로 지목해 눈길을 끌었다. 또한 NIC는 1997년 11월부터 4년마다 신행정부 출범에 맞추어 향후 20년을 예측하는 '글로벌 트렌드'

---

 * 이 보고서의 전문은 번역해서 이 책의 부록으로 실었다.

시리즈를 작성해 정책 구상에 참고토록 했다. 이 책은 그 일곱 번째 작품 인 『글로벌 트렌드 2040: 더욱 다투는 세계(Global Trends 2040: A More Contested World)』를 완역한 것이다. 『글로벌 트렌드 2040』이 예년보다 몇 달 늦은 지난 4월 8일 공개된 것은 상당히 이례적이다.

이번 『글로벌 트렌드 2040』의 특징은 서술 방법과 편집을 쇄신한 점이다. 먼저, 이번 보고서가 미래의 세계 모습을 그린 여러 시나리오를 제시한 것은 종래와 같으나, 큰 테두리를 형성할 인구통계 등 4대 구조적힘을 고찰한 다음 이러한 힘이 각종 행위자 등 다른 변수와 얽혀 상호작용하는 역학 관계를 분석해 시나리오를 도출한 것은 새로운 서술 구성이다. 그리고 종래와 달리 텍스트를 줄이고 그래픽을 대거 사용해 보고서를보기 좋게 만든 점도 눈에 띈다.

가치 출판을 지향하는 한울엠플러스(주)는 2009년 『글로벌 트렌드 2025』부터 시작해 이번 『글로벌 트렌드 2040』까지 네 번에 걸쳐 이 시리즈를 국내 독자들에게 소개했다. 우리는 이 시리즈만큼 먼 미래의 세계 흐름을 폭넓고 깊이 있게 예측하는 문헌이 별무하다고 본다. 아무쪼록 이 책이 독자들에게 미래를 보는 새로운 시각과 지평을 제공하기를 기대한다.

2021년 5월
옮긴이를 대표하여
박동철

감사의 말

미국 국가정보위원회는 『글로벌 트렌드』를 연구하고 초안을 작성하는 과정에서 싱크 탱크, 대학교, 컨설턴트, 재계 지도자, 개별 학자, 전문가, 학생, 정부 안팎의 동료 등 광범위하고 다양한 기여자들의 귀중한 지원을 받았다. 우리가 모든 기여자에게 일일이 인사를 전할 수는 없지만, 『글로벌 트렌드』를 구성하고 다듬는 데 특별히 중요하게 기여한 다음의 기관과 개인에게 감사드린다.

많은 이들이 『글로벌 트렌드』를 연구하고 작성하는 데 기여했다. 우리는 시나리오 개발 과정을 이끈 테레 헤이딧(Terree Haidet)에게 감사한다. 우리의 분석 프로그램을 담당해 준 부즈 앨런 해밀턴(Booz Allen Hamilton)의 매니저들의 대외 접촉 지원과 의욕적인 태도에 국가정보위원회 전략적 미래 연구단(SFG: Strategic Foresight Group)은 깊이 감사한다. 그래픽의 대가인 마크 허낸데즈(Mark Hernandez)는 『글로벌 트렌드』의 전체 디자인을 주도했으며 끈기 있게 국가정보위원회와 협력해 창의적이고 구체적인 설명 그래픽과 보충 자료를 생산했다.

우리는 중앙정보국, 국무부, 에너지부, 국제개발처(USAID), 재무부, 국방부, 국가안보국(NSA: National Security Agency), 국가정보장실 등 여러 정부기관의 동료들이 이 프로젝트 내내 시간과 전문 지식을 아낌없이 내

준 데 감사한다. 전문가 워크숍 참가부터 초안 검토, 지역별 보고서의 구체적 내용의 기초에 이르기까지 그들의 기여 덕분에 부문별 연구보고서와 『글로벌 트렌드』가 만들어졌다. 국무부 정보조사국이 외부 전문가들과의 워크숍과 교류를 수십 차례 주관하는 등 특별한 역할을 수행했는데, 이러한 협업으로 『글로벌 트렌드』 작업은 대폭 개선되었다. 또한 우리는 각국에 주재하는 대사관 직원들의 안내와 지원에 깊이 감사드린다. 이들은 주재국과 관련된 자신들의 전문 지식을 제공하고 우리가 해당 분야에 정통한 전문가들과 최대한 폭넓게 만나도록 주선해 주었다. 그리고 국가정보위원회는 SAIC, 레이도스(Leidos), 센트라 테크놀로지스(Centra Technologies) 등 다수의 협력사들에게도 감사를 표한다. 이들은 중요한 회의를 지원했으며 『글로벌 트렌드』의 핵심 불확실성을 다룬 일련의 분석 시뮬레이션, 시나리오 연습과 워크숍을 주관했다.

우리는 브루킹스 연구소(Brookings Institution), 신미국안보센터(CNAS: Center for a New American Security), 전략국제문제연구소(CSIS: Center for Strategic and International Studies), 외교협회(CFR: Council on Foreign Relations), 이코노미스트 정보연구소(EIU: Economist Intelligence Unit), 미래연구소(IFF: Institute for the Future), 국제전략연구소(IISS: International Institute for Strategic Studies), 미국 국립과학재단(National Science Foundation), 옥스퍼드 경제연구소(Oxford Economics), 덴버 대학교 파디 연구소(Pardee Center, University of Denver), 랜드 연구소(RAND Corporation), 영국 왕립국제문제연구소(Royal Institute of International Affairs), 전략적 비즈니스 인사이트(SBI: Strategic Business Insights), 콘퍼런스 보드(The Conference Board) 등에 감사를 전한다. 이들은 핵심 기능별 추세와 시나리오 개발에 관한 조사를 수행하고 우리가 위촉한 평가보고서를 제출했다.

국가정보위원회는 조지타운, 존스홉킨스, 하버드, 노트르담, 스탠퍼드, 터프츠, 펜실베이니아, 덴버, 텍사스(오스틴), 버지니아 대학교 등의 교수와 학생들과 가진 귀중한 토론을 통해 도움을 받았다. 또한 우리는 미국 정보 공동체의 우수학술센터(IC CAE: The Intelligence Community Center for Academic Excellence)와 제휴한 대학교 학생들과의 가상 토론회를 통해 중요한 피드백과 통찰을 얻었다. 이 작업의 초기 프로젝트에 관련해 학생들과의 대화를 주선해 준 컬럼비아 대학교 하이츠 캠퍼스(워싱턴 D.C. 소재) 측에 감사드린다.

『글로벌 트렌드』는 캐나다의 폴리시호라이즌스(Policy Horizons) 연구소, 유럽전략정책분석시스템(European Strategy and Policy Analysis System), 핀란드혁신기금(SITRA), 핀란드의 총리실과 외무부, 경제협력개발기구(OECD: Organization for Economic Cooperation and Development) 산하 전략예측연구소(Strategic Foresight Unit), 스웨덴 외무부와 국방대학, 싱가포르 전략미래센터(Singapore Centre for Strategic Futures), 영국 국방부 산하 개발개념교리센터(DCDC: Development, Concepts, and Doctrine Centre) 등 우리와 협력하는 해외 예측 기관과의 교류를 통해 엄청난 도움을 받았다.

우리가 전 세계 사람들과 대화를 나눈 것은 이 프로젝트를 위한 필수 요소였다. 우리는 세계 각지의 학자, 재계 지도자, 정부 관료, 시민사회단체 관계자, 언론인, 미래학자들에게 감사한다. 그들은 시간을 내 자신들의 아이디어와 관점을 우리와 공유해 주었다.

또한 우리는 다음의 기여자들에게 감사드린다. 프린스턴 대학교의 존 아이켄베리(John Ikenberry) 교수는 핵심 문제에 관한 워크숍을 우리 전략적미래연구단과 공동으로 주관하고 3년의 연구 기간 동안 중요한 피드백과 지원을 제공했다. 다음의 동료 학자들도 능력껏 우리에게 도움을 주었다. 아미타브 아차리야(Amitav Acharya), 로버트 아트(Robert Art), 셰리 버먼(Sheri Berman), 베어 브라우묄러(Bear Braumoeller), 잭 쿠퍼(Zach Cooper),

데일 코플랜드(Dale Copeland), 맷 대니얼스(Matt Daniels), 헨리 패럴(Henry Farrell), 타니샤 파잘(Tanisha Fazal), 마사 핀모어(Martha Finnemore), 해럴드 제임스(Harold James), 로버트 저비스(Robert Jervis), 마일스 칼러(Miles Kahler), 데이비드 강(David Kang), 조너선 키르히너(Jonathan Kirchner), 제이콥 키르케고르(Jacob Kirkegaard), 찰스 쿱찬(Charles Kupchan), 제프 레그로(Jeff Legro), 마이크 마스탄두노(Mike Mastanduno), 케이트 맥너마라(Kate McNamara), 존 미어샤이머(John Mearsheimer), 조너선 모레노(Jonathan Moreno), 에이브러햄 뉴먼(Abraham Newman), 존 오언(John Owen), 배리 포즌(Barry Posen), 미라 랩 후퍼(Mira Rapp-Hooper), 더글러스 레디커(Douglas Rediker), 엘리자베스 사운더스(Elizabeth Saunders), 랜디 슈웰러(Randy Schweller), 잭 스나이더(Jack Snyder), 만프레트 슈테거(Manfred Steger), 콘스탄츠 스텔젠뮐러(Constanze Stelzenmueller), 모니카 토프트(Monica Toft), 제시카 첸 웨이스(Jessica Chen Weiss), 윌리엄 월포스(William Wohlforth), 톰 라이트(Tom Wright), 알리 와인(Ali Wyne), 케렌 야르히 밀로(Keren Yarhi-Milo)다.

보고서의 초안과 개요를 작성하는 초기 단계에서 중요하게 기여하고 검토해 준 학자와 전문가들은 다음과 같다. 제프 알소트(Jeff Alsott), 대니얼 바이먼(Daniel Byman), 토마스 캐러더스(Thomas Carothers), 제럴드 코헨(Gerald Cohen), 데이비드 달러(David Dollar), 로즈 엥겔(Roz Engel), 스티븐 펠드스타인(Steven Feldstein), 마사 핀모어, 프랭크 개빈(Frank Gavin), 잭 골드스톤(Jack Goldstone), 데이비드 고든(David Gordon), 컬런 헨드릭스(Cullen Hendrix), 존 아이켄베리, 크리스 키르히호프(Chris Kirchoff), 링크 크라우제(Linc Krause), 크리스틴 로드(Kristin Lord), 마이클 마스탄두노(Michael Mastanduno), 제이슨 머시니(Jason Matheny), 존 매클로플린(John McLaughlin), 케빈 닐러(Kevin Nealer), 타라 오툴(Tara O'Toole), 줄리아 필립

스(Julia Philipps), 모니카 토프트, 애덤 와서먼(Adam Wasserman), 스티브 웨버(Steve Weber), 톰 라이트다.

주요 논문을 작성하거나 워크숍을 조직하거나 다양한 중요 주제에 대해 개별적으로 자신의 역량을 제공해 준 학자들은 다음과 같다. 로버트 벤틀리(Robert Bentley), 셰리 버먼, 에번 베리(Evan Berry), 샘 브래넌(Sam Brannan), 할 브란츠(Hal Brands), 맷 칸스(Matt Carnes), 호세 카사노바(José Casanova), 리처드 친코타(Richard Cincotta), 잭 초(Jack Chow), 앨런 쿠퍼먼(Alan Cooperman), 키스 다든(Keith Darden), 피터 피버(Peter Feaver), 에리카 프란츠(Erica Frantz), 프랜시스 후쿠야마(Francis Fukuyama), 보니 글레이저(Bonnie Glaser), 잭 골드스톤, 안나 그르지말라 부세(Anna Grzymala-Busse), 피터 후이버스(Peter Huybers), 윌 인보덴(Will Inboden), 아자 카람(Azza Karam), 리마 카와스(Rima Kawas), 제이슨 클로섹(Jason Klocek), 피터 맨더빌(Peter Mandaville), 덕 맨델(Doug Mandell), 제임스 매니카(James Manyika), 엘리자베스 무어(Elizabeth Moore), DJ 파틸(DJ Patil), 엘리자베스 프로드로무(Elizabeth Prodromou), 하이디 크레보 레디커(Heidi Crebo-Rediker), 제니퍼 스큐바(Jennifer Sciubba), 로저스 스미스(Rogers Smith), 섀넌 스미스(Shannon Smith), 크리스티나 스토클(Kristina Stöeckl), 애덤 와서먼, 에린 윌슨(Erin Wilson), 안드레아스 비머(Andreas Wimmer), 타마라 위티스(Tamara Wittes), 에롤 야보케(Erol Yayboke)다.

인디애나 대학교의 수미트 강굴리(Sumit Ganguly)는 『글로벌 트렌드』를 위해 5년에서 20년 치의 전망을 제공하는 지역 전문가 팀을 만들었는데, 그 구성원들은 다음과 같다. 아미타브 아차리야, 코닐리어스 아데바어(Cornelius Adebahr), 클레멘트 아디베(Clement Adibe), 클라우지아 아베야네다(Claudia Avellaneda), 닐 데보타(Neil DeVotta), 미셸 던(Michelle Dunne), 에릭 판즈워스(Eric Farnsworth), 티머시 헬비그(Timothy Hellwig), 스티븐 헤이드먼(Steven Heydemann), 페이살 아민 이스트라바디(Feisal Amin Istrabadi), 사미르 랄와니(Sameer Lalwani), 라울 마드리드(Raúl Madrid), 사디아 페카넨(Saadia Pekkanen), 윌리엄 리노(William Reno), 알리 리아즈(Ali Riaz), 데이비드 섐보(David Shambaugh), 엘리자베스 스렐켈드(Elizabeth Threlkeld)다.

머 리 말

미국 국가정보위원회의 일곱 번째 『글로벌 트렌드』 보고서에 오신 것을 환영한다. 1997년부터 4년마다 발간되는 『글로벌 트렌드』는 향후 20년 동안 미국의 전략적 환경을 형성할 핵심 추세와 불확실성을 평가한다.

『글로벌 트렌드』는 미국의 새 행정부 초기에 정책결정자들이 국가 안보 전략을 구상하고 불확실한 미래를 항해할 때 그들에게 분석적 틀을 제공하기 위해 작성된다. 보고서의 목적은 2040년 세계를 구체적으로 예측하는 것이 아니다. 오히려 우리의 의도는 정책결정자들과 국민이 수평선 너머에 무엇이 있을 수 있는지 알고 일련의 가능한 미래에 대비하도록 돕는 것이다.

'글로벌 트렌드' 시리즈는 매번 독특한 작업으로 국가정보위원회 소속의 필자들이 방법론을 개발하고 분석을 만들어낸다. 이 과정에서 수많은 단계를 거친다. 먼저 교훈 학습을 위해 과거 시리즈를 검토 및 평가하고, 광범위한 자문, 데이터 수집, 연구 위촉 등을 통해 조사하고 찾으며, 종합하고 줄거리를 구성해 초안을 작성한 뒤에 분석을 고치고 다듬기 위해 내외부에서 피드백을 받았다.

이 프로젝트에서 중심을 차지한 작업은 우리 안보 기관 밖의 세계와 대화하는 것이었다. 우리는 저명한 학자, 연구자들과 지속적인 대화로 큰 도움을 받아 이 연구를 최신의 이론과 데이터에 접목시킬 수 있었다. 또한 우리는 다양한 관점을 듣기 위해 접촉 범위를 넓혀 워싱턴 D.C.의 고등학생에서 아프리카의 시민사회단체 관계자, 아시아의 재계 지도자, 유럽과 아시아의 미래학자, 라틴아메리카의 환경단체 관계자들까지 만났다. 이들과의 토론은 우리에게 새로운 아이디어와 전문 지식을 제공하고, 우리의 가정에 의문을 제기했으며, 우리의 편향(bias)과 맹점을 파악하는 데 도움이 되었다.

이러한 방대한 프로젝트의 핵심 과제는 어떻게 모든 분석을 정리해 일관성 있고 통합적이며 미래지향적인 하나의 스토리로 엮어내느냐다. 우리는 두 가지의 중심적 조직 원리에 따라 이 보고서를 구성했다. 즉, 미래의 전략적 환경을 형성하는 큰 힘을 식별하고 평가한 뒤에 사회 구성원들과 지도자들이 어떻게 그 힘에 대응하고 행동할지를 탐구했다.

우리는 그러한 조직 원리에 입각해 분석을 크게 세 부분으로 나누었다. 첫 번째 부분으로 우리는 네 개의 핵심 분야, 즉 인구통계, 환경, 경제, 기술 분야에서 작용할 **구조적 힘**을 탐구한다. 우리가 이 분야들을 선택한 것은 이 분야들이 미래의 역학 관계를 형성하는 토대로서 범위가 보편적이고 또한 우리가 가용 데이터와 증거에 입각해 상당히 자신 있게 예측을 제시할 수 있기 때문이었다. 두 번째 부분은 어떻게 이러한 구조적 힘이 다른 요인과 얽히고 상호작용해 **새로운 역학 관계** — 개인과 사회, 국가, 국제 체제의 세 수준에서 분석한다 — 에 영향을 미치는지를 살펴본다. 이 부분을 분석할 때는 미래에 이루어질 인간의 선택이 가변적이기 때문에 더 큰 불확실성이 따른다. 우리는 각 수준에서 나타날 핵심 역학 관계를 식별하고 서술하는 데 중점을 두었는데, 특히 그러한 역학 관계가 어떤 추동력이 작용해 장기적으로 어떻게 진화할지에 초점을 두었다. 세 번째 부분으로 여러 핵심 불확실성을 찾아내 2040년의 세계를 그린 다섯 개의 **미래 시나리오**

를 만들어낸다. 이들 시나리오를 제시하는 의도는 예측하는 것이 아니라 가능성을 보는 시야를 넓히는 데 있다. 구조적 힘, 새로운 역학 관계, 핵심 불확실성이 어떻게 전개될 수 있는지 여러 가지 조합을 탐색한다.

우리가 장기적 미래를 탐색할 때 부딪히는 또 하나의 난제는 다루고 강조할 이슈와 생략할 이슈를 선택하는 일이다. 우리는 향후 수십 년간 공동체, 국가, 국제 체제를 형성하고 폭넓은 맥락에서 묘사할 것으로 보이는 세계적인 장기 추세와 역학 관계에 초점을 맞추었다. 따라서 그 밖에 중기 이슈와 위기는 비중을 덜 두었다.

우리는 미래가 언제나 우리가 보지 못한 방식으로 전개된다는 것을 알기에 이 분석을 겸손하게 내놓는다. 『글로벌 트렌드』는 항상 대부분의 정보 보고서보다 추측이 많지만, 우리는 우리의 전문 분석기술의 기본을 따른다. 다시 말해 우리는 우리의 작업을 보여주고, 우리가 아는 것과 모르는 것을 설명하며, 대안적 가설을 고려하고, 우리가 어떻게 잘못될 수 있는지를 검토한다. 그리고 우리는 정책적 입장이나 선호를 옹호하지 않는다. 『글로벌 트렌드』는 미래 추세에 관해 어디까지나 미국 국가정보위원회의 관점을 반영하는 것이며, 미국 정보 공동체에 의해 조율되는 공식 견해나 미국의 정책을 대변하지는 않는다.

우리는 전 세계의 독자가 읽고 생각할 수 있도록 이 보고서를 자랑스럽게 공개한다. 우리는 이 보고서가 유용한 자료가 되고 우리 모두의 미래에 관한 대화를 촉발하기를 소망한다.

끝으로 세계를 이해하고 미래를 탐색하며 보고서를 작성하는 이 여정에 동참한 국가정보위원회를 포함한 모든 정보 공동체의 동료들에게 감사를 드린다.

2021년 3월
미국 국가정보위원회 전략적미래연구단

서론

INTRODUCTION

핵심 주제
Key Themes

2020년 코로나19(COVID19) 팬데믹은 세계가 취약함을 널리 상기시키고 높은 상호 의존성에 내재된 위험을 보여주었다. 앞으로 수년에서 수십 년 간 세계는 더 심하게 쏟아지는 도전, 즉 질병, 기후변화, 신기술에 따른 교란, 금융위기 등의 글로벌한 도전을 맞이할 것이다.

    이러한 도전은 공동체, 국가, 국제 체제의 회복력과 적응력을 거듭 시험할 것이며 종종 기존 시스템과 모델의 역량을 초과할 것이다. 현재 및 미래의 도전과 제도 및 시스템의 대응 능력 사이에 나타날 이러한 불균형은 더 심화되어 각 수준에서 더 큰 다툼을 야기할 것이다.

    이처럼 더욱 다투는 세계에서는 사람들이 기존의 정체성에 따라 그리고 새로 출현한 정체성에 따라 모인 동지(同志) 집단에서 안전을 찾으며 공동체가 더욱 균열된다. 모든 유형과 지역의 국가가 더 연결되고 더 도시화되고 더 힘이 붙은 국민의 필요와 기대를 충족시키려고 분투한다. 그리고 더욱 경쟁적으로 된 ─ 부상하는 중국의 도전에 일부 기인한다 ─ 국제 체제는 국가와 비국가행위자들이 새로운 힘의 원천을 이용하고 지난 수십 년간 어느 정도 안정을 제공했던 오랜 규범과 제도를 약화시키면서 분쟁 위험이 더 커지고 있다. 그러나 이러한 역학 관계는 영구히 고정된 것이 아니다. 우리는 이러한 역학 관계가 어떻게 상호작용하고 그 과정에서 인간의 선택이 무엇인지를 근거로 2040년 세계에서 가능한 여러 시나리오를 구상한다.

이 보고서를 관통하는 다음의 다섯 주제가 이 종합적 논문을 떠받치고 있다.

세계적 도전

첫째, 공통의 **세계적 도전** — 기후변화, 질병, 금융위기, 기술 교란 등 — 이 거의 모든 지역과 국가에서 더 자주 더 심하게 나타날 것이다. 이러한 도전 — 인간이 직접적인 조력자나 가해자가 아닌 경우가 흔하다 — 은 재앙적일 수 있는 충격뿐 아니라 국가와 사회에 광범위한 갈등을 야기할 것이다. 현재의 코로나19 팬데믹은 제2차 세계대전 이후 가장 심각한 세계적 교란으로 앞으로 수년간 보건, 경제, 정치, 안보에 영향을 미칠 것이다. 기후변화와 환경오염의 영향은 빈곤국의 식량과 물 사정을 악화시키고 이민을 늘리며 새로운 보건 문제를 촉발하고 생물다양성을 감소시킬 것이다. 세계적 이주 압력이 지속되면서 — 2020년 기준 2억 7000만 명 이상이 이주한 나라에서 살고 있는데, 이는 2000년보다 1억 명이 늘어난 것이다 — 그 흐름과 영향을 관리하는 출발지 국가와 목적지 국가를 모두 한계에 이르게 할 것이다. 이러한 도전은 어쩌면 예측하기 힘들 정도로 서로 얽혀 쏟아질 것이다. 국가안보는 군대와 무기에 대항해 방어하는 것뿐 아니라 이러한 공통의 세계적 도전에 견디고 적응하는 것도 요구할 것이다.

균열

둘째, 이러한 초국가적 도전에 대처하는 데 따른 어려움은 공동체, 국가, 국제 체제 내의 **균열**이 증가하며 부분적으로 가중된다. 세계가 통신 기술, 무역과 사람의 이동으로 더욱 연결되었지만, 역설적으로 바로

그 연결성이 사람과 국가들을 가르고 찢어놓았다. 초(超)연결 정보화 환경, 도시화 확대, 상호 의존적 경제는 금융, 보건, 주거 등 대부분의 일상생활 양상이 줄곧 더 연결될 것임을 의미한다. 사물인터넷을 장착한 기기가 2018년 100억 개에서 2025년 640억 개에 이르고 2040년에는 모든 것을 실시간 모니터하는 기기가 수조 개까지 가능할 것으로 추정된다. 결국 그러한 연결성은 새로운 효율성과 편리성, 생활수준의 향상을 가져오는 데 이바지할 것이다. 그러나 그것은 또한 핵심 가치와 목표를 둘러싸고 분열된 사회에서부터 국민을 통제하기 위해 디지털 억압을 사용하는 체제에 이르기까지 모든 수준에서 갈등을 일으키고 악화시킬 것이다. 이러한 연결이 심화하고 확대되면서 국민은 민족적·문화적·정치적 선호에 따라 점점 더 균열될 것으로 보인다. 게다가 사람들은 비슷한 견해를 공유하는 사람들의 정보 사일로(silo)에 끌려들어 가 진실에 대한 믿음과 이해를 강화할 것으로 보인다. 한편 세계화는 지속되겠지만 경제·생산 네트워크의 이동과 다양화에 따라 변모할 것이다. 종합하자면 이러한 힘들은 연결성에 따라 불가분하게 묶이는 동시에 여러 방향으로 균열하는 세계를 예고한다.

불균형

초국가적 도전의 규모와 균열의 새로운 영향은 기존 체제와 구조의 역량을 초과하고 있으며 세 번째 주제인 **불균형**을 부각시키고 있다. 도전에 대처할 체제·기구에 필요한 것과 그 도전 사이의 불일치가 각급 수준에서 증가하고 있다. 국제 체제 ─ 기구, 동맹, 규칙, 규범 등을 포함한다 ─ 는모든 나라가 직면하는 복합적인 세계적 도전에 대처하기에 역부족이다. 코로나19 팬데믹은 보건 위기에 대한 국제 협조의 취약성을 보여주고 기존의 제도·자금 수준과 미래의 보건 도전 사이의 불일치를 보여주는 뚜렷한 사례였다. 국가와 사회 내에서 사람들이 요구하는 것과 정부와 기업이 제공할 수 있는 것 사이의 간극이 지속적으로 커질 것이다. 중동의 베이루트에서 남아메리카의 보고타, 유럽의 브뤼셀에 이르기까지 사람들이 광범위한 요구, 의제, 기대를 충족시킬 정부의 능력에 불만을 표시하며 점차 거리로 나서고 있다. 이러한 불균형의 결과로 구질서 — 제도, 규범부터 거버넌스(governance)* 유형에 이르기까지 — 가 압박받고 있고 일부 경우에는 약화되고 있다. 그리고 각급 수준의 행위자들은 어떻게 문명을 구조화할지를 놓고 새로운 모델에 합의하려고 애쓰고 있다.

다툼

불균형 확대의 핵심적 결과는 공동체, 국가, 국제사회 내의 **다툼**의 확대다. 이것은 사회와 국가 안에서, 그리고 국제 수준에서 증가하고 있는 갈등, 분열, 경쟁을 포함한다. 많은 사회가 정체성 관계에 따라 점차 분열하고 있으며 더 큰 균열로 이어질 위험이 있다. 각국이 국민의 늘어나는 요구를 충족하려고 애쓰는 상황에서 여러 사회 간의 관계와 각국 정부 간의 관계가 지속적인 압박을 받을 것이다. 결과적으로 각국의 국내 정치는 점차 더 유동적이고 투쟁적으로 바뀔 것으로 보이며, 여기서 자유롭거나 모범 정답을 가진 지역, 이데올로기, 거버넌스 시스템은 없는 것 같다. 국제 수준에서는 지정학적으로 더 경쟁적인 환경이 — 특히 미국과 서

---

* 거버넌스는 공동의 문제를 집단적으로 관리함을 뜻하는 포괄적 의미이며, 주권과 위계적 권위가 포함된 정부(government)와는 다르다. 『글로벌 거버넌스 2025: 중대한 기로』(한울, 2011), 23~24쪽을 참조(옮긴이).

방 주도의 국제 체제에 대한 중국의 도전으로 — 조성될 것이다. 주요 강대국들이 새로운 교통 규칙을 수립해 이용하려고 다투고 있다. 이러한 다툼은 정보와 미디어부터 무역과 기술 혁신에 이르기까지 여러 영역에서 벌어지고 있다.

적응

끝으로 **적응**은 이 세계의 모든 행위자들에게 지상명령인 동시에 우위를 차지하게 해주는 원동력이 될 것이다. 예컨대 기후변화는 거의 모든 국가와 사회가 더 따뜻한 지구에 적응하도록 강요할 것이다. 어떤 조치는 맹그로브숲의 복원이나 빗물 저장량 늘리기처럼 저렴하고 단순하지만, 거대 방조제 건설이나 대규모 인구 재배치처럼 복잡한 조치도 필요할 수 있다. 인구통계학적 변동도 광범위한 적응이 필요할 것이다. 유럽 외에도 한국, 중국, 일본처럼 고령 인구가 많은 국가는 자동화와 이민 유입의 증대 같은 적응 전략 없이는 경제성장에 제약을 받을 것이다. 기술은 적응을 통한 우위 확보에 관건이 될 것이다. 예컨대 인공지능(AI: Artificial Intelligence)을 활용해 생산성을 제고할 수 있는 국가는 경제적 기회가 확대된다. 그래서 더 많은 정부 서비스를 제공하고, 국가부채를 줄이며, 인구 고령화에 따른 비용 일부를 감당하고, 나아가 일부 신흥국가가 중진국 함정(middle-income trap)을 피하도록 도울 수 있을 것이다. 인공지능과 같은 기술의 혜택은 국가 내에서 그리고 국가 간에 골고루 돌아가지는 않을 것이다. 그리고 더 넓게 볼 때 적응이 불평등을 드러내고 악화시킬 것이다. 집단적 적응 행동을 향해 사회적 합의와 신뢰를 구축할 수 있고 국가 능력을 보완하기 위해 비국가행위자들이 가진 전문 지식, 역량, 관계를 활용할 수 있는 국가가 가장 유능한 국가가 될 것이다.

『글로벌 트렌드 2040』 개관

이번 『글로벌 트렌드 2040』의 미래 분석은 여러 단계로 구성되어 있다. 첫째, 우리는 미래 세계의 윤곽을 형성하는 인구통계, 환경, 경제, 기술에 작용할 구조적 힘을 조사한다. 둘째, 우리는 어떻게 이러한 힘과 다른 요인들이 ― 인간의 대응과 결합해 ― 사회, 국가, 국제 체제에서 나타나는 새로운 역학 관계에 영향을 미치는지 분석한다. 셋째, 우리는 2040년의 먼 미래에 가능한 다섯 가지 시나리오를 구상한다. 앞서 살핀 핵심 주제는 각 단계마다 등장한다.

구조적 힘

인구통계와 인간 개발 세계 인구 증가의 둔화와 중위(中位) 연령의 상승은 일부 개발도상국에 도움이 되겠지만, 급속한 인구 고령화와 인구 감소는 많은 선진국들을 압박할 것이다. 교육, 보건, 빈곤 축소 부문에서 이루어진 수십 년의 발전은 더 증진되기 어렵고 유지되기도 힘들 것이다. 이주 압력이 증가할 것 같다.

환경 기후변화가 점차 인간과 국가의 안전에 대해 위험을 가중시키고 각국은 힘든 선택과 맞바꾸기(trade-off)를 강요당할 것이다. 부담이 골고루 분배되지 않을 것이기에 이는 경쟁과 불안정을 고조시키고 군사 준비 태세를 압박하며 정치운동을 고무할 것이다.

경제 국가부채의 증가, 더 복잡하고 세분화되는 무역 환경, 서비스무역의 세계적 확대, 새로운 고용 교란, 계속 증가하는 거대 기업 등 여러 가지 세계경제 추세에 따라 국가 내 상황과 국가 간 상황이 조성되고 있다. 더 많은 계획과 규제를 요구하는 목소리가 커질 것이며, 특히 대형 플랫폼을 가진 전자상거래 기업과 관련해서 그러한 요구가 커질 것이다.

기술 기술 개발의 속도와 범위가 증가해 인간의 경험과 역량을 변화시키는 동시에 모든 행위자들에게 새로운 갈등과 교란을 초래할 것이다. 기술 패권의 핵심 요소를 둘러싸고 글로벌 경쟁이 가열될 것이다. 파생 기술과 응용을 통해 빠른 적응이 가능해질 것이다.

새로운 역학 관계

사회 다수의 구성원들이 교란적인 경제, 기술, 인구통계 추세에 대처하려고 고생하면서 회의와 불신이 점차 팽배한다. 새로운 정체성이 출현하고 기존의 충성 관계가 기승을 부리며 사일로형의 정보 환경이 조성되면서 공동체와 국가 내에서 단층선이 드러난다. 이는 시민 내셔널리즘을 약화시키고 유동성을 증대시킨다. 구성원들이 더 많은 정보를 갖게 되고 자신들의 요구를 표현할 능력이 커진다.

국가 각국 정부는 경제적 제약, 인구통계학적·환경적·기타 도전, 국민의 힘 증대 등이 복합적으로 가중시키는 압력에 직면할 것이다. 국민의 요구와 정부가 제공할 수 있는 것 사이에 간극이 벌어지면서 갈등과 정치적 유동성이 커지고 민주주의가 위협받을 것이다. 또한 그러한 간극에 따라 거버넌스의 원천과 모델이 새롭게 생기거나 바뀔 것이다.

국제 국제 체제에서 권력의 원천이 확대되는 방향으로 권력이 진화할 것이다. 하지만 모든 지역과 영역을 통틀어 지배적인 위치를 차지하는 단일 국가는 없을 것 같다. 미국과 중국이 세계 역학 관계에서 가장 큰 영향력을 보유하고 서로 상대방에게 더 냉혹한 선택을 강요할 것이다. 글로벌 규범, 규칙, 제도를 둘러싸고 다툼이 커지고 국가 간 분쟁의 위험도 높아질 것이다.

2040년 시나리오

민주주의 르네상스 세계가 미국과 그 동맹국들이 주도하는 열린 민주주의가 다시 유행하는 열풍 속에 있다. 미국과 다른 민주주의 사회에서 민관 합작으로 촉진된 급속한 기술 진보가 세계경제를 변모시키면서 소득을 끌어올리고 전 세계 수백만 명의 삶의 질을 향상시킨다. 이와 대조적으로 중국과 러시아에서는 다년간 사회적 통제와 감시가 늘어나며 혁신을 질식시킨다.

표류하는 세계 국제 규칙과 제도가 대체로 무시되면서 국제 체제가 방향을 잃고 혼란스러우며 유동적이 된다. 경제협력개발기구 국가들은 경제성장의 둔화, 사회적 대립의 확대, 정치적 마비로 곤경에 처한다. 중국이 서방의 곤경을 이용해 국제 영향력을 확대한다. 대처하지 못하는 세계적 도전이 많다.

경쟁적 공존 미국과 중국이 경제성장을 우선시하며 활발한 교역 관계를 회복했지만, 이러한 경제적 상호 의존이 존재하는 동시에 정치적 영향력, 거버넌스 모델, 기술 패권, 전략적 우위를 둘러싸고 경쟁이 벌어지고 있다. 대규모 전쟁 위험은 낮으며, 국제 협력과 기술 혁신에 힘입어 세계 문제를 관리할 수 있다.

몇 개 블록으로 분열된 세계 세계가 규모와 힘이 다양한 여러 개의 경제·안보 블록으로 찢어져 미국, 중국, 유럽연합(EU: European Union), 러시아와 몇몇 지역 강국을 중심으로 자급자족, 탄력 회복 및 방위에 주력한다. 정보의 흐름은 분리된 사이버 주권 집단 내에서 이루어지고 공급사슬이 재편되며 국제무역이 교란된다. 취약한 개도국들은 중간에 낀 처지다.

비극과 이동성 유럽연합과 중국이 주도하고 비정부기구(NGO: Non-Governmental Organization)와 재활성화된 다자 기구가 협력하는 글로벌 연합체가 원대한 변화를 실행하고 있다. 기후변화, 자원 고갈, 빈곤에 대처하려는 변화는 기상이변과 환경 악화가 세계적 식량 재난을 초래한 후에 시작되었다. 선진국들은 정책을 바꾸어 빈곤국들이 위기를 관리하고 저(低)탄소 경제로 전환하도록 폭넓은 원조 프로그램과 첨단 에너지 기술을 이전하며 돕고 있다.

개요
Executive Summary

한도를 설정하는 구조적 힘

인구통계·인간 개발, 환경, 경제, 기술의 추세가 미래 세계의 토대를 쌓고 그 테두리를 만들고 있다. 일부 분야에서는 이러한 추세가 더 강해지고 있다. 예컨대 기후변화, 도시 지역으로의 인구 집중, 새로운 기술의 출현 등이다. 추세가 더 불확실한 분야도 있다. 가령 인간 개발과 경제성장의 확대는 둔화되고 일부 지역에서는 역주행도 가능할 것으로 보이는데, 다만 여러 요인이 결합해 이러한 궤도를 바꿀 수는 있을 것이다. 이들추세의 수렴이 혁신의 기회를 제공하겠지만 일부 공동체와 국가는 대처하고 적응하는 데 어려움을 겪을 것이다. 새로운 첨단기술 등 명백한 발전조차 많은 사람들의 삶과 생계를 교란하여 사람들이 불안을 느끼고 적응을 강요받을 것이다.

향후 20년 동안 가장 확실한 추세는 주요 **인구통계**의 변동일 텐데, 세계 인구가 급속히 고령화되고 인구 증가도 둔화될 것이다. 유럽과 동아시아 등 일부 선진·신흥 경제는 고령화가 더 빨리 진행되고 인구 감소에 직면하면서 경제성장에도 압박을 받을 것이다. 반면에 라틴아메리카, 남아시아, 중동, 북아프리카 등의 일부 개도국은 생산가능인구가 증가하는 만큼 인프라와 숙련도 개선이 함께 이루어진다면 인구통계 배당금을 받을 기회가 생긴다. 보건, 교육, 가계 번영 등 **인간 개발**이 지난 수십 년간 모든 지역에서 역사적인 향상을 이룩했다. 이러한 성공을 더 증진하거나 유지하기조차 힘든 국가가 많을 것이다. 과거에 진행된 향상은 기초적인 보건, 교육, 빈곤 축소에 집중되었지만, 향후의 개발 수준은 더 힘들고 코로나19 팬데믹, 세계경제 성장의 둔화 가능성, 분쟁과 기후의 영향 등 역풍을 만날 것이다. 각국 정부는 이러한 요인들과 맞서면서 21세기 경제에서 늘어나는 도시 중산층의 생산성을 제고하는 데 필요한 교육과 인프라를 제공하려고 노력할 것이다. 일부 국가는 이러한 도전을 극복하고 일부 국가는 실패할 것이며 세계 인구의 변동 추세는 향후 20년 동안 국가 내에서 그리고 국가 간에 경제적 기회의 불평등을 악화시킬 것이 거의 확실하다. 또한 그러한 인구 변동으로 이주 압력이 더 커지고 이주를 둘러싼 분쟁도 증가할 것이 거의 확실하다.

환경과 관련해서는 기후변화의 물리적 영향이 향후 20년 동안에, 특히 2030년대에 심해질 것이다. 기온 상승에 수반해 극심한 폭풍, 가뭄, 홍수가 늘고 빙하와 만년설이 녹으며 해수면이 상승할 것이다. 개도국과 빈곤 지역에 더 심하게 미칠 기후변화의 영향은 환경오염과 결합해 새로운 취약성을 유발하고 경제 번영, 식량, 물, 보건, 에너지 안보 등에 위험을 가중시킬 것이다. 각국의 정부, 사회, 민간 부문이 기존의 위협을 관리하기 위해 적응력과 회복력 관련된 조치를 확대하겠지만, 이러한 조치가 골고루 돌아가지는 않아 일부 인구는 소외될 것이다. 어떻게 그리고 얼마나 빨리 온실가스 순배출이 제로(0)가 되는 수준에 도달할지를 둘러싸고 논란이 커질 것이다.

향후 20년 동안 국가부채의 증가, 더 복잡해지고 쪼개진 무역 환경, 교역 형태의 변동, 새로운 고용 교란 등 여러 세계적 **경제 추세**가 국내·국제 상황을 결정할 것으로 보인다. 많은 정부가 늘어난 부채 부담, 다양한 교역 규칙, 큰 영향력을 행사하는 국가·기업 행위자들의 확대 등을 헤쳐 나가며 스스로 유연성이 떨어졌음을 깨닫게 될 것이다. 대형 플랫폼 기업들 ─ 다수의 구입자와 판매자에게 온라인 시장을 제공하는 ─ 이 지속적인 무역 세계화를 추동하며 더 작은 기업들이 성장하고 국제시장에 진출하도록 도울 것이다. 이 강력한 기업들은 정치적·사회적 무대에서도 영향력을 행사해 정부가 새로운 규제를 부과하도록 유도하는 활동을 벌일 것이다. 아시아 각국의 경제는 적어도 2030년까지 수십 년간의 성장세를 이어갈 듯하지만 그 속도가 둔화할 가능성은 있다. 그러나 이들이 미국과 유럽 등 기존 선진국 경제의 1인당 국민총생산(GDP)이나 경제적 영향력을 따라잡을 것 같지는 않다. 생산성 증가가 여전히 핵심 변수다. 생산성 증가율의 제고가 경제, 인간 개발 등 많은 분야의 도전을 완화시킬 수 있을 것이다.

기술이 기후변화나 질병과 같은 문제를 완화하는 동시에 일자리 대체와 같은 새로운 도전을 초래할 가능성이 있다. 기술이 발명, 사용, 전파되고 폐기되는 속도가 전 세계적으로 줄곧 빨라지고 있으며 새로운 혁신 센터가 등장하고 있다. 향후 20년 동안 기술 발전의 속도와 범위가 줄곧 더 빠르게 증가해 일련의 인간 경험과 역량을 변환시키는 동시에 각 사회, 산업, 국가 내에서 그리고 상호 간에 새로운 갈등과 교란을 초래할 것으로 보인다. 라이벌 국가들과 라이벌 비국가행위자들이 과학기술의 주도권과 패권을 놓고 다툴 것이다. 이는 경제적·군사적·사회적 안전에 대해 많은 위험과 함의를 쏟아낼 가능성이 있다.

새로운 역학 관계

이와 같은 구조적 힘들이 다른 요인들과 함께 사회, 국가, 국제 체제

수준에서 얽히고설키며 각각의 공동체, 제도, 기업, 정부에 기회와 도전을 동시에 안길 것이다. 또한 이러한 상호작용이 각급 수준에서 냉전 종식 이후 보지 못했던 큰 다툼을 야기할 것으로 보인다. 이러한 다툼은 서로 다른 이데올로기를 반영할 뿐만 아니라 사회를 조직하고 새로운 도전에 대처할 가장 효과적인 방법을 놓고 상반된 견해를 반영할 것이다.

각 **사회** 내에서는 경제적·문화적·사회적 이슈를 둘러싸고 분열과 다툼이 늘고 있다. 수십 년간 번영과 그 밖에 인간 개발의 여러 측면이 꾸준히 제고되면서 모든 지역에서 인간의 삶이 향상되고 보다 나은 미래에 대한 사람들의 기대감도 높아졌다. 이러한 추세가 안정 상태를 유지하고 급속한 사회·기술의 변화와 결합하면서 세계 인구의 대다수가 자신들의 요구를 채울 수 없거나 채우려고 하지 않는 것으로 보이는 제도와 정부를 경계하고 있다. 사람들이 공동체와 안전을 위해 같은 생각을 가진 친숙한 집단으로 끌려들어 가고 있다. 이들은 이해관계와 대의명분을 중심으로 모이거나 아니면 종족·종교·문화 정체성에 따라 모인다. 새롭게 출현한 다양한 정체성이 충성의 대상인데다 사일로형의 정보 환경이 조성되면서 국가 내의 단층선이 드러나고 깊어지고 있다. 이는 시민 내셔널리즘을 약화시키고 유동성을 증대시킨다.

국가 수준에서는 대중이 요구하고 기대하는 것과 정부가 제공할 수 있고 제공하려는 것과의 사이에 불일치가 커지면서 사회공동체와 정부 간의 관계가 지속적인 긴장과 갈등을 겪을 것으로 보인다. 모든 지역의 각국 국민이 자신들이 선호하는 사회적·정치적 목표를 위해 여론을 환기하고 정부에 해법 마련을 요구할 수 있는 도구, 역량, 유인으로 더욱 잘 무장하고 있다. 점차 힘이 실린 국민들은 더 많은 것을 요구하는 반면에, 정부는 새로운 도전과 더 제한된 자원으로 더욱 압박받고 있다. 이러한 간극의 확대가 예고하는 것은 정치적 유동성 증대와 민주주의 침식이며 나아가 대안적 거버넌스 제공자들의 역할이 커질 것이다. 장기적으로 이러한 역학 관계는 통치 방식이 대대적으로 변경될 길을 열 수도 있을 것이다.

국제 체제에서는 모든 지역이나 영역에서 지배적인 위치를 차지하는 단일 국가는 없을 것으로 보인다. 광범위한 행위자들이 국제 체제를 형성하고 더 협소해진 목표를 성취하기 위해 경쟁할 것이다. 거버넌스 모델을 둘러싸고 대립이 고착화되고 군사력, 인구통계, 경제성장, 환경 상태, 기술 등이 가속적으로 변동하며 미국 주도의 서방 연합과 중국 사이에 경쟁이 단계적으로 고조될 것으로 보인다. 라이벌 강대국들이 글로벌 규범, 규칙, 제도를 형성하기 위해 다투는 한편으로 지역 강국과 비국가행위자들은 주요 강대국들이 신경 쓰지 않는 이슈에서 영향력과 주도권을 늘릴 것이다. 이처럼 변화무쌍한 상호작용에 따라 분쟁 위험과 유동성이 높아진 지정학적 환경이 조성되고 세계적 다자주의가 퇴조하며 초국가적 도전과 그 도전을 처리할 제도적 협정 사이의 불일치가 확대될 것으로 보인다.

여러 가지 2040년 시나리오

이러한 핵심 동인과 새로운 역학 관계에 대한 인류의 대응에 따라 향후 20년 동안 세계가 어떻게 진화할지가 결정될 것이다. 우리는 미래에 관한 많은 불확실성 가운데 특정 지역과 국가 내의 상황과 관련해서, 그리고 글로벌 환경을 형성할 각국 국민과 지도자들의 정책 선택과 관련해서 세 가지 핵심 질문을 탐구했다. 우리는 이 질문에서 출발해 2040년의 선택 가능한 세계를 위해 다섯 가지 시나리오를 구성했다.

- 앞으로 나타날 세계적 도전이 얼마나 심각한가?

- 국가와 비국가행위자들이 어떻게 세계에 관여하는가? (관여의 초점과 형태 등)
- 미래를 위한 각국의 우선순위는 무엇인가?

① **민주주의 르네상스** 시나리오에서는 세계가 미국과 그 동맹국들이 주도하는 열린 민주주의가 다시 유행하는 열풍 속에 있다. 미국과 다른 민주주의사회에서 민관 합작에 따라 촉진된 급속한 기술 진보는 세계경제를 변모시키며 소득을 끌어올리고 전 세계 수백만 명의 삶의 질을 향상시킨다. 경제성장과 기술 진보의 상승세에 힘입어 세계적 도전에 대한 대응이 사회적 대립을 완화하고 민주주의 제도에 대한 대중의 신뢰를 쇄신한다. 이와 대조적으로 중국과 러시아에서는 다년간 사회적 통제와 감시를 늘린 것이 혁신을 질식시켰는데, 그 결과 주요 과학자와 기업인들이 미국과 유럽으로 망명했다.

② **표류하는 세계** 시나리오에서는 중국 같은 주요 강대국, 그리고 지역 강국과 비국가행위자들이 국제 규칙과 제도를 대체로 무시하면서 국제 체제가 방향을 잃고 혼란스러우며 유동적이 된다. 경제협력개발기구 국가들은 경제성장 둔화, 사회적 대립 확대, 정치적 마비로 곤경에 처한다. 중국은 서방의 곤경을 이용해서, 특히 아시아에서 국제 영향력을 확대한다. 그러나 베이징은 글로벌 리더십을 발휘할 의지와 군사력을 결여하고 있어 기후변화, 개도국의 불안정 등 다수의 세계적 도전이 대체로 방치되고 있다.

③ **경쟁적 공존** 시나리오에서는 미국과 중국이 경제성장을 우선시하며 활발한 교역 관계를 회복한다. 하지만 이러한 경제적 상호 의존이 존

재하는 동시에 정치적 영향력, 거버넌스 모델, 기술 패권, 전략적 우위를 둘러싼 경쟁이 벌어지고 있다. 대규모 전쟁 위험은 낮으며, 국제 협력과 기술 혁신에 힘입어 중기적으로는 선진국 경제를 둘러싼 세계 문제를 관리할 수 있지만 장기적인 기후 도전 과제는 그대로 놓아둔 상태다.

④ **몇 개 블록으로 분열된 세계** 시나리오에서는 세계가 규모와 힘이 다양한 여러 경제·안보 블록으로 찢어져 미국, 중국, 유럽연합, 러시아와 소수의 지역 강국을 중심으로 자급자족, 탄력 회복, 방위에 주력한다. 정보의 흐름은 분리된 사이버 주권 집단 내에서 이루어지고 공급사슬이 재편되며 국제무역이 교란된다. 취약한 개도국들은 중간에 낀 처지로 일부 개도국은 실패 국가로 전락하기 직전이다. 세계적 문제, 특히 기후변화에 대한 대응은 허점투성이다.

⑤ **비극과 이동성** 시나리오에서는 유럽연합과 중국이 주도하고 비정부기구와 재활성화된 다자 기구가 협력하는 글로벌 연합체가 원대한 변화를 실행하고 있다. 기후변화, 자원 고갈, 빈곤에 대처하려는 변화는 기상이변과 환경 악화가 세계적 식량 재난을 초래한 후에 시작되었다. 선진국들은 정책을 바꾸어 빈곤국들이 위기를 관리하고 저탄소 경제로 전환하도록 폭넓은 원조 프로그램과 첨단 에너지기술 이전을 통해 돕고 있는데, 이러한 세계적 도전이 얼마나 급속하게 국제적으로 파급되는지를 인식한 것이다.

코로나19 요인: 불확실성의 증가
The COVID-19 Factor: Expanding Uncertainty

2020년 세계적으로 출현한 코로나19 팬데믹이 세계 곳곳을 엉망으로 만들었다. 2021년 초 현재 250만 명 이상이 사망하고 가족과 공동체가 파괴되었으며 국내·국제적으로 경제와 정치적 역동성이 교란되었다. 우리는 지난 '글로벌 트렌드' 시리즈에서 새로운 질병의 가능성을 예측하고 팬데믹 시나리오까지 작성했지만, 그 잠재적 교란의 폭과 깊이를 충분히 묘사하지는 못했다.* 코로나19는 회복력과 적응에 관한 오랜 가정을 흔들었으며 경제, 거버넌스, 지정학, 기술에 관해 새로운 불확실성을 만들어냈다.

우리는 이 위기의 영향을 파악하고 평가하기 위해 핵심 글로벌 트렌드와 관련된 우리의 가정과 평가를 광범위하게 검토하고 논의했다. 우리는 일련의 질문을 던졌다. 기존 추세들 중에서 어떤 추세가 지속될 것인가? 팬데믹 때문에 가속화되거나 둔화될 추세는 무엇인가? 어디에서 우리가 근본적인 시스템 변동을 겪게 될 것인가? 교란이 일시적인가 아니면 팬데믹이 미래를 형성하는 새로운 힘을 분출시킬 것인가? 2001년 9월 11일의 테러 공격과 아주 흡사하게, 코로나19는 앞으로 수년 동안 이어질

---

* 『글로벌 트렌드 2025: 변모된 세계』(한울, 2009), 161~162쪽, 『글로벌 트렌드 2030: 선택적 세계』(한울, 2013), 39, 71~74쪽에서 팬데믹의 발생 가능성을 박스 기사로 강조하며 교란 효과가 가장 클 잠재적인 '검은 백조'로 평가했다(옮긴이).

어떤 변화를 일으키고, 우리가 살고 일하며 국내적·국제적으로 다스리는 방식을 바꿀 것으로 보인다. 그러나 이러한 변화가 얼마나 클지는 매우 불확실하다.

가속화되고 선명해지는 일부 추세

코로나19 팬데믹과 각국의 대응이 팬데믹 발생 전에 이미 진행되고 있던 여러 추세를 선명하게 만들고 가속시키고 있는 것으로 보인다. 코로나19는 세계적 보건·의료 이슈를 뚜렷이 부각시키고, 사회적 균열을 드러내거나 일부의 경우 확대했으며, 의료 기회·시설의 엄청난 불평등을 분명히 보여주고, 다른 질병의 퇴치 활동을 방해했다. 또한 이 팬데믹이 보건 이슈에 관한 국제 협력의 취약점을 부각시키고 기존의 제도·재원과 미래의 보건 도전 사이의 괴리를 뚜렷하게 보여주었다.

경제 추세를 촉진한다.

봉쇄, 방역, 국경 폐쇄가 세계 공급사슬의 다양화, 국가부채 증대, 정부의 경제 개입 확대 등 기존의 일부 경제 추세를 촉진했다. 앞으로 이 위기 기간에 생긴 일부 변화는 세계화의 특성에 포함되고 특히 개도국의 경우 부채가 장기간 국가 역량을 제약할 것이다.

내셔널리즘과 양극화를 강화한다.

많은 나라에서 내셔널리즘과 양극화, 특히 배타적 내셔널리즘이 상승세였다. 코로나 바이러스를 통제하고 관리하는 활동이 세계적으로 내셔널리즘 추세를 강화했다. 예컨대 일부 국가는 자국민을 보호하기 위해 내부 지향적으로 바뀌고 때로는 소외 집단을 비난하기도 했다. 많은 국가에서 각 집단이 최선의 대응 방법을 두고 논쟁하고 바이러스 확산과 늑장 대응에 대해 비난할 희생양을 찾으면서 팬데믹 대응이 당파심과 양극화를 부채질했다.

불평등을 심화시킨다.

저소득층일수록 코로나19의 경제적 영향을 더 심하게 받으면서 불평등 격차가 더 벌어졌다. 코로나19가 종식될 때까지 더욱 차질을 겪는 가계가 많을 것으로 보이는데, 특히 서비스 부문과 비공식 부문에서 일하거나 가족을 돌보기 위해 직장을 떠난 여성들 위주로 차질이 생길 것이다. 팬데믹이 인터넷 접근을 개선하려는 노력을 촉진하지만 국가 내에서 그리고 국가 간에 정보화 격차(digital divide)를 드러냈다.

거버넌스를 압박한다.

팬데믹이 정부의 서비스 제공 역량을 압박하고 있고 효과적으로 대응하지 못한 국가에서 제도에 대한 낮은 신뢰 수준을 더욱 낮추고 있다. 특히 열린사회에서 정보 환경이 보건 당국에 대한 대중의 신뢰를 저해하고 있는 가운데 팬데믹이 혼란스럽고 양극화된 정보 환경을 더욱 악화시키고 있다. 자유를 제한하는 일부 국가의 정권은 팬데믹을 구실로 더욱 심하게 반대파를 억압하고 시민의 자유를 제약하고 있는데, 이런 상황은 코로나19보다 더 오래갈 것이다.

국제 협력의 실패를 부각시킨다.

코로나19 팬데믹으로 세계보건기구(WHO: World Health Organization), 유엔(UN: United Nations, 국제연합) 등 국제기구의 취약성과 정치적 분열이 드러났다. 각국은 전염병 외에 공통의 도전, 특히 기후변화에 대처하기 위한 다자 협력을 추진할 능력과 의지가 있는지 의문시되었다. 재원 조달의 어려움을 심각하게 겪은 데다 강제적 감시 체제를 거부한 세계보건기구는 거의 20년 만에 최대 충격을 받고 있다. 그러나 궁극적으로 이 위기로 인해 각 행위자가 심층 개혁을 단행하고 데이터 수집과 공유를 표준화하며 새로운 민관 동반자 관계를 형성할지도 모른다.

비국가행위자들의 역할을 제고한다.

게이츠 재단부터 사기업에 이르는 비국가행위자들이 의료품과 개인 보호장비를 대량생산하기 위한 시설 개조 또는 백신 연구에 결정적인 역할을 수행했다. 비국가행위자 네트워크가 미래의 보건 위기 시 조기 경보, 치료, 데이터 공유 촉진, 백신 개발 등에서 국가·정부 간의 조치를 보완할 것이다.

둔화되거나 역전되는 일부 추세

코로나19 팬데믹으로 인간 개발의 일부 장기적 추세, 특히 빈곤과 질병의 감소 및 양성(gender) 불평등 격차의 축소가 둔화되고 있으며 어쩌면 그 흐름이 역전될 수 있다. 가장 긴 역전 흐름이 아프리카, 라틴아메리카, 남아시아 지역에서 빈곤 감소와 양성 불평등의 축소 측면에서 나타날지 모른다. 코로나19 퇴치에 투입된 자원과 사회적 제한이 핵심 재원, 물자, 인력자원을 소비하며 말라리아, 홍역, 소아마비, 기타 전염병 퇴치에서 수년 동안 이루어진 진전이 후퇴할 수도 있다.

코로나19 위기가 과거의 위기와는 다른 방식으로 각 지역을 결속시킬지도 모른다. 유럽 각국이 위기 초기에 국경 통과 및 필수 의약품의 수출을 제한했지만, 유럽연합은 유럽 통합 프로젝트의 향후 추진을 북돋울 수 있는 경제구조 패키지 등의 비상조치를 공동으로 강구했다. 또한 코로나19가 팬데믹 대응과 경제 회복을 위한 국가 예산의 재편성을 가져올 수 있을 것이다. 적어도 단기적으로 일부 국가에서는 국방 지출, 해외 원조, 인프라 사업으로부터 재원을 전용할 것이다.

답보다 질문이 더 많아야 한다

코로나19 팬데믹의 예상하지 못한 2~3차 효과는 미래가 장단기에 걸쳐 얼마나 불확실한지를 우리에게 상기시켰다. 우리는 조사하고 분석하면서 항상 경각심을 유지하고 더 좋은 질문을 던지며 자주 우리의 가정에 도전해 우리의 편향을 점검하고 변화의 작은 신호를 찾아야 한다. 우리는 돌발 상황을 예상하며 이 팬데믹의 교훈을 우리의 미래 작업에 적용시킬 필요가 있다.

구조적 힘

STRUCTURAL
FORCES

한도를 설정하다
Setting the Parameters

　　인구통계, 환경, 경제, 기술의 발전이 앞으로 20년 동안 우리가 살 세계의 윤곽을 형성할 것이다. 이러한 구조적 힘들이 ― 개별적으로나 집합적으로 ― 모든 지역의 개인, 공동체, 국가에게 우리가 살고 일하고 번영하는 방식을 향상시킬 새로운 혜택과 기회를 제공할 것이다. 게다가 이러한 추세의 가속화와 상호작용이 더 심각하고 새로운 도전을 초래해 사회와 정부의 관리·적응 역량을 압박하고 있다.

　　수십 년에 걸쳐 인간 개발에서 대단한 성과가 있었지만, 많은 국가가 이러한 성과를 기반으로 삼거나 유지하기가 힘들 것으로 보인다. 이는 특히 인구 증가와 자원 부족으로 인해 교육·의료 기초에 대한 투자를 넘어 전진하기가 더 어렵기 때문이다. 더 극심해진 기상이변, 기온 상승, 강수 형태의 변동, 해수면 상승 등의 물리적 효과는 모든 국가에 영향을 미치겠지만, 특히 개도국들과 빈곤 지역에 더 심한 피해를 입힐 것이다. 이 기간 기술 개발의 속도와 범위는 가속적으로 증가해 일련의 인간 경험과 역량을 변환·향상시키는 동시에 각 사회, 산업, 국가 내에서 그리고 상호 간에 새로운 갈등과 교란을 초래할 것으로 보인다. 향후 20년 동안 국가 부채의 증가, 새로운 고용 교란, 더 복잡하고 세분화된 무역 환경, 강력한 기업의 부상 등 여러 가지 세계경제 추세가 국가 내에서 그리고 국가 간의 상태를 결정할 것으로 보인다.

이러한 구조적 동인이 예상할 수 없는 방법으로 작용해 일부 국가는 이러한 도전에 맞서고 나아가 번영할 기회를 얻을 수도 있지만 다른 국가는 불리한 추세가 겹쳐 고전할 것이다. 세계 인구의 변동 추세는 향후 20년 동안 국가 내에서 그리고 국가 간에 경제적·정치적 기회의 불평등을 악화시키고 거버넌스를 압박하며 세계적 이주 압력 ─ 국가 간 마찰을 증가시킬 압력 ─ 을 가중할 것이 거의 확실하다. 또한 그러한 인구 변동으로 이주 압력이 더 커지고 이주를 둘러싼 분쟁도 증가할 것이 거의 확실하다. 라이벌 국가들과 라이벌 비국가행위자들이 과학기술의 패권을 놓고 경쟁할 것인데, 이는 경제적·군사적·외교적·사회적 안전에 대해 많은 위험과 함의를 쏟아낼 가능성이 있다. 다수의 정부가 늘어난 부채 부담, 다양한 교역 규칙, 큰 영향력을 행사하는 국가·기업 행위자들의 확대 등을 헤쳐나가며 스스로 유연성이 떨어졌음을 알게 될 것이다. 한편 아시아 각국의 경제는 적어도 2030년까지 수십 년간의 성장세를 계속할 것으로 보이며, 자국의 경제·인구 규모를 활용해 국제기구와 국제 규칙에 영향력을 미치려고 할 것이다.

인구통계와 인간 개발
DEMOGRAPHICS AND HUMAN DEVELOPMENT

핵심 요지

- 인구 증가의 둔화와 세계적인 중위연령 상승이 일부 개도국에 경제적 기회를 제공할 가능성이 있다. 하지만 일부 선진국과 중국의 경우 인구 감소와 급속한 고령화가 경제성장을 짓누를 것이다.

- 사하라 이남 아프리카와 남아시아의 상대적 빈곤국들이 향후 20년 동안 세계 인구 증가의 거의 전부를 차지하는 동시에 급속하게 도시화할 것이다. 이는 경제성장의 잠재력을 충분히 활용하는 데 필요한 인프라와 교육 체계의 공급 능력을 십중팔구 압도할 것이다.

- 향후 20년 동안 인구통계의 변동과 경제적 유인이 작용해 개도국 밖으로의 이주 압력이 증가할 것으로 보인다. 이는 주로 사하라 이남 아프리카에서 고령화하는 선진국으로 이주하는 흐름이다. 분쟁과 기후 교란이 이러한 광범위한 이주 추세를 늘릴 것이다.

- 이러한 인구통계 및 인간 개발 추세는 각국 정부가 공공투자를 늘리고 이주를 통제하도록 압박하고, 일부 국가의 불안정을 부채질할 가능성이 있다. 또한 아시아의 부상에 기여하며, 이미 한계에 이른 국제개발기구에 의제를 추가할 것이다.

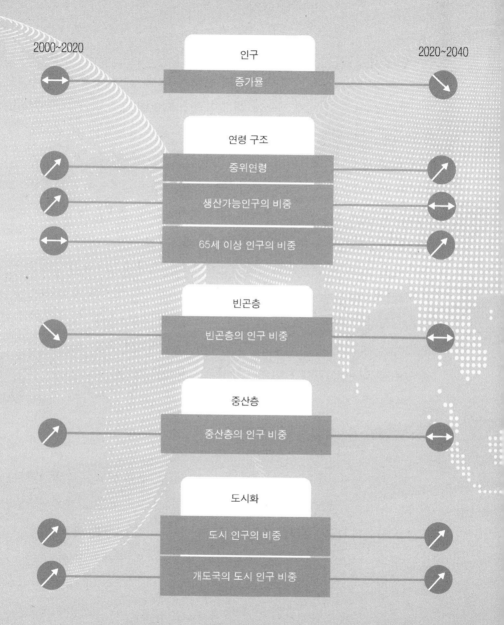

추이

	2000~2020		2020~2040

인구
증가율

연령 구조
중위연령
생산가능인구의 비중
65세 이상 인구의 비중

빈곤층
빈곤층의 인구 비중

중산층
중산층의 인구 비중

도시화
도시 인구의 비중
개도국의 도시 인구 비중

2040년까지 대부분의 선진국과 신흥경제국에서 낮은 출생률이 유지되고 중위연령이 상승하며 인구가 정점에 도달했다가 감소하기 시작할 것이다.

인구 증가율 둔화, 고령화

향후 20년 동안 세계 인구는 해마다 증가해 2040년까지 약 14억 명이 늘어나 92억 명에 이를 것으로 추정되지만, 인구 증가율은 전 지역에서 둔화될 것이다. 대부분의 아시아에서 인구 증가율이 빠르게 떨어져 2040년 이후에는 인구가 감소할 것이다. 인도는 인구 증가율이 둔화되고는 있지만 2027년경 중국을 추월해 세계 최대의 인구 대국이 될 것이다. 2040년까지 대부분의 선진국과 일부 신흥경제국에서 낮은 출생률이 유지되고 중위연령이 상승하며 인구가 정점에 도달했다가 감소하기 시작할 것이다. 여기에는 중국, 일본, 러시아 및 다수의 유럽 국가가 포함된다. 반면에 사하라 이남 아프리카는 세계 인구 증가의 약 3분의 2를 차지하고, 2050년까지 현재 인구의 거의 두 배에 이를 태세다. 이는 이 지역에서 인프라, 교육, 의료에 광범위한 부담으로 작용할 것이다.

고령화: 기회인 동시에 부담

여성의 출산율 저하와 인류의 수명 연장으로 세계 인구의 중위연령이 2021년 약 31세에서 2040년 35세로 상승할 것이다. 중소득 국가에서 출생률 하락과 인구 고령화는 총인구 대비 노동연령 성인의 비율 증가, 노동 참여 여성의 증대, 노인층과 관련된 사회 안정의 증가 등을 통해 인간 개발의 향상을 촉진할 수 있다. 그러나 연령 구조의 변동이 일부 국가에는 도전을 안길 것이다. 예컨대 중국과 동유럽 등의 일부 개도국들은 고소득 국가에 이르기 전에 고령화되고, 청년층이 급증하는 빈곤국들은 충분한 인프라를 구축하는 데 애를 먹을 것이다.

인구 고령화. 고령 피부양자 비율 – 생산가능인구 대비 65세 이상 인구 비율 – 상승은 자동화, 이민 유입 증대 등과 같은 적응 전략이 있어도 성장을 짓누를 수 있다. 다수의 선진국을 포함하는 고령화 국가에서 65세 이상 집단은 2040년 총인구의 25%에 육박할 것으로 보이는데, 2010년에는 이 비율이 15%에 불과했다. 한국과 일본의 중위연령은 각각 44세, 48세에서 2040년에 53세 이상으로 상승할 것으로 보인다. 이보다 크게 뒤지지 않는 유럽의 중위연령은 47세에 이를 것으로 추정되고 그리스, 이탈리아, 스페인 등은 더 빨리 고령화할 것 같다. 이들 국가는 앞으로 수십 년간 생산성이 더 떨어질 것으로 보이는데, 이는 노동자의 나이가 많을수록 생산성 증가가 적은데다가 노인들을 위한 연금과 의료에 할애되는 국민소득의 비율이 더 커지기 때문이다.

생산가능인구. 생산가능인구 집단이 크고 상대적으로 연소·고령 피부양자 집단이 작은 국가는 인간 개발 투자에 쓸 수 있는 가계소득이 증가할 잠재력을 지니고 있다. 향후 20년 동안 남아시아, 라틴아메리카, 중동, 북아프리카의 경우 노동연령에 미달하거나 은퇴한 피부양자에 비해 생산가능인구의 비율이 높을 것으로 보인다. 2040년 남아시아 인구의 68%가 노동연령에 속할 것이다. 이미 높은 2020년의 66%보다 더 올라간다. 라틴아메리카, 중동, 북아프리카도 향후 20년 동안 생산가능인구 비율이 절정에 이르면서 혜택을 볼 것이다. 잠재적으로 경제성장을 제고할 수 있는 이러한 기회는 오직 해당 노동자들이 충분히 훈련받고 일자리를 찾을 수 있을 때만 발생할 것이다. 현재 남아시아의 경우 일자리 창출, 기술 채용, 직업훈련 등에서 부딪치고 있는 도전에 비추어 볼 때, 잠재적 노

향후 수십 년간 인구 증가는 사하라 이남 아프리카에 편중될 것이다

세계 인구: 지역별 연간 변동, 1951~2100년

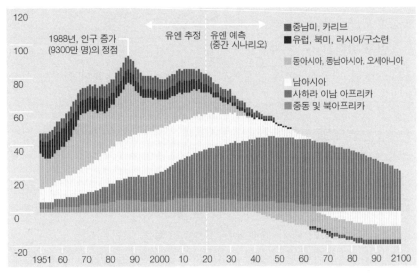

자료: United Nations Population Division.

동력을 충분히 활용하는 데 어려움이 있을 것이다.

청년 인구. 향후 20년 동안 청년 인구가 많은 대부분의 국가가 특히 청년층 급증과 흔히 연관되는 사회적 변동성에 비추어 국민의 기초적 수요를 충족시켜야 하는 과제에 부딪칠 것이다. 사하라 이남 아프리카의 경우 2040년까지 중위연령이 지금보다 조금 오른 22세에 불과할 것으로 보인다. 이는 흔히 더 높은 수준의 인간 개발과 연결되는 30세의 중위연령 문턱에 한참 못 미친다. 2040년 사하라 이남 아프리카 인구의 3분의 1 이상이 15세 미만일 것인데, 이는 14%에 불과한 동아시아와 비교된다. 2040년에 중위연령 문턱에 미치지 못할 가능성이 크면서 인구가 많은 국가로는 아프가니스탄, 이집트, 파키스탄을 들 수 있다.

개발 수요를 바꾸는 도시화

향후 20년 동안 도시들이 성공하느냐 실패하느냐가 점점 더 많은 세계 인구에 대해 기회와 삶의 질을 결정하는 요인이 될 것이다. 도시 인구의 비율은 2020년 56%에서 2040년 거의 3분의 2 수준으로 증가할 것이며, 그 증가분은 거의 모두 개도국에서 발생할 것으로 예상된다. 전 세계적으로 100만 명 이상이 거주하는 대도시의 인구 증가율은 총인구 증가율의 두 배였는데, 유엔의 예측에 의하면 2035년 세계 인구의 약 30%(2020년에는 20%)가 대도시에 거주할 것이다. 세계 최저개발국 일부에서 도시 인구 증가율이 세계에서 가장 빠를 것이다. 유엔 인구국의 예측에 의하면, 개도국의 도시 거주자가 2040년까지 10억 명이 늘어나 25억 명에 이를 것으로 보인다. 개도국 도시 인구 증가분 가운데 사하라 이남 아프리카와 남아시아가 각각 약 절반과 3분의 1을 차지할 것이다.

역사적으로 도시화는 경제발전의 핵심 동인이었다. 그것은 노동자들이 생산성이 더 높은 도시의 일자리로 이동하고 도시 가구가 더 좋은 교육과 인프라 혜택을 받기 때문이다. 그러나 급속히 도시화하는 개도국들은 이러한 발전의 선순환에서 생기는 성과가 더 적을 것이다. 다수의 개도국 정부가 ─ 민간 부문이나 비정부기구들과 협력하더라도 ─ 도시에 필요한 교통, 공공서비스, 교육 인프라를 위한 재원 조달 과제에 부딪칠 것이다. 2017년 세계은행의 보고서에 의하면, 사하라 이남 아프리카의 도시 지역이 빈곤 함정에 빠진 경우가 많았는데, 불충분한 노동자의 기량과 빈약한 교통망이 노동자들에게 고비용·저소득으로 귀결된 것이었다. 게다가 사하라 이남 아프리카 도시의 출산율은 다른 개발도상 지역보다 높은데, 이는 도시의 노동 공급을 일자리 창출보다 빠르게 증가시키면서 장기적으로 고용을 악화시킬 가능성이 있다.

국가 소득수준별 도시화

가난한 국가의 도심지가 부유한 국가의 도심지보다 훨씬 더 빨리 팽창하고 있다. 1950년 세계 도시 거주자의 절반 이상이 고소득 국가에 있었으나, 2050년에는 거의 절반이 빈곤국에 있을 것이다.

소득 그룹별 세계 도시 총인구 비중: 1951~2100년(단위: 세계 도시 인구 대비 %)

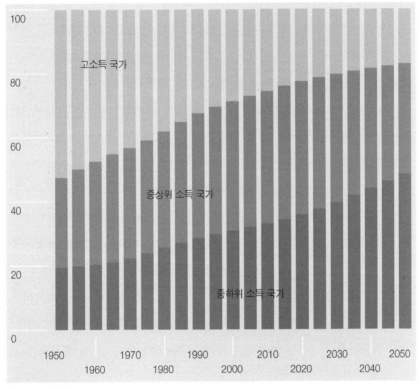

자료: United Nations.

또한 이러한 중·저소득 국가들은 도시화가 진행되면서 식량 부족에 빠질 위험이 더 커질 것이다. 이들 국가가 생산하는 1인당 식량은 중상위·고소득 국가의 3분의 1에 불과하며, 수입 식량에 대거 의존하고 있다. 이들 국가의 식량 분배 시스템은 현재 점증하는 압박을 받고 있으며, 가뭄이나 홍수 같은 충격에 취약하다. 도시 가계는 생존을 위한 농사를 지을 기회조차 없다.

환경적 사태가 신흥 도시지역 주민들에게 미치는 영향이 더 클 것으로 보인다. 이런 곳의 조밀한 인구는 해변 등 취약한 지역에 분포하지만 보호 인프라 ― 홍수 통제 및 폭풍에 견디는 주택이 매우 중요하다 ― 가 미비했다. 비상사태 데이터베이스(Emergency Events Database)의 통계에 따르면, 동아프리카와 남아프리카의 저소득 도시지역 외에도 동아시아, 동남아시아, 남아시아의 중소득 국가의 급성장하는 도시들이 이미 1인당 재난 수에서 최고 수준에 도달해 있다.

인간 개발의 진보

교육, 보건, 빈곤 축소 부문에서 이루어진 수십 년의 발전을 더 증진하기 어렵고 유지하기조차 힘든 나라가 많을 것이다. 지난 20년 동안 적어도 12억 명이 빈곤에서 구제되었다. 그들의 일일 소득이 3.2달러를 넘었는데, 이는 저소득 국가의 평균 빈곤선과 동등한 수준이다. 게다가 각 지역에서 경제성장과 인간 개발의 선순환이 이루어진 덕분에 약 15억 명이 일일 소득 10달러 이상의 중산층 소득수준에 도달했다. 의료, 교육, 양성평등의 기본적 향상이 1인당 소득 상승을 낳았으며, 나아가 특히 저개발국에서 추가적인 향상을 뒷받침할 가계와 정부의 재정 능력을 키웠다.

그러나 향후 20년 동안 특히 경제성장이 둔화되고 고르지 못할 가능성을 감안할 때, 일부 국가의 지속적인 진보는 더 힘들 것으로 보인다. 중등·고등 교육과 디지털 기량 훈련, 효율적인 도시 인프라 네트워크, 여성과 소수집단의 기회 향상 등 인간 개발의 다음 단계에서 주로 필요로 하는 것은 사회적 장애를 극복하고 정치적 안정을 높이며 공공서비스에 대

인구와 관련된 인간 개발 과제

가임연령 여성 1인당 출산 수(총출산율), 1960~2040년	1세 미만 유아사망률, 1960~2040년	중등교육 완성률, 1960~2040년
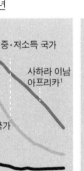	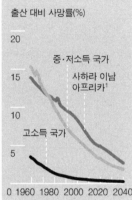	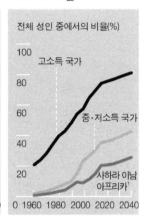

자료: United Nations Population Division and Pardee Center University of Denver.

자료: IIHME and Pardee Center University of Denver.

자료: Barro-Lee and Pardee Center University of Denver.

[1] 사하라 이남 아프리카는 중·저소득 국가 데이터에도 포함됨.

한 정부나 민간의 투자를 늘리는 것이다. 대부분의 개도국에서 인간 개발의 초기 성과는 생존을 위한 농사짓기에서 돈을 벌 수 있는 일자리로 사람들을 이동시키고 보건, 교육, 양성평등에서 기본적 진보를 이룩하는 데 집중되었다. 중소득 국가에서는 비교적 쉬운 이러한 목표가 이미 성취되었지만 ─ 예컨대 유아사망률이 최저이며 거의 모든 사람이 초등교육을 받았다 ─ 환경오염, 비전염성 질병 등과 같은 복잡한 도전이 새로 부상하고 있다. 지난 20년 동안 중소득 가구의 수가 급증했다는 점을 감안할 때, 각국 정부는 더욱 도시화되고 연결성이 높아졌으며 거대하게 팽창한 세계 중산층의 요구와 기대를 충족시키는 데 애를 먹을 것이다.

여성의 지위 향상. 최근 수십 년간 여성을 위한 기본적 보건과 교육 분야에서 놀라운 진보를 이룩하고 법적 권리를 확대한 국가들이 많다. 대부분의 개도국에서 출산율이 2020년까지 가임연령 여성 1인당 3명 이하로 떨어졌으며 초산 연령도 높아져 여성의 교육과 집 밖 노동의 기회가 늘었다. 이 부분에서 사하라 이남 아프리카는 여전히 평균에서 가장 크게 벗어나 있는 상태다. 최근 출산율이 감소했어도 2020년 평균 4.9명으로 앞으로도 계속 높을 것 같다. 산모 사망률이 지난 20년 동안 3분의 1 이상 감소했는데, 대부분이 남아시아에서 이루어진 개선 덕분이다. 대부분의 개도국에서 남녀 간의 교육 성취 격차가 빠르게 줄었다. 그러나 사하라 이남 아프리카의 경우, 여성의 평균 교육 연수가 아직도 남성의 81%에 불과하며, 이 지역과 나머지 개도국 간의 격차는 향후 20년 동안 줄지 않을 것으로 보인다.

남아시아 지역과 아랍 제국의 가부장적 사회가 가정, 직장, 의료에서 전반적 양성평등의 가장 큰 격차를 보이고 있는데, 이 격차는 향후 20년 동안 계속될 것으로 보인다. 세계적으로 여성이 식량의 일차적 생산자지만, 여성이 토지를 소유할 권리가 제한되거나 없는 지역이 수두룩하다. 교육 수준과 무관한 여성의 남성 종속이 중동, 남아시아, 사하라 이남 아프리카 곳곳의 가족법에 명시되어 있다. 2020년 유엔의 검토에 의하면, 여성이 2020년 각국 입법부 의석 중에서 ─ 2000년의 두 배 수준이기는 하지만 ─ 겨우 25%를 차지하고, 기업 관리직의 4분의 1을 차지했으며, 대기업 최고경영자(CEO)가 여성인 경우는 10분의 1이 안 되었다.

아동 생존·복지 향상. 지난 20년 동안 영양실조와 유아사망률을 급속하게 감소시킨 나라가 많다. 이는 주로 예방 가능한 전염병의 감소에 기인한다. 이 분야에서는 극적인 향상이 추가로 이루어질 여지가 거의 없다. 분쟁과 위기가 빈발하는 지역에서는 진전이 매우 느릴 것이다. 1960

년대에는 생후 1년 미만의 유아사망률이 개도국 전체에서 13%였지만 지금은 평균 3% 남짓에 불과하다. 최대 도전이 계속되는 지역은 사하라 이남 아프리카로 유아의 5%가 1년 안에 사망하는데, 이는 주로 빈곤율이 높고 전염병의 발생률도 매우 높기 때문이다.

교육 기회의 확대. 교육의 성취는 인간 개발의 느리지만 극히 강력한 동인이며 교육의 확대가 평생 기대소득에 기여한다. 전 세계적으로 초등교육을 마친 성인 비율이 2020년 81%에 도달했는데, 이는 1960년대 이후 대부분의 지역과 소득 집단에 걸쳐 그 비율이 급증했음을 반영한다. 이러한 교육 성취 수준은 개도국별로 다양한데, 라틴아메리카, 동아시아·태평양, 유럽 개도국들의 경우 모든 성인의 92%까지 초등교육을 마쳤지만 사하라 이남 아프리카의 경우 60%에 불과하다.

그러나 개도국들이 중등교육으로 기회를 확대하는 것은 더 힘들 것으로 보인다. 그러한 이유는 비교적 많은 비용이 소요되고, 교육보다 일을 선택하는 일부 학생들로 인해 중퇴율이 높으며, 공식 교육을 멀리하는 여성들의 조혼 등 문화적 요인이 작용하기 때문이다. 역사적으로 볼 때 현재의 중상위 소득국의 지위를 성취한 나라는 대다수의 노동력을 중고등학교 수준까지 교육시킨 것이 그 동인이었다. 현재 유럽, 중앙아시아, 동아시아·태평양, 라틴아메리카 개도국의 대다수는 그 문턱을 넘었지만, 사하라 이남 아프리카의 노동력 중에서 중고등학교 교육을 받은 비율은 4분의 1에 불과하다. 게다가 사하라 이남 아프리카는 정부, 종교, 기타 민간 부문이 인구 증가를 따라잡는 데도 애를 먹을 것이기 때문에 향후 20년 안에 그 문턱을 넘지 못할 것으로 보인다. 이러한 고난은 또한 경제성장을 위축시킬 것인데, 그 이유는 노동자들, 특히 교육보다 노동시장 조기 진입을 택하는 노동자들이 고소득 일자리에 필요한 기량을 갖추지 못하기 때문이다. 이 분야에서 남아시아는 사하라 이남 아프리카보다 진전이 빠르며 2040년까지 중등교육을 위한 핵심적 개발 문턱을 넘을 잠재력이 있다.

세계 중산층의 증가와 변동

세계적으로 지난 20년 동안 광의의 중산층에 속하는 가계의 수가 급증했는데, 이는 지속적인 발전에 대한 기대를 높이고 있다. 세계은행의 소득조사 데이터베이스에 의하면, 2020년 세계 인구의 약 36%가 연간 소득 4000달러에서 4만 달러에 이르는 중산층에 속했는데, 이는 2000년보다 13%p(퍼센트포인트)가 증가한 것이다. 2000~2018년 기간(최신 조사 자료 사용) 총인구 대비 중산층 인구 비율이 가장 크게 증가한 국가는 러시아, 터키, 태국, 브라질, 이란, 중국, 멕시코, 베트남(내림차순) 등이다.

향후 20년 동안 중산층이 그와 비슷한 속도로 증가할 것으로 보이지는 않으며, 개도국의 중소득 집단은 자신들의 발전이 둔화되고 있음을 피부로 느낄 수 있을 것이다. 많은 나라에서 지난 20년 동안의 높은 1인당 소득 증대가 거듭되지는 않을 것으로 보인다. 그 이유는 세계의 생산성 증가가 둔화되고 생산가능인구의 폭발이 끝나기 때문이다. 가계소득에 관한 글로벌 모델의 추정에 의하면, 기준 시나리오하에서 세계 인구 대비 중산층 비율은 향후 20년 동안 대체로 안정적으로 유지될 것이다. 다만 이런 결과가 사회적·정치적 역학 관계 여하에 달려 있기는 하다.

동아시아와 그보다 못하지만 남아시아는 다른 지역에 비해 더 큰 1인당 소득증대를 성취해 선진국과의 소득·교육·기대수명 격차를 어느 정도 좁힐 태세인 것으로 보인다. 이들 지역은 효과적인 교육 시스템, 일반적으로 안정된 사회적 네트워크, 유능한 거버넌스 덕을 보고 있다. 반면에 라틴아메리카 등의 일부 개도국들은 중진국 함정에 빠질 위험이 큰

미래의 세계 보건 도전

지난 수십 년간 기초의학에서 이루어진 발전, 예컨대 의약품과 백신의 보급 확대, 의료 절차의 개선 등이 질병을 감소시키고 전반적인 보건 성과를 제고했으며 대다수 세계인의 수명을 연장시켰다. 그러나 향후 20년 동안 여러 보건 도전이 지속되고 확대될 것으로 보이는데 그 부분적 이유는 인구 증가, 도시화, 항생제 부작용 등이다.

전염병 퇴치에 관한 진전이 정체

결핵과 말라리아 퇴치를 위한 국제적 진전이 최근 정체되었다. 2015~2019년에 약제내성 결핵의 발생 건수가 세계적으로 증가했으며 말라리아 발생은 이전 15년 동안의 27% 감소와 비교해 겨우 2% 감소에 그쳤다. 이는 부분적으로 국제 투자가 평행선을 그었기 때문이다. 앞날을 내다보자면 재발하거나 새로운 전염병이 장기화되어 개인과 공동체를 위험에 빠뜨리는 일이 이어질 것이다. 또한 새로운 동물 병원체가 사람에게 감염될 위험이 커지고 사람의 이동과 인구밀도와 같은 확산 요인으로 인해 신종 팬데믹 발생이 증가할 것으로 보인다.

항생제 부작용의 증가

항생제 치료에 대한 내성이 세계적으로 증가하고 있는데, 이는 부분적으로 가축에 투입하는 항생제와 인간 의약품에 들어가는 항균제가 과·오용되고 있기 때문이다. 약제내성 감염으로 연간 50만 명 이상이 사망하고 있으며, 2020~2050년 기간의 누적 경제 비용이 생산성 감소와 입원·치료 장기화에 따른 고비용으로 1000조 달러에 이를 수 있다.

비전염성 질병 수준의 상승

현재 비전염성 질병이 전 세계 대다수 사망의 원인인데 주로 당뇨병, 심혈관질환, 암, 천식 같은 만성 호흡기질환이다. 보건 전문가들의 예측에 의하면 2040년 저소득 국가에서 비전염성 질병이 사망 원인의 80%(1990년에는 25%)에 이를 수 있는데, 이는 부분적으로 길어진 기대수명뿐 아니라 영양 부족, 환경오염, 흡연 등에도 기인한다. 많은 나라가 인간의 고통을 증가시킬 수 있는 이런 변화에 대응할 보건 시스템을 충분히 갖추지 못한 상태다. 경제침체 기간에는 공공 보건 시스템이 압박을 받고 해외 원조와 민간의 보건 투자가 감소세를 보이므로 그러한 위험이 더욱 높아진다.

특히 젊은이들 중심으로 정신 건강에 대한 압박이 가중됨

정신 건강 및 약물남용 장애가 지난 10년 동안 13% 증가했는데, 주요인은 인구 증가와 기대수명 상승뿐 아니라 청소년층에 유별나게 번진 정신질환 탓이었다. 현재 전 세계 아동과 청소년의 10~20%가 정신 건강 장애를 겪고 있으며, 15~19세 연령대에서 자살이 세 번째 주된 사망 원인이다.

보건 전문가들의 예측에 의하면, 전 세계 정신질환의 경제적 비용이 향후 20년 동안 160조 달러를 상회할 수 있는데, 그 경제적 부담의 대부분이 만성 장애와 조기 사망에 따른 소득과 생산성의 손실이다. 예비적 조사가 시사하는 바에 의하면, 팬데믹 때문에 모든 지역 사람들이 경제적 손실과 사회적 고립의 스트레스 장애로 인해 정신적 고통의 증가를 경험할 것이다.

30대 인구 대국의 중산층과 가계부채, 2000년과 2018년 비교

경제 규모가 큰 다수의 개도국에서 지난 20년 동안 중산층이 급팽창했다. 그러나 대부분의 선진국과 개도국 가계는 생활비 상승에 쪼들리면서 점점 더 많은 부채를 떠안게 되었다.

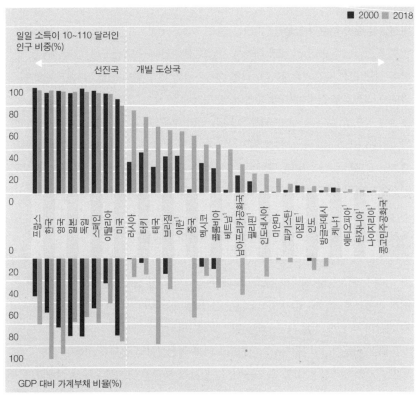

¹ 이란, 베트남, 케냐 등 일곱 개국은 가계부채 데이터가 없음.
자료: World Bank, IMF.

데, 거기에 빠지면 개인의 세후(稅後) 소득 증가가 노동자 생산성 증가를 능가하면서 경제성장 정체가 초래된다. 라틴아메리카 전망에서 보이는 이런 문제는 부분적으로 빈약한 인프라와 기술 채용, 부족한 교육 시스템에서 비롯된다.

선진국의 경우 중산층이 축소되고 있는데, 그것은 많은 사람들이 고

국가별 소득불평등

지니계수로 측정된 소득불평등은 개도국들이 가장 높지만, 안정적이거나 개선된 개도국들이 많다. 소득불평등은 전반적으로 선진국이 더 낮지만, 다수의 선진 경제 대국은 증가 추세를 보였다.

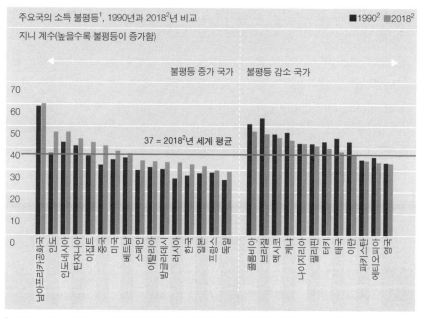

주요국의 소득 불평등[1], 1990년과 2018[2]년 비교   ■1990[2] ■2018[2]

지니 계수(높을수록 불평등이 증가함)

불평등 증가 국가   불평등 감소 국가

37 = 2018[2]년 세계 평균

[1] 2020년 기준 인구 규모가 가장 큰 28개국을 가장 최근의 소득불평등 추정치 순으로 배열했음.
[2] 1990년, 2018년 또는 그에 가장 가까운 해의 데이터를 사용했음.
자료: Standardized World Income Inequality Database.

소득층으로 올라가지만 빈곤선 아래로 떨어지는 사람들은 그보다 적기 때문이다. 게다가 다수 국가의 중산층이 주택·의료·교육 비용의 상승으로 압박을 받고 있다. 32개 선진국 중 19개국에서 국민 빈곤선 아래로 떨어진 인구의 비율이 2007년과 2016년 사이에 증가했으며, 여기에는 프랑스, 독일, 이탈리아, 스페인 등이 포함되었다. 이와 동시에 전체 선진국에 걸쳐 중산층을 벗어난 사람들 대다수가 고소득층으로 올라갔다. 이는 소득 양극화 추세를 반영하는데, 저소득 일자리의 노동자 수와 고소득자 수

한동안 지속될 경제 불평등

인간 개발의 진전을 둔화시키는 데 기여하는 요인들은 국가 내 소득불평등을 지속시키는 데도 기여할 것이다. 전체 국가의 약 절반이 1990년과 2018년 사이에 빈부 격차의 확대를 경험했는데, 여기에는 중국, 인도, 러시아, 미국 등 세계의 최강대국들이 포함되었다. 반면에 이 기간에 불평등 감소를 경험한 인구 대국들은 대부분 세계 평균선 위쪽에 머물렀다. 이러한 불평등 증가에 복합적으로 기여한 다수의 구조적 원인이 있는데, 예컨대 기술 진보가 저숙련(low-skill) 일자리를 자동화하면서 고등교육과 전문 기량에 유리하게 작용한 것, 많은 일자리와 산업이 아웃소싱을 위해 개도국으로 이전한 것, 시장 주도적 해법을 지향하고 정부의 재분배 정책을 멀리하는 이데올로기적 변화가 생긴 것 등이다.

가 동시에 늘고 있다. 대부분의 고급(high-skill) 노동자들은 여전히 노동 대체 기술의 혜택을 보겠지만, 자동화될 수 있는 반복 작업을 하는 중급 노동자들은 임금 감소와 일자리 상실에 직면할 것이다. 고임금 직종의 일부 노동자들의 소득도 인공지능과 기계학습*에 의한 위협을 받을 것이다. 최근 선진국 전체적으로 가계부채가 이미 치솟았는데, 이는 이러한 소득 압박과 주택·의료·교육 비용 상승 때문이다.

이주: 이동 중인 사람들

인구통계 추세와 경제적 유인이 향후 20년 동안 계속해서 대규모 이

---

* 컴퓨터가 자신의 동작을 스스로 개선할 수 있는 능력을 말함(옮긴이).

주를 추동할 것이다. 정부 정책이 요동치기 때문에 이주 수준을 짐작할 수 없지만, 국경을 넘어 이동하는 사람들을 밀어내고 끌어들이는 요인들이 세계적으로 상존할 것이며, 이에 따라 목적지 국가에서 이주를 둘러싼 논란이 촉발되고 일부 지역에서는 사회적 대립이 심화될 것이다. 지난 20년 동안 국제 이주가 절대 수치뿐 아니라 세계 인구 대비 비율로도 급증했다. 2020년 2억 7000만 명 이상이 이주한 국가에서 살고 있었는데, 이는 2000년에 비해 세계 인구의 0.5%를 넘는 1억 명이 증가한 것이다. 대부분의 이주자들이 보다 나은 경제적 기회를 찾아 모국을 떠났지만 분쟁, 범죄, 종교적·사회적 억압, 자연재해 등을 피해 달아난 사람들도 수천만 명이었다.

이주자의 절대다수가 노동자란 점에서 이주 흐름은 분명히 국가 간의 임금 격차를 반영한다. 즉, 중소득 소국에서 고소득 대국으로의 흐름이다. 2019년 이주자의 약 3분의 2가 중소득 국가에서 출발했으며, 절반 이상이 더 많은 돈을 벌어 고향으로 송금하기 위해 고소득 국가로 이주했다. 해외이주가 급증하기 시작하는 때는 1인당 국내총생산(GDP)이 약 4000달러에 이르는 시점, 즉 사람들이 중하위 소득수준에 도달해 여행경비를 조달할 수 있는 시점이다. 그리고 해외이주가 둔화되기 시작하는 것은 1인당 GDP가 1만 달러에서 1만 2000달러에 이를 때인데, 이때는 사람들이 세계은행이 정의하는 고소득에 접근하고 있으며 모국 내 고용 기회가 더 매력적이 된다.

미래를 전망하자면 사하라 이남 아프리카에서는 기존의 압출 요인 외에 급속한 인구 증가가 추가적 압출 요인으로 작용할 것이 거의 확실하지만, 다수의 다른 개도국에서는 해외이주 절정 기간이 끝나가고 있다. 1인당 GDP 4000달러와 1만 달러에서 1만 2000달러 사이의 중소득 해외이주 구간에 속하는 인구가 2010년경 정점에 도달했는데, 여기에 라틴아메리카, 중앙아시아, 동유럽 일부 등 여러 지역이 포함되었다. 동아시아, 동남아시아 및 남아시아도 이러한 소득 압출 요인이 가장 강력하게 작용하는 시기를 지났거나 그 부근에 있다. 그러나 사하라 이남 아프리카에서는 이 소득 압출 구간에 속하는 인구의 비율이 향후 20년 동안 계속 증가할 것이다.

유럽과 아시아의 고령화 국가에서 노동 수요 증가가 점점 더 흡인 요인으로 작용하고 있다. 여러 유럽 국가에는 세계에서 가장 많은 국제 이주자들이 있는데, 2020년 유엔 통계에 의하면 2019년 말 현재 약 7000만 명 수준이다. 이 가운데 3분의 1이 동유럽 출신이다. 선진 유럽 국가들이 급속하게 고령화하기 시작했을 때 동유럽의 생산가능인구는 정점에 도달했다. 고령화하는 유럽 국가들과 일본은 노동자들에게 비자를 발급하는 정책을 확대하고 있다.

향후 20년 동안 재난과 분쟁을 피해 달아나는 사람들이 계속해서 이주 흐름에 가세할 것이다. 유엔 및 비정부기구 자료에 의하면, 국내의 민사적·정치적 혼란으로 인해 2019년 말 현재 8000만 명이 고향에서 쫓겨났는데, 이 가운데 약 3분의 1이 다른 나라로 이주했다.

폭넓은 영향 및 교란

이러한 인구통계 및 인간 개발 추세는 각국 정부가 공공투자를 늘리고 이주를 통제하도록 압박하고, 일부 국가의 불안정을 야기하며, 여러모로 아시아의 부상에 기여하고, 이미 한계에 이른 국제개발기구에 의제를 추가할 것이다.

여성, 아동 및 소수자들에게 발생할 차질. 현행 팬데믹은 일부 지역의 빈곤 퇴치에서 이룬 진전이 취약하며 여성, 소수자 집단 등 경제적·정치적·사회적 위상이 낮은 사람들이 후퇴할 가능성이 있음을 보여주고 있다. 지금까지 라틴아메리카를 제외한 저소득 국가의 코로나19 사망률이 선진국보다 낮았지만, 그 경제적 영향은 심각했다. 현행 팬데믹으로 인해 의료 시스템에 과부하가 걸리고 수백만 명의 빈민이 소득에 타격을 받은 것 외에도 교육이 제한되거나 없어지고 예방접종, 모성보건 등 다른 우선순위로부터 의료 자원이 전용되는 등 광범위한 교란이 발생했다.

공공투자를 요구하는 압력 가중. 인구 증가, 특히 개도국의 중산층 확대는 각국 정부가 적정한 주택, 교육, 의료, 인프라 등 공공재를 공급하도록 압력을 가중하고 있다. 치안력이 부족한 도시 지역, 특히 국제 항구나 공항과 같은 인프라에 근접한 도시는 조직범죄 연합체가 번성할 이상적 온실이기도 하다.

정치적 안정에는 양날의 칼. 사람들은 나이가 들수록 폭력성과 이념적 극단성이 덜한 경향이 있으며, 따라서 국내 무력 충돌이 발생할 위험도 감소한다. 동아시아와 라틴아메리카의 중위연령이 30세를 넘을 것이다. 이는 사회적 안정성이 잠재적으로 더 커질 것임을 시사한다. 또한 그러한 인구는 민주주의를 강력하게 선호한다. 독재 정권이 남아 있는 곳에서는 이른바 색깔 혁명에 따른 불안정이 지속될 것으로 보인다. 게다가 인구가 급증하고 젊은 국가에서는 증가하는 도시민 집단의 기대와 그들에게 교육·의료·일자리 기회를 제공할 수 있는 정부의 능력 사이에 간극이 확대되면서 정치적 불안정이 높아질 잠재성이 있다. 그러한 국가에서는 과격한 극단주의 운동단체의 충원도 중대한 위험이 될 것이다.

이주를 둘러싼 논란 확대. 선진국으로 유입된 이주자들이 경제생산성을 제고하고 서비스를 제공하며 세원을 확대하면서 인구 고령화의 부정적 측면을 완화하는 데 도움이 될 수 있다. 그러나 다수의 선진국에서 국민 정체성과 종족 동질성 유지를 선호하는 문화가 강할 경우와 같이 상반되는 압력이 반(反)이주 역풍을 계속 부채질할 수 있을 것이며, 중국처럼 노동력이 감소하는 일부 개도국과 중진국에서도 점차 그럴 수 있을 것이다. 결과적으로 다수 국가가 기술 혁신과 자동화를 선택하고 고숙련 노동에 국한해서 이주를 허용할 것으로 보인다. 국내·국제적으로 얼마나 많은 이주를 허용하고 어떻게 이주 흐름을 통제할지를 둘러싸고 논란과 대립이 계속될 것이다.

일부 변동은 동방의 부상을 재촉할 수 있다. 아시아의 다수 개도국들이 인구통계 추세에서 오는 잠재적 이득을 누리거나 그 역풍을 비교적 잘 극복할 것이다. 결과적으로 1인당 소득과 인간 개발 수준이 다른 어느 지역보다 아시아에서 더 크게 상승할 가능성이 높다. 향후 아시아에는 생산가능인구가 크고 중등교육 이수율이 높은 나라가 대부분이고, 복리 수준을 뒷받침하는 의료·인프라에 대거 투자하는 나라도 많을 것이다. 중국이 어떻게 향후 20년 동안 맞이할 인구통계학적 난관에 대처할지가 최대 변수가 될 것으로 보인다. 중국은 한 자녀 정책에서 비롯된 출산율 급감으로 노동력 증가가 이미 멈추었으며, 향후 20년 동안 65세 이상 인구가 약 3억 5000만 명(단연 세계 최대임)으로 배증할 것이다. 설령 중국 노동력이 훈련 향상과 자동화를 통해 선진국의 생산성 수준에 근접하더라도, 중국이 2030년대 중진국 함정에 빠질 위험은 상존하며 이는 국내 안정을 위협할지 모른다.

한계에 이른 국제개발기구. 인간 개발에 주력하는 국제기구는 조율 활동에 대한 요구가 커짐에 따라 더욱 복잡해진 업무 환경에 처할 것이다. 자연적·인위적 원인에서 비롯되는 인도주의·난민 위기가 증가하게 되면 빈곤과 질병 분야의 전반적 개선을 위해 투입될 국제 자원이 전용될 것이다. 다수 국가가 유엔의 '2030년 지속 가능한 개발 목표'를 달성하지 못할 경우 중진국들이 최대의 타격을 받을 것이며, 최근 빈곤에서 벗어난 중진국 국민은 다음 수준의 교육, 의료 및 환경의 질을 향해 나아갈 것을 요구하고 있다. 전통적으로 개발원조를 제공해 온 기구·국가들은 수요를 따라잡지 못할 것이다. 다자 개발원조가 부족해지면서 중국 등 다른 국가가 개도국들의 중요 도시에 인프라 재원을 제공해 이득을 취하려는 계획을 추진할 수 있을 것이다.

환경
ENVIRONMENT

핵심 요지

- 앞으로 20년 동안 상승하는 기온, 해수면 상승, 극단적인 날씨로 대표되는 기후변화 효과는 모든 국가에 물리적인 영향을 미칠 것이다.

- 온난화를 섭씨 1.5도로 제한하는 파리협정의 목표를 달성하기 위한 새로운 에너지 기술 및 이산화탄소 제거 기법을 통해 온실가스 배출을 완화해서 탄소중립(net zero)을 달성하려는 노력이 증가할 것이다. 그렇지만 (아마 향후 20년 이내에) 섭씨 1.5도 초과에 근접하게 되면 잠재적인 심각한 결과에도 불구하고 지구공학적인 연구와 지구를 식힐 수 있는 방법을 찾는 요구는 증가할 것이다.

- 각국이 어떠한 적응 가능한 수단을 채택하고 극적인 배출 감축을 어떻게 실행해야 할지 어려운 선택에 직면함에 따라 어떻게 얼마나 빨리 탄소중립에 도달해야 하는지에 대한 논쟁이 증가할 것이다. 국내외적으로 부담과 이득이 공평하게 배분되지 않으면서 경쟁을 심화하고, 불안정을 추동하고, 군사적 준비를 압박하고, 정치적 불화를 조장할 것이다.

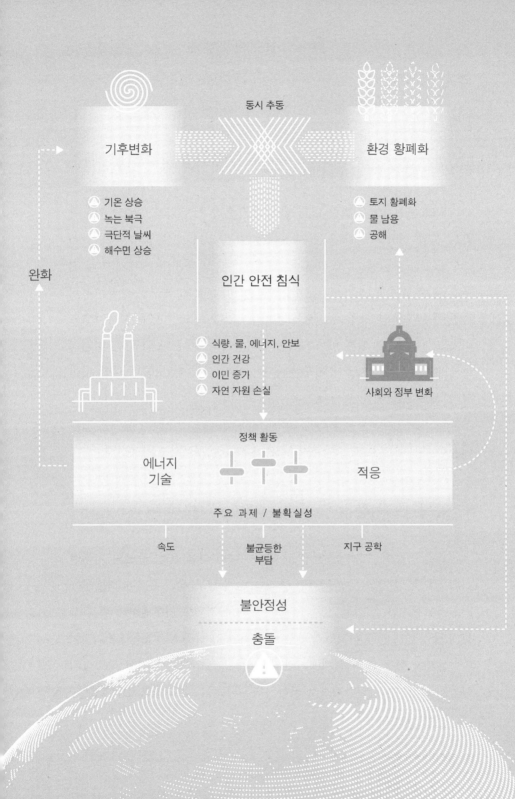

지난 10년은 기록적으로 더웠고, 1960년대 이후 매 10년은 그 직전 10년보다 더 더웠다.

지금 이곳에서 일어나고 있으며 심화하고 있는 기후변화

우리는 인간이 유발한 대기 중 온실가스 누적 증가가 원인인 기후변화로 이미 영향을 받고 있는 세상에서 살고 있다. 기후변화국제협의체(Intergovernmental Panel on Climate Change: IPCC)에 따르면 19세기 이래 지구가 평균 섭씨 1.1도 더워지면서 빙하와 빙원 축소, 해수면 상승, 더 심각한 폭풍과 폭염, 해양의 산성화가 초래되었다. 지난 10년은 기록적으로 더웠고, 1960년대 이후 매 10년은 그 직전 10년보다 더 더웠다. 현재의 추세라면 다음 20년 동안 지구온난화는 아마 섭씨 1.5도를 초과할 것이고 21세기 중반에는 섭씨 2도에 이를 것이다. 미국기후평가(US National Climate Assessment)는 당장 탄소중립이 이루어져도 이미 대기 중에 누적된 배출량 때문에 앞으로 20년 동안 기온이 상승할 것이라고 예측한다.

물리적인 영향

기온 상승이 수그러들지 않고 지속된다면 다음 20년 동안의 기후변화의 물리적인 영향은, 파국적인 충격을 받게 될 21세기 후반에 비해서는 점진적이겠지만, 심화할 것이다. 어떤 국가나 지역도 기후변화와 환경 악화의 물리적인 영향을 피해갈 수는 없겠지만 그 충격의 정도는 다를 것이다. 심지어 어떤 지역은 재배기간(growing sessons)이 길어져서 다소간의 이득을 볼 것이다. 일반적으로 말하자면, 개도국은 기후변화에 적응할 능

이산화탄소와 평균기온의 세계적인 상승

이 그래프는 산업화 이전 대비 전 지구 표면 온도 및 대기 중 이산화탄소 농도의 변화를 보여준다. 역사적으로 가장 더운 해 20개년 가운데 19개년이 2001년 이후 나타났고, 2020년은 기록상 가장 더운 해와 같았다.

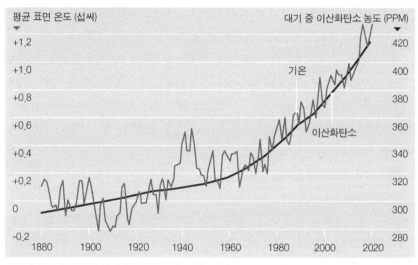

자료: NASA GISS, NOAA NCEI, ESRL. https://medialibrary.climatecentral.org/resources/national-and-global-emissions-sources-2020.

력이 부족하고 평균적으로 그 영향에 더 많이 노출되어 있기 때문에 더 피해를 입을 것이다.

녹는 북극과 해수면 상승. 주로 얼음과 적설이 녹으면서 만들어지는 되먹임고리(feedback loops) 때문에 북극의 기온이 지구 평균 기온보다 세 배 더 상승하고 있다. 이 때문에 빙상과 빙하의 대량 감축이 일어나고 있으며 해빙의 범위와 두께도 감소하고 있다. 전 세계적으로 19세기 후반 이래 해수면은 평균적으로 8~9인치 상승했다. 다음 20년 동안 해수면이 3~9인치 더 상승할 것으로 예측되는데, 이는 저지대 해안 도시와 섬에 새로운 문제를 일으킬 것이다. 내륙을 보면, 녹아내리는 영구동토층이 교통

기후 불확실성 축소

지구의 기후는 작은 변화, 증가된 데이터 수집, 컴퓨팅 성능 및 정교한 모델링에 민감한 매우 복잡하고 상호 연결된 시스템이지만 기후변화에 대한 우리의 이해는 점점 더 강력해져 왔다. 여러 연구 분야에서 불확실성을 축소하려고 노력하고 있다.

귀속: 과학자들은 특정 사건을 기후변화와 연계하는 능력을 향상시키고 있다. 극단적 사건의 귀속(extreme event attribution)이라고 알려진 이 초기 분야는 증가하는 위협에 대한 공공의 인식을 변화시키고 개도국 또는 피해를 입은 지역사회가 가장 배출이 많은 국가 또는 정부로부터 피해를 입었다고 주장할 수 있는 기초를 제공할 수 있을 것이다.

되먹임고리: 현재 과학자들은 언제 어느 정도까지 되먹임고리가 온도 상승과 급격한 온난화의 위험을 유발하는지 추정하는 데 어려움을 겪고 있다. 예컨대 빛을 반사하는 해빙의 손실은 어둡고 열을 더 빨리 흡수하는 해수 표면을 더 많이 드러내 결국 더 많은 해빙이 녹을 것이다. 온도 상승에 따라 습지, 영구동토층, 해양 하이드레이트(hydrates)에서 방출되는 메탄은 강력한 온실가스로서 또 다른 회기순환 사례다.

시스템, 파이프라인, 발전소를 포함한 기반 시설에 손상을 입힐 것 같다.

더 심해진 폭염. 북극 밖에서는 북아메리카 중동부, 중부 유럽, 지중해 지역(남부 유럽, 북부 아프리카, 근동 지역 포함), 중서부 아시아, 남부 아프리카의 온난화가 가장 빠를 것으로 예측된다. 특히 열대 지역은 광범위하고 극심한 폭염을 겪을 것이다.

극단적인 기후와 기후 양상. 상승하는 기온은 대기의 상태를 심각하게 만들어서 때때로 강력한 허리케인급 폭풍, 해안 범람, 폭풍해일, 가뭄 등 더욱 빈번한 자연재해를 발생시킬 것이다. 전통적인 기후 양상 또한 변할 것인데, 예컨대 건조 지역은 더 건조해지고 습윤 지역은 더 습윤해지고 일부 지역의 강수는 더 간헐적이겠지만 더 강력해질 것이다.

환경 악화에 더해

다음 20년 동안 많은 국가, 특히 개도국에서 인구 성장, 급속한 도시화, 부실한 토지 및 자원 관리는 점점 더 기후변화와 상호작용하면서 기후변화의 영향을 악화시킬 것이다. 해안 도시가 성장함에 따라, 폭풍해일과 해수면 상승의 조합이 해안 침식을 더 악화시켜 더 많은 사람들이 어느 때보다 더 위협받을 것이다.

토지 황폐화. 지속 불가능한 농업 및 산림업 관행은 토지를 황폐화하면서 기후변화에 영향을 미치고 기후변화의 충격을 심화한다. 2019년의 연구에 따르면, 전 세계적으로 삼림 파괴와 토지 황폐화가 나무와 토지에 축적된 탄소를 배출한 것이 모든 인위적인 온실가스 배출의 약 10%를 차지한다.

물 남용. 국내외적으로 열악한 물 관리는 다음 20년 동안 물을 둘러싼 긴장의 주요 요소로 남아 있을 것이다. 강수가 점점 더 줄면서 불규칙해지고, 인구가 성장하고, 경제가 발전하고, 비효율적인 관개 및 농업 관행이 지속되면서 물에 대한 수요가 증가할 것이다. 그랜드 에티오피아 르네상스 댐(Grand Ethiopian Renaissance Dam)의 경우처럼 많은 강 유역에서 상류 국가는 하류 국가와 거의 또는 전혀 상의하지 않고 댐을 건설하고 수자원을 변경하면서 분쟁의 위험을 증가시키고 있다.

공해. 20세기에 절정에 다다른 이래 많은 고소득 국가에서 공기와 물의 오염은 감소하고 있지만, 중간소득 국가의 숫자가 증가함에 따라 세계적으로 공해가 증가하고 있는데, 예컨대 산업 및 생활 폐수의 80%가 처리되지 않고 수로에 배출된다. 다른 환경 요소와 마찬가지로 공기 오염과 기후변화는 대기 중에서 복잡한 상호작용을 통해 서로 영향을 미친다. 기후변화는 정체 사건[stagnation events 뜨거운 공기가 정체된 돔(dome)은 공기 오염원이 대기의 저층에 갇힌 채 머물도록 만든다]으로 이어져 자연 발화의 증가를 통해 공기의 질을 더 떨어뜨릴 것이다.

인간 안전 훼손

가까운 미래에 환경 악화와 결합된 더워진 세계의 물리적인 충격은 전부는 아니지만 주로 개도국에 인간의 안전에 관련된 일련의 문제를 제기할 것이다. 2018년의 연구에 따르면 세계적으로 도시의 36%가 가뭄, 홍수, 사이클론 때문에 극심한 환경적 스트레스에 직면해 있는데 기후변화가 이를 가중시키고 있다. 앞으로 수년 동안 이러한 문제들이 복합되고 극단적인 사건들이 극심해지고 빈번해지면서 각 사회는 미래의 사건이 닥치기 전에 준비하기보다 당장의 사건에서 벗어나기 위해 분투할 것이다.

식량 및 물 불안 악화. 강우 양상의 변화, 기온 상승, 극단적인 날씨의 증가, 해수면 상승과 폭풍해일이 유발하는 염수의 토양 및 수계 침투가 일부 국가에서 다음 20년 동안 식량 및 물 불안을 악화시킬 것 같다. 사하라 이남 아프리카, 중미, 아르헨티나와 브라질 일부 지역, 안데스 산맥 일부 지역, 남아시아, 오스트레일리아와 같이 여전히 강우에 농업을 의존하는 지역은 특히 취약할 것이다. 캐나다, 북유럽, 러시아와 같이 일부 고위도 지역은 지구온난화로 인한 길어진 재배기간 덕분에 아마 이득을 볼 것이다.

어업 또한 심각한 남획으로 위협받고 있는데 기후변화는 산소 고갈, 급속한 온난화, 대양 산성화를 통해 상황을 더 악화시킬 것이다. 어부는 더 멀리 나가 더 작은 물고기를 더 적게 잡거나 아마 타국 수역에 침입을 감행해야 할 것이다. 게다가 해양 온도의 상승은 더욱 많은 산호초의 파괴(이미 산호초는 30~50% 감소했으며 섭씨 1.5도가 상승하면 70~90%까지 감소할 수 있다)를 통해 어업 및 관광 산업을 위협할 것이다.

인간의 건강 위협. 물, 공기, 음식의 질 저하는 매개체 질병 및 수인성 병원체와 더불어 인간의 생명을 위협한다. 공해로 인한 사망률은 세계적으로 상당히 편차가 심한데, 전형적으로는 동아시아 및 남아시아의 중간 소득 국가가 최고로 높다. 게다가 극단적인 날씨와 재난은 종종 사람들을 죽이고 의료 기반 시설을 파괴하며 돌봄 활동을 방해한다. 기후변화는 지리적 범위를 바꿀 것이고 경우에 따라 질병 발생의 빈도를 바꿔 인간, 동물, 식물 그리고 병원체 ─ 매개체(웨스트나일, 말라리아, 뎅기), 물(콜레라), 공기(인플루엔자, 한타바이러스), 식품(살모넬라)을 통해 생성된다 ─ 에 영향을 미칠 것이다.

생물다양성 손상. 생물다양성이라고 알려진 모든 살아 있는 유기체 사이의 변동성이 인류 역사상 가장 급속하게 감소되면서 식량과 건강 안보를 위험에 빠뜨리고 지구적 탄력성을 훼손하고 있다. 상승하는 기온은 동식물이 전통적인 서식지에서 더 이상 생존할 수 없도록 만들거나 급속하게 새로운 지역으로 이동하게 만들고 토종 생물을 말살하는 외래 유입종의 확산을 자극할 것이다.

이민 증가. 극단적인 날씨는 환경이 유발한 인구 이동을 증가시키는데, 영향을 받는 인구가 자주 주변 지역으로 일시적으로 이동하기 때문에 대개 개별국가 내에서 인구 이동이 일어난다. 기후변화는 아마 이를 악화시킬 것인데, 해수면 상승과 극단적인 폭염으로 특정 지역에서의 거주가 영구적으로 불가능해짐에 따라, 주로 2040년 이후이겠지만, 아마 다른 국가로의 영구적인 이민을 초래할 것이다.

경로를 찾는 배출 완화 노력

　　다음 십년 동안 탄소중립의 경로를 설정하기 위한 노력이 강화되면서 어떻게 얼마나 빨리 이 목표를 달성해야 하는지에 대한 논쟁을 불러일으킬 것이다. 2015년 파리협정은 온난화를 섭씨 2도 이하로 가급적 섭씨 1.5도 이하로 제한하는 목표를 설정했고, 각국은 배출량을 축소하거나 최고치를 설정하기 위해 자진해서 적당한 목표를 마련했다. 에너지 효율성의 증가와 천연가스의 사용으로 선진국의 배출이 지속적으로 감소하고 코로나19 팬데믹 또한 배출을 일시적으로 줄였지만 전반적인 배출은 지속적으로 증가해 왔다. 이러한 추세는 2050년까지 탄소중립 달성 공약을 제시한 칠레, 유럽연합, 일본, 뉴질랜드, 한국과 2060년까지 탄소중립을 달성 공약을 제시한 중국처럼 많은 국가가 의욕적인 공약을 제시하도록 이끌었다.

　　기후 모델링이 개선됨에 따라, 새로운 기술로의 이전을 통해 수십 년에 걸쳐 탄소중립에 도달하는 것을 옹호하는 측과 최악의 결과를 방지하기 위해 더욱 신속하게 탄소중립에 도달해야 한다고 주장하는 측 사이의 간극이 훨씬 더 커질 것 같다. 각국은 경제적 성장을 고양하는 한편 배출을 완화할 수 있는 선진 기술 요소를 공약하면서 더 점진적인 방법을 통해 기후변화의 최악의 영향이 완화될 수 있다고 주장한다. 신속한 행동을 옹호하는 사람들은 재앙적인 결과를 피할 수 있는 창이 닫히고 있으며 더욱 극적이고, 즉각적인 행동 변화가 필요하다고 주장한다. 개도국이 자국의 경제를 성장시키고 동시에 선진국의 탄소 감축을 상쇄하지 않도록 만들면서 세계 기온 상승을 섭씨 1.5도 미만으로 제한하기 위해서는 에너지 소비와 생산에 유례없는 변화가 필요할 것이다.

지역별 연간 총 CO₂ 배출량

이 표는 화석 연료 및 시멘트 생산에서 배출되는 이산화탄소를 나타내며, 토지 사용의 변화는 포함하지 않았다.

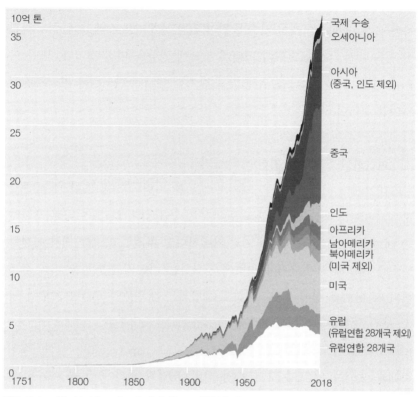

에너지 전환 진행

기후변화를 완화하는 능력과 논쟁의 주요한 측면은 화석연료에서 재생에너지로 전환하는 속도다. 다음 20년 동안 화석연료가 지속적으로 주요한 에너지 공급원이겠지만, 기술 진보와 비용 하락 덕택에 풍력과 태양력이 다른 어떤 에너지 자원보다도 더 신속하게 성장할 것이 거의 확실하고 원자력 생산은, 특히 더 안전한 설계가 등장한다면, 아마 증가할 것이다. 에너지 효율의 증가는 에너지 수요 증가와 사용 에너지 단위당 탄소 비중을 감축할 것이다. 정부의 규제 및 투자에 대한 선택, 비즈니스, 소비자는 물론 현재와 미래의 기술 발전 범위가 세계적으로 배출에 주요 책임이 있는 건물, 수송, 전력의 에너지 사용에 영향을 미칠 것이다. 또한 이러한 기술 다수가 각국을 위해 더욱 강력한 에너지 탄력성과 자급자족에 기여할 것이다.

이산화탄소 제거를 위한 노력 증가

대기에서 이산화탄소를 제거하기 위한 노력의 성공 또한 매우 중요하다. IPCC는 배출 완화만으로는 기온 상승을 섭씨 1.5도 이하로 제한하는 데 충분하지 않다는 것이 거의 확실하다고 추정하고, 대기에서 이산화탄소를 제거해 사용하거나 지하에 저장하는 기술의 중요성을 더욱 강조한다. 온난화를 섭씨 1.5도 이하로 제한하는 대부분의 모델은 조림과 탄소 포집 및 저장 바이오에너지(bioenergy with carbon capture and storage: BECCS)를 통한 이산화탄소 제거(carbon dioxide removal: CDR)의 실질적인 확대를 포함한다. 토양 격리, 해양 시비, 직접적 공기 포집 등 다른 기술도 연구되고 있다. 이산화탄소를 지하에 저장하면서 다른 한편으로는 사용 가능한 에너지로 전환되는 생물군을 성장시키기 위해 이산화탄소를 사용하는 탄소 포집 및 저장 바이오에너지는 매우 드문 역-배출 기술이기 때문에, 탄소 포집 및 저장 바이오에너지(여전히 초기 기술이지만)의 연구와 적용은 거의 확실하게 증가할 것이다. 현재 상업적으로 운영되는 약 25개의 이산화탄소 제거 프로젝트는 연간 배출량 가운데 미미한 분량만 제거하는데, 시장의 유인이 없다면 이산화탄소 제거의 규모를 확대하려는 노력은 정책적·기술적·경제적 제한에 부딪힐 것이다. 많은 국가가 이산화탄소 제거의 속도를 높이고 신재생에너지 채택을 확대하려는 노력의 일환으로 탄소세 또는 탄소 제거 보상제도를 도입할 것이다.

배출에 대한 보완 조치

기후와 환경의 문제를 해결하기 위한 국제사회 및 각국 정부의 노력에 더 많은 활동가들이 합류할 것 같다. 국지적인 활동은 이미 증가하고 있으며 점점 더 많은 기업이 탄소중립의 길을 가겠다고 약속하고 있다. 일부 대규모 자산 관리자는 기후변화가 장기적인 수익을 위협한다고 판단하고 투자 포트폴리오에 포함된 기업에게 탄소 배출에 대해 공개하라고 요구하거나 몇몇 화석연료 프로젝트에 대한 투자를 거부하고 있다. 2018년에 128개 국가의 도시와 지자체 거의 1만 곳이 특정한 기후 행동을 취했고, 120개 국가에 본사를 두고 있으며 미국과 중국의 국내총생산의 합계보다 더 많은 36조 5000억 달러에 이르는 수익을 올리고 있는 6225개 기업도 마찬가지였다. 비정부기구의 활동은 부분적으로는 정부의 활동과 연계될 때 가장 효율적이라는 인식을 통해, 민관 협력이 운영의 틀로 선호되고 있다.

탄력성과 적응성 강화

탄소중립 달성 노력에 더해, 많은 국가와 지역 공동체가 적응적인 기반 시설과 탄력적인 방안에 대한 투자를 확대할 것이다. 일부 방안은 맹그로브 숲 복원 또는 빗물 저장 증가처럼 저렴하고 간단하지만 나머지는 거대 방조제 구축이나 대규모 인구 재배치를 위한 계획처럼 복잡하다. 특히 정부가 격화하는 재정적·정치적 도전에 직면해서 어느 공동체를 지원해야 할지 선택해야 하기 때문에 이러한 활동의 주요한 과제는 취약한 공

주요 신흥 에너지기술

태양광 발전 및 풍력 발전소를 새로 건설하고 운영하는 비용은 동급의 화석 연료 화력발전소보다 훨씬 저렴하다. 페로브스카이트(perovskite) 태양 전지와 같은 훨씬 더 효율적이고 저렴한 재생에너지 기술은 향후 20년 안에 현재의 에너지 산업을 변화시키고 중단시킬 태세를 갖추고 있다. 게다가, 점점 더 연결되고 있는 풍력 터빈 기술은 전 세계적으로 대규모 저비용 해상 풍력 프로젝트를 가능하게 하고 있다. 중국은 풍력 터빈과 태양 전지판의 세계 최대 생산국이며 수출국이다.

에너지 그리드 시스템(grid systems)에서 더 많은 재생에너지를 가능하게 하고 광범위한 전기 차량의 도입을 지원하기 위해서는 **첨단 에너지 저장소**가 필요할 것이다. 리튬 이온 배터리는 최근 몇 년 동안 많은 비용 절감과 성능 향상을 보여왔으며, 잠재적으로 더 안전하고, 저렴하며, 강력하고, 긴 기간 동안 사용할 수 있는 대안에도 투자가 증가하고 있다. 앞으로 첨단 에너지 저장으로 배터리, 신재생전력, 전기차 등을 통합한 분산형 및 자율형 전력망 개발이 가능해지고 예비 화석연료가 필요 없게 될 가능성이 크다.

부산물 없이 전해액 분해를 통해 생산된 **녹색 수소**는 과잉 태양 에너지와 풍력 에너지를 저장하고 난방, 산업, 수송에서 발생하는 탄소를 제거하는 데 더 큰 역할을 할 수 있는 잠재력이 있다. 관련 업계는 아직 걸음마 단계지만 칠레처럼 신재생에너지 자원이 저렴한 국가들이 특히 관심을 갖고 있기 때문에 비용이 내려갈 것으로 예상된다.

몇몇 회사들은 전통적인 원자로의 약 3분의 1 크기인 **소형 모듈형 원자로**(small modular nuclear reactors: SMR)를 개발하고 있는데, SMR은 더 작고 더 안전하기 때문에 전통적으로 핵 프로젝트에 반대했던 국가들의 더 광범위한 수용으로 이어질 것이다. SMR은 아프리카와 같은 외딴 지역에 전력을 공급할 수 있는 잠재력이 있으며, 이는 개도국이 배출량을 늘리지 않고 전력을 공급하는 데 도움이 될 수 있을 것이다. 게다가 SMR은 태양광 및 풍력 발전과 결합되면 간헐성(intermittency) 문제를 해결하는 데 도움이 될 수 있을 것이다.

동체를 위한 자금 조달일 것이다.

멕시코의 메소아메리카 암초와 같은 자연자원 또는 케냐의 농부를 위한 지수 기반 날씨 보험 등을 보호하기 위해 민관 협력체가 기후변화에 대한 건축 탄력성을 목표로 새로운 보험 방안을 강구하고 있다. 이러한 방안은 새로운 데이터와 기계학습 기술에 의존하는데, 이러한 기술이 다음 20년 동안 진전되면서 탄력성 기제는 아마 더욱 정교해질 것이다.

지구공학에 대한 요구

온난화가 파리협정의 목표 초과에 근접함에 따라 정부와 비정부 행위자들이 기후변화에 대응하기 위해 더욱 적극적으로 연구하고, 시험하고, 아마 지구공학적인 수단 — 지구의 자연 시스템에 대한 인위적인 대규모 개입 — 을 채택할 것이다. 현재의 연구는 주로 태양 에너지를 우주공간으로 되돌려서 지구를 식히는 시도인 태양복사 관리(Solar Radiation Management: SRM)에 중점을 두고 있다. 태양복사 관리의 한 형태로 지구를 흐리게 하기 위해 성층권에 분자를 살포하는 성층권 에어로졸 주입(Stratospheric Aerosol Injection: SAI)은 최악의 기후변화를 두려워하는 사람들의 자금 지원을 유도하고 있다. 필요한 에너지 전환이 너무 느리게 이루어질 때, 기술적으로 가능하고 완화 조치보다 비용이 저렴한 성층권 에어로졸 주입은 지구에 대비할 시간을 부여할 것이라고 지지자들은 주장한다.

현재의 연구는 학계, 비정부기구, 지도적인 역할을 하는 기업과 더불어 거의 전적으로 컴퓨터 모델로 이루어진다. 그렇지만 각국이 대화와 가능하면 국제적 협정을 발전시키기 위한 지도력을 발휘해, 연구 표준을 설정하고 라이브 테스트의 투명성을 강화하고 태양복사 관리 기술 도입의 방법과 시기 그리고 효과를 추적하고 관련된 법적인 문제를 결정해야 한다는 요구가 거세질 것이다. 의도하지 않은 재앙적인 잠재적 부작용들을 아직 잘 파악하지 못했으며, 일부 과학자는 태양복사 관리가 기온 하락을 유지하면서도 다른 한편으로는 기후 체계와 강우 양상에 예상하지 못한 파괴적인 결과를 생성할까 두려워한다. 각국 및 비정부 행위자들의 독단적인 태양복사 관리 채택은 갈등과 분쟁의 위험을 키울 것인데, 특히 지구공학이 재난을 초래했다고 생각하는 상대방이 그들에게 책임을 추궁하는 경우 더욱 그럴 것이다.

광범위한 영향 및 장애

기후변화의 물리적인 영향에 더해, 극적인 배출 감축과 적응 조치의 비용과 어려움을 감안하면 국가와 사회는 어려운 결정들 사이에서 선택해야 하는 상황으로 내몰릴 것 같다. 각 국면의 부담은 국내적으로 그리고 국가 사이에 균등하게 배분되지 않을 것이고, 장기적인 완화 정책이 정치적인 이해와 대립하면서 논란의 여지가 있는 약속의 지속이 어려울 것이다. 기후변화의 2차, 3차 여파는 여러 가지로 인간과 국가 안보에 영향을 미칠 것이다.

사회 분열과 정치운동 추동. 더 신속한 변화를 주창하며 거리를 행진하는 수백, 수천 명의 시위대 — 주로 젊은이들 — 와 함께 기후변화에 대한 관심이 전 세계적으로 증가해 왔다. 기후변화를 완화하고 거기에 적응하려는 대응 정책 또한 정치적 불안정으로 이어지는데, 유가 급등에 반대한 2018년 프랑스 시위처럼 그러한 정책이 사회정치적 이해관계와 연결될 때 특히 더 그렇다. 유럽에서는 국수주의적·포퓰리즘적 정당들이 기후변화 완화 정책과 관련된 경제적 어려움에 대한 대중의 우려를 밑천 삼아 그들의 반대에 노동 계급을 위한 평등과 사회적 정의라는 틀을 씌웠다.

국제적 행동에 대한 압력 증가. 온난화가 지속적으로 심해지면서 투명성, 감축, 책임을 둘러싸고 국가 사이에 더욱 많은 논쟁과 긴장이 있을 것이다. 경제성장과 배출 증가의 여유를 바라는 개도국은 자국의 에너지 시스템을 저탄소 모델로 도약시킬 수 있는 선진 에너지 기술을 선진국이 그들에게 제공할 것을 더욱 강력히 요구할 것이다. 게다가 취약한 인구집단의 적응을 위한 재정 지원 약속을 완수하라는 개도국의 요구도 증가할 것이다. 40억 달러에 달하는 적응 프로젝트를 승인해 온 국제기후기금 (Green Climate Fund) 같은 국제적인 자금 지원 수단에 대한 수요도 증가할 것이다.

경쟁 고조. 기후변화와 환경 파괴는 더욱 치열한 지정학적 환경의 원인이 될 것이고 또한 지정학적 환경을 반영할 것이다. 국가와 기타 행위자들은 더 접근할 수 있고 더 가치 있고 더 귀한 식량, 광물, 물, 에너지 자원을 두고 다툴 것이다. 북극해 얼음의 융해는 새로운 항로와 천연자원, 원유, 희토류, 어류 등 귀중한 자원에 접근할 기회를 열고 있다. 러시아는 자국의 북부 해안을 순찰하는 쇄빙선을 더욱 많이 건조하고 있고 북극의 지도국으로서 힘을 발휘하고 있으며 심지어 중국과 인도처럼 북극 연안에 위치하지 않은 국가도 축소된 항로와 자원의 이용을 추구하고 있다. 게다가 중국은 배출 증가에도 불구하고 — 이미 세계 최고의 배출국이다 — 기후 외교 지도국으로서의 국제적 이미지를 고양하려고 노력하고 있다.

불안정과 분쟁 위험 유발. 기후변화가 불안정과 분쟁을 추동하는 유일하거나 심지어 주요한 요인인 경우는 드물다. 그렇지만 특정한 사회정치적·경제적 맥락은 분쟁을 촉발하는 기후 요소에 훨씬 더 취약하다. 민족적·종교적 분극화, 천연 자원과 농업에 크게 의존하는 생계, 취약하고 불법적인 분쟁 해결 기제, 폭력의 역사, 적응 능력 저조와 관련된 국가가 특히 우려된다. 예컨대 가뭄이나 극단적인 날씨의 증가는 어려운 농민과 목축업 종사자들이 무장단체에 가입하는 기회비용을 줄일 수 있고, 종파

에너지 전환 지정학 및 경제

화석 연료에서 다른 연료로 전환하는 속도와 구조에 따라 지정학과 경제는 의미 있게 재편성될 수 있다. 현재 세계 GDP의 8%와 거의 9억 명의 인구를 가진 석유 국가는 탄소 배출이 급격하게 감소되는 시나리오에서 막대한 손실을 입게 될 것이다. 더 효과적으로 더 저렴하게 원유를 추출하거나 경제를 다변화하는 국가들은 더 효율적으로 과도기를 헤쳐 나갈 것이다.

게다가 에너지 시스템이 더 분산될 것이기 때문에, 전환은 에너지를 강압이나 국정 운영의 도구로 사용하는 국가들의 역량을 저하시킬 것이다. 석유와 신재생에너지는 다르게 운영되기 때문에 각국의 에너지 시장에 대한 지렛대 역할은 감소할 것이다. 석유는 거래되는 추출된 자원이고 신재생에너지는 국내 기반 시설 구축을 통해 사용된다. 따라서 어떤 한 국가가 다른 국가의 에너지 공급에 영향을 미치는 일은 더욱 어려워질 것이다. 예컨대 중국이 청정에너지 장비 시장을 지배한다고 해서 석유수출국기구(OPEC)가 한때 그랬던 것처럼 베이징이 세계 에너지 공급을 위협할 수는 없을 것이다.

그러나 재생에너지로의 전환은 특정 광물, 특히 배터리에 필요한 코발트와 리튬, 전동기 및 발전기의 자석에 필요한 희토류를 둘러싼 경쟁을 격화시킬 것이다. 앞으로 20년 동안 새로운 재생에너지 기술을 개발하기 위해 경쟁하면서, 각국은 콩고민주공화국과 볼리비아와 같이 광물을 공급하는 국가에 초점을 맞출 것이다.

의 엘리트들은 기후변화로 악화하는 지역적 불만을 이용하며 분극화라는 정치적 목표를 앞당길 수 있다.

군사적 준비 압박. 군은 변화하는 세계에 지속적으로 적응하고 투쟁하겠지만, 기후변화의 영향은 군사적인 준비 태세와 복합적인 재정을 더욱 압박할 것이다. 폭풍해일과 해수면 상승은 해군 기지와 항공기 활주로에 대한 설계 및 보호에 변화를 줄 것이고, 장기간의 폭염은 훈련 기간을 축소할 것이며, 심각한 폭풍과 홍수로 인해 군은 더 많은 자원을 국내외 재난 구호로 돌리게 될 것이다.

경색된 국제 체제에 대한 압력 고조. 현재의 국제법 및 협력 기구는 글로벌 기후변화 문제로부터 점점 더 멀어지고 있다. 예컨대 국제이민법은 기후변화의 영향으로 퇴출된 사람들을 위한 책임을 지지 않는다. 북극위원회(The Arctic Council) 또는 나일분지이니셔티브(Nile Basin Initiative)와 같이 공유 자원을 관리하기 위해 고안된 많은 기존 기구들은 자발적인 성격과 시행 기제 부족 때문에 압도되거나 소외될 수 있을 것이다. 또한 SRM과 같은 고위험 활동에 대한 국제 표준이나 규정을 개발하려는 노력이 기술에 뒤떨어져서, 국가 또는 개인이 역효과를 초래할 위험이 있는 일방적인 조치를 추구할 가능성이 커질 것이다.

경제
ECONOMICS

핵심 요지

- 다음 20년 동안 국가부채 증가, 더 복잡하고 세분화한 무역 환경, 서비스무역의 전 세계적 확산, 신규 고용 붕괴, 강력한 기업의 지속적 부상 등 몇 가지 세계경제 추세가 국내외적인 토대를 형성할 것 같다.

- 더 많은 부채 부담, 다양한 거래 규칙, 인구변화에서 기후변화에 이르는 도전에 대처하라는 대중의 압력을 다루면서 많은 정부가 유연성을 줄여야 한다고 생각할 수 있다.

- 속도가 둔화할 수 있지만 아시아 경제는 앞으로 수십 년간 성장을 지속할 태세를 갖춘 것으로 보인다. 생산성 증가는 세계적으로 핵심적인 변수가 될 것이고, 경제협력개발기구 국가의 성장률은 각국 정부가 경제, 인구, 기타 과제를 처리하는 데 도움이 될 것이며, 아시아의 성장률은 각국이 중진국 함정(middle-income trap)을 회피하는 데 도움이 될 것이다.

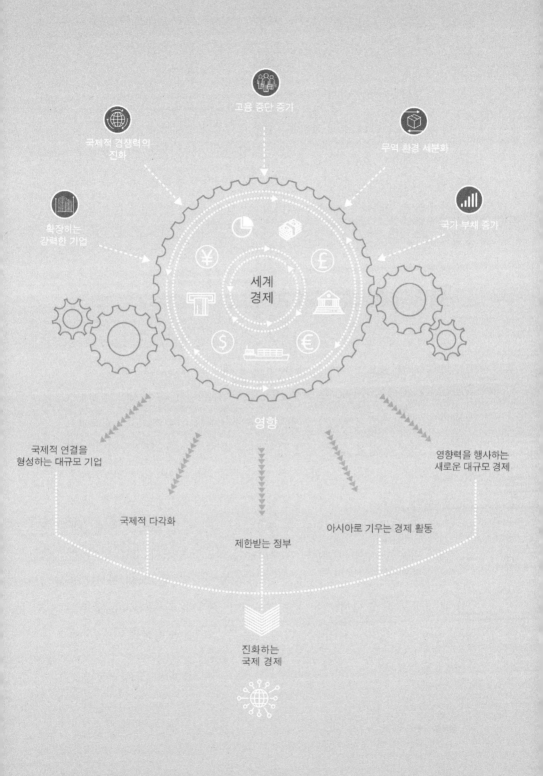

*복지를 감축하거나 세금을 올리는 어려운 결정을 하지 않는다면 다음 수
십 년간 노령화의 경제적 비용은 G20 국가 모두의 재정을 압박할 것이다.*

　　다음 20년 동안의 경제 추세는 인구와 기후의 추세보다 더 다양할 것
이다. 경제 예측은 본질적으로 불확실하며 정부 정책은 물론 기술과 같은
다른 핵심적인 추세와 큰 관련이 있다. 이 섹션에서 우리는 국가 및 비국
가행위자에게 기회와 도전을 가져다줄 몇 가지 장기적인 경제적 경로에
초점을 맞추고자 한다.

과도한 국가부채의 지속 및 증가

　　2007~2008년의 세계 금융위기 이후 거의 모든 국가에서 국가부채의
규모가 증가해 왔으며 적어도 2040년까지 계속 증가 압력을 받을 것 같
다. 코로나19 팬데믹 대응을 위한 대규모 차입, 대다수 경제 대국에서 증
가하는 노령 의존성 부담, 기타 세계적인 과제에 대응하고 경제성장을 촉
진하라는 정부를 향한 요구 증가가 모두 부채 수준을 올려왔다. GDP 대
비 국가부채 비율은 미국, 일본 등 선진국 중 거의 90%에서 2019년에
2008년보다 높았고, 팬데믹과 정부의 대응으로 2020년에도 급격히 상승
했다. 2019년 신흥시장의 평균 부채비율은 1980년대 중반과 1990년대
부채위기 파동 당시에 만연했던 부채비율과 비교할 만하다. 2019년에 국
제통화기금(IMF: International Monetary Fund)은 저소득 개도국의 약 5분의
2가 부채에 시달릴 위험이 높다고 평가했다. 복지를 감축하거나 세금을
올리는 어려운 결정을 하지 않는다면 다음 수십 년간 노령화에 따른 경제
적 비용은 G20 국가 모두의 재정을 압박할 것이다.

GDP 대비 국가부채

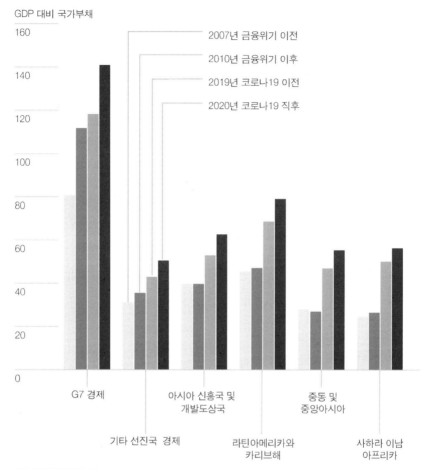

GDP 대비 국가부채

- 2007년 금융위기 이전
- 2010년 금융위기 이후
- 2019년 코로나19 이전
- 2020년 코로나19 직후

G7 경제

기타 선진국 경제

아시아 신흥국 및 개발도상국

라틴아메리카와 카리브해

중동 및 중앙아시아

사하라 이남 아프리카

자료: WEO 2020 Database.

다음 20년 동안 부채비율을 감축하는 일은 금융위기 이후 수십 년간 보다 어려운 과제일 것 같다. 대부분의 경제 대국에서 의료와 연금에 들어가는 비용뿐 아니라 다른 사회 프로그램에 대한 비용이 대대적인 생산성 향상이나 절감이 없다면 정부지출의 재량권을 제한할 것이다. 경제 회

GDP 대비 국가부채

2007년 금융위기 이전

100% 이상
75~100%
50~75%
25~50%
25% 이하
FM 샘플이 아님

2020년 코로나19

100% 이상
75~100%
50~75%
25~50%
25% 이하
FM 샘플이 아님

자료: International Monetary Fund.

복 및 기반 시설에 투자하거나 기후변화의 영향에 대응해야 하기 때문에, 일부 국가의 완만한 경제성장은 세수와 정부지출을 감축하는 능력을 손상시킬 수 있을 것이다.

일부 국가는 지속 가능하나, 나머지는 높은 채무불이행 위험. 금융위기 이후와 비슷한 저금리가 장기적으로 지속되면 아시아, 유럽, 북아메리카 등 일부 국가는 부채를 감당할 수 있어 국가부채 비율이 더 높아질 수 있다. 유럽중앙은행, 미국연방준비제도, 일본은행 등 세계의 주요 중앙은행은 적어도 지난 10년 동안 초저금리 정책을 추진해 왔으며, 대부분의 경제학자는 이 국가들이 자국 통화로 대출했기 때문에 높은 부채비율을 유지할 수 있을 것으로 예상하고 있다. 초저금리 정책에서 벗어나면 부채관리 비용이 증가하고 높은 부채비율과 관련된 위험이 증가할 것이다. 적어도 일부 부채를 외부 차입으로 조달한 신흥국과 개도국은 국내 통화의 가치하락과 위험프리미엄의 증가로 비용이 증가할 수 있기 때문에 세계 금리가 낮은 상태를 유지하더라도 채무 위기에 직면할 수 있다. 일부 정부는 국민의 불만을 감수하고 공공지출을 억제하거나 부채 부담과 차입 비용이 더욱 증가하고 국내 통화의 가치가 더욱 하락할 위험이 있지만 공공지출을 유지하는 선택에 직면할 가능성이 높다.

고용 악화

자동화, 온라인 협업 도구, 인공지능, 적층 제조 등 새로운 기술 때문에 전 세계 고용 상황은 계속 변화할 것이다. 한때 자동차 운전이나 질병 진단과 같이 유일하게 인간의 능력에만 적합했던 작업은 이미 자동화했거나 향후 10년 이내에 자동화에 적합할 가능성이 있다. 연구에 따르면 자동화는 현존 직업의 9%를 없앨 것이고, 향후 15년에서 20년 동안 전체 직업의 3분의 1을 근본적으로 바꿀 것이다. 신흥 기술은 또한 일자리를 창출할 것이며, 초고속 상용 데이터와 소프트웨어 전송뿐만 아니라 고객과 서비스를 제공하는 자영업자를 적절하게 연결하는 인터넷 기반 프리랜서 플랫폼을 통해 가상 노동의 이동성을 크게 높일 것이다. 특히 인구 노령화에 따른 인구 역학은 심지어 은퇴 연령이 늦추어지더라도 더욱 신속한 자동화의 채택을 촉진할 것이다. 오늘날 대부분의 경제 대국은 노령 인구가 은퇴하면서 앞으로 20년 동안 노동력의 감축을 보게 될 것이다. 정년이 변하지 않는다면 이 기간 동안 노동연령 인구(15~64세)가 한국 23%, 일본 19%, 남유럽 17%, 독일 13%, 중국 11% 감소할 것으로 예상된다. 기업이 이러한 경제에서 노령화한 인력을 대체하고 증강할 방법을 모색하면서 전통적인 산업용 로봇과 인공지능으로 구동되는 작업 자동화가 빠르게 확산될 것이 거의 확실하다. 기타 국가에서 자동화는 더 느리게 확산될 것으로 보이는데, 핵심은 자동화가 저숙련 노동을 포함한 비용의 이점을 제공하는지 여부다.

과거의 경험으로 보면 새로운 기술로 만들어지는 일자리 숫자는 다음 20년 동안 사라질 일자리의 숫자를 능가할 것 같다. 세계경제포럼의 연구에 따르면 2025년까지 자동화가 9700만 개의 새로운 일자리를 창출하고 8500만 개의 기존 일자리를 없앨 것이다. 기술, 유연성, 인구통계학적 요인, 기본임금, 자동화에 취약한 직업의 분담, 지속적인 교육에 대한 접근성 등 몇 가지 요소가 개별 국가가 자동화에 얼마나 잘 적응할지에 영향을 미칠 수 있다. 예컨대 노동연령 집단이 증가하는 국가는 비슷한 수준의 자동화 수준에서 고령 인구를 보유한 국가보다 고용 혼란이나 임금 하락 압력을 겪을 가능성이 크다.

자동화는 노동력 비중의 증가에 영향을 미칠 수 있다. 지난 20년 동안 자동화는 기계 작업자, 금속 노동자, 사무원과 같은 대부분의 중간 숙

2040년에 일자리가 사라질 수 있는가?

인공지능이 현재의 일자리를 대체할 수 있는 폭과 속도는 경제가 충분한 새로운 일자리를 창출 할 수 있는 능력이 있는지, 노동자가 창출된 새로운 일자리에 필요한 기술을 보유할 수 있는지에 대한 의문을 제기한다.

향후 수십 년간 인공지능은 이전의 혁신 추세를 따를 것으로 보이며 시간이 지남에 따라 일자리가 늘어나겠지만, 새로운 일자리가 창출되는 것보다 기존의 일자리가 더 빨리 사라지면 처음에는 전반적인 일자리 감소로 이어질 수 있을 것이다.

기계가 급격히 정교해져 더 지속적으로 일자리 손실을 초래함에 따라 결과적으로 끊임없는 일자리 소멸이 나타나면서, 인공지능이 노동시장에 더 지속적인 혼란을 초래할 수 있다고 일부 경제학자는 문제를 제기한다.

런 직업을 대체했다. 자동화는 의사, 변호사, 엔지니어, 대학교수와 같은 고소득 직업에 점차 더 많은 영향을 줄 수도 있다. 새로운 직업이 등장하겠지만 사라진 직업과 새로운 직업 사이에는 기술 불일치가 있을 것 같다. 이러한 불일치 때문에 많은 노동자가 새로 창출된 직업에 필요한 기술을 얻으려고 하면서 실업 기간이 늘어날 수 있고, 소득의 분배가 더욱 왜곡될 수 있다. 신규 노동자를 적절히 훈련시키는 데 필요한 교육을 제공할 수 있다면 신흥경제국이 더 민첩할 수 있을 것이다.

더욱 세분화한 무역 환경

세계무역 시스템은 향후 20년 동안 더욱 세분화할 것 같다. 1995년에 세계무역기구(WTO: World Trade Organization)가 만들어진 이후 추가적인 국제무역협정을 위한 노력은 거의 없었다. 지역·쌍방 무역협정이 확산되면서 세계무역 환경이 더욱 세분화하고 있다. 세계무역기구 출범 이후 단일한 다자간 협정인 무역촉진협정(Trade Facilitation Agreement)만이 유일하게 완성되었다. 선진국과 개도국 사이의 격차 확대와 함께 농산물 무역과 관련된 보조금, 지적재산권 보호 등에 대한 근본적인 차이로 진전이 제한되어 왔다. 갱신이 없기 때문에 현재의 거래 규칙은 전자상거래, 기타 서비스 등 새로운 유형의 흐름에 부적절하다. 그렇지만 데이터 현지화와 규칙 등 국제적인 서비스에 대한 무역장벽과 지속적인 국내 농업 보호의 욕구가 향후 세계무역기구 갱신 협약을 더욱 어렵게 만들 것으로 보인다.

세계무역기구 규칙이 점점 더 시대에 뒤떨어져 향후 지역 협정에서는 특히 새로운 유형의 상업 거래에 대해 새로운 규칙과 표준이 제정될 가능성이 높아져 국제적인 무역규칙이 더욱 세분화할 수 있다. 세계무역기구 창설 이후 지역·쌍방 무역협정의 수가 크게 증가했으며 부문별 협정의 진전은 훨씬 더 제한적이었다. 이러한 협정 중 일부는 관세와 시장 접근뿐만 아니라 미국-멕시코-캐나다 협정의 디지털 무역규칙과 같이 세계무역기구나 기타 국제적인 다자 협정에 포함되지 않는 분야의 규칙과 표준도 제정했다. 아시아 중심의 역내포괄적경제동반자협정(RCEP, 2020), 환태평양경제동반자협정(TPP, 2018), 아프리카대륙자유무역지대(AfCFTA, 2020) 등 대규모 협약은 지역 교역을 활성화하고 이들 지역에 대한 외국인 직접투자를 더 많이 유치할 수 있을 것으로 보인다.

일방적이고 종종 비관세적인 무역 제한의 확대는 정부와 민간 부문의 국제무역을 더욱 복잡하게 만들고, 무역이 추동하는 경제성장을 제한하며, 전반적인 성장을 약화시킬 가능성이 있다. 비록 미국과 중국의 무역 전쟁이 헤드라인을 장식해 왔지만, 많은 국가가 지난 12년 동안 무역 제한 조치를 증가시켜 왔다. 2008년에서 2018년 사이에 전 세계적으로

발효 중인 지역무역협정

유럽
101

유라시아
48

북아메리카
48

동아시아
92

중앙아메리카
40

카리브해
10

중동
30

서아시아
23

남아메리카
66

아프리카
35

오세아니아
27

자료: WTO. 2020년 6월 자료.

시행된 무역 제한 정책 가운데 라틴아메리카와 아시아의 비중이 각각 30% 와 40%이며, 그러한 정책은 그 전의 10년 대비 200% 이상 증가했다. 예컨 대 아시아·태평양 지역에서는 적용 관세가 하락했지만 비관세 조치는 늘 었다. 2019년 기록적인 숫자의 새로운 무역 장벽이 생기면서 유럽연합의 무역 관계에서 무역 제한이 구조적으로 뿌리내리고 있다.

　제조업 일자리 보호 욕구, 승자독식 방식의 기술 진보에 따른 이익 포착에 대한 관심, 의료 장비와 제약 원료 등과 같은 핵심 요소에 대한 집 중 등이 결합되면 보호무역 정책의 활용이 더욱 가속화할 것이다. 향후 20년 동안 제조업 일자리가 크게 줄 것으로 예상되면서 정부, 특히 선진 국과 제조업에 의존하는 신흥국 정부는 보호 조치를 취하도록 압력을 받 을 가능성이 크다. 또한 인공지능과 같은 기술이 제공할 지속 가능한 선 발 주자의 이점 — 최초의 신제품 시장 출시가 경쟁 우위를 제공 — 때문에 일부 국가는 국제적인 입지를 노리면서 무역 제한의 이용을 강화할 수 있다. 마지막으로 특히 팬데믹의 여파로 중요한 투입 요소와 전략 물자를 보호

통화의 불확실한 미래

금융 부문도 다른 산업을 변화시키는 기술적 변화에서 자유롭지 않다. 중앙은행이 발행하는 디지털 통화의 수가 증가하면서 향후 20년 동안 디지털 통화가 더 널리 수용될 것이다. 중국 인민은행은 2020년에 디지털 통화를 출시했으며, 중앙은행 컨소시엄은 국제결제은행(BIS: Bank for International Settlements)과 협력해 주권 디지털 통화의 기본 원칙을 모색하고 있다.

페이스북이 제안한 리브라(Libra)와 같은 민간이 발행하는 디지털 통화의 도입은 디지털 통화의 수용을 더욱 촉진할 것이다. 민간이 발행한 디지털 통화가 미국 달러와 유로를 포함한 국가나 지역의 법정통화를 대체해 거래를 정산하는 범위는 확립된 규제 규칙에 따라 달라질 것이다.

또한 미국 달러와 유로는 다른 법정통화의 위협에 직면할 가능성이 있으며, 그 힘은 현재 국제금융 구조의 변화와 국제적 연계의 중요성에 의존할 것이다. 민간 발행 디지털 통화는 환율과 통화 공급에 대한 국가의 통제를 감소시켜 통화정책 수행에 복잡성을 더할 수 있을 것이다.

하게 되면서 이들 산업에 대한 더 강력한 무역 제한으로 이어질 수 있다.

중국, 유럽연합, 일본 등 경제 대국도 국가안보 목표를 앞당기는 데 영향력을 행사해 시장을 더욱 왜곡시킬 것이다. 2008년 이후에 이들은 이미 전략적 영향력을 위해 무역 규제와 국내시장 규제를 강화해 왔다. 앞으로 산업재와 기타 기술의 교역뿐만 아니라 데이터 흐름의 보안과 통제에 대한 우려가 더 광범위한 국가안보 이익을 위한 훨씬 더 적극적인 무역정책으로 이어질 수 있다.

경제 연계성 진화, 다양화

무역 정책에 더해 국경을 초월한 서비스에 대한 수요 및 증대된 제공 능력과 전자상거래 플랫폼 기술 활용은 국제적인 가치사슬의 형태, 외국인 직접투자 지역, 무역의 구성과 방향 등 경제적 연계성을 더 많이 바꿀 것 같다. 세계무역 시스템의 세분화에도 금융, 통신, 정보, 관광 등 광범위한 서비스 분야의 무역은 향후 20년 동안 증가할 것으로 보인다. 경제협력개발기구 국가에서는 서비스가 GDP의 75%, 고용의 80%를 차지하고 있지만 현재 전 세계적으로 서비스무역의 가치는 공산품의 3분의 1에 불과하며 이는 성장 여력이 상당하다는 것을 의미한다. 세계무역기구의 국제무역 모델(Global Trade Model)은 각국이 디지털 기술을 채택할 경우 2030년까지 세계무역이 기준 성장보다 2%p(퍼센트포인트) 정도 더 성장할 것으로 추정하는데, 이는 서비스무역의 확대를 촉진하고 경제 연계성의 지속적인 성장에 더욱 힘이 될 것이다.

무역을 변화시키는 새로운 제조 기술. 22020년 국제적인 공급망 구성에서 제조업의 가치 창출원인 규모의 경제와 노동력의 중요성이 크게 반영되어 소수의 저임금 지역, 특히 중국에서 생산의 집중화로 이어졌다. 디지털 기술과 적층 가공의 대규모 증가가 규모의 경제와 생산요소로서의 노동력의 중요성을 크게 감축하면서 기업이 시장에 더욱 친밀한 제품을 향해 움직이도록 자극할 수 있다. 이러한 새로운 생산기술은 생산기지로서 중국의 매력을 감소시키고 기업이 공급망을 재배치하는 속도를 가속화할 수 있을 것이다.

국제무역을 뒷받침하는 전자상거래 플랫폼. 클라우드 컴퓨팅, 자동화, 빅데이터 분석, 인공지능 등 정보기술은 모든 판매자를 대상으로 국제시장 접근을 확대하는 새로운 유통 방식이 가능하도록 만들지만, 특히

아시아로 이동하는 경제 비중

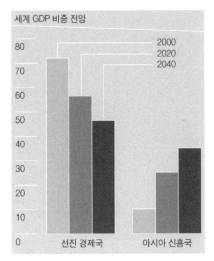

세계 GDP 비중 전망

2000
2020
2040

80
70
60
50
40
30
20
10
0

선진 경제국　　　　아시아 신흥국

자료: Oxford Economics.

아시아로 기우는 경제활동 전망

2040 인구 순위	2020 GDP 순위	2040 GDP 순위
1 인도	6	↑ 3
2 중국	2	↑ 1
5 인도네시아	16	↑ 8
6 파키스탄	39	↑ 23
8 방글라데시	44	↑ 28
14 필리핀	34	↑ 20
15 일본	3	↓ 4
16 베트남	40	↑ 24

자료: Oxford Economics.

세계 GDP 비중 전망

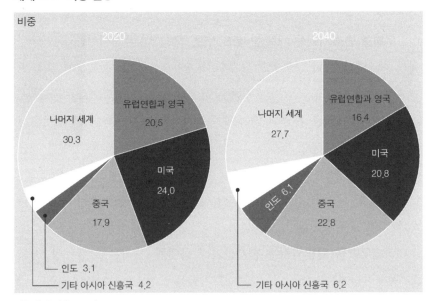

비중

2020

유럽연합과 영국 20.5
나머지 세계 30.3
미국 24.0
중국 17.9
인도 3.1
기타 아시아 신흥국 4.2

2040

유럽연합과 영국 16.4
나머지 세계 27.7
미국 20.8
인도 6.1
중국 22.8
기타 아시아 신흥국 6.2

자료: Oxford Economics.

역사적으로 높은 해외시장 진입 비용을 부담해야 하는 중소기업이 그 대상이다. 2020년 중국의 알리바바와 미국의 아마존이 참여한 전자상거래 플랫폼 기업은 지리적 위치와 무관하게 구매자와 판매자에게 적합한 시장을 조성해 주며, 비교적 저렴하고 위험이 낮은 해외 진출 방법을 제공하고 있으며, 국제무역의 흐름을 증가시키고 있다.

2020년 발표된 자료에 따르면 2018년 전자상거래 매출은 전 세계 GDP의 30%를 차지한다. 국제적인 전자상거래는 기업 대 기업과 기업 대 소비자 판매 전반에 걸쳐 이루어졌으며, 모든 온라인 구매자의 약 25%가 2018년에 국경을 초월해 구매했다. 앞으로 인터넷 접근성 증가, 데이터 비용 감소, 스마트폰 소유 증가, 팬데믹 이후 온라인 구매로의 전환은 더 많은 전자상거래 판매로 이어질 것이다. 이러한 판매의 많은 부분이 대규모 국제 전자상거래 플랫폼에서 일어날 것이다.

다국적 '슈퍼스타' 기업이 경제 세계화를 영구화하다. 기술과 디지털화는 몇몇 산업의 구조를 바꿔 과점과 독점을 만연시키고 증가시키면서 결과적으로 세계적인 슈퍼스타나 '승자독식' 기업을 만들어내고 있다. 세계적인 슈퍼스타 기업은 제약, 소비재, 정보기술 등 모든 산업에서 가장 규모가 크고 수익성이 높다. 이들 기업은 2017년 연간 매출액이 10억 달러 이상인 기업의 전체 경제적 이익 가운데 약 80%를 차지했으며, 1997년보다 약 1.6배 많은 경제적 이익을 획득했다. 슈퍼스타 기업은 단일 국가가 기반이지만 국제적으로 판매를 하고 있으며, 규모와 범위 측면에서 이들 기업의 성장이 경제 세계화의 증대로 이어질 가능성이 크다. 높은 고정비, 낮은 한계비용, 네트워크와 플랫폼 효과, 기계학습 등 세계적인 슈퍼스타 기업의 성장을 뒷받침하는 경제적 요인은 향후 20년 동안 지속될 가능성이 크다.

나아가 향후 20년 동안 빅데이터 및 기계학습 기술과 브랜드 등 무형

인공지능은 생산성을 높일 수 있는가?

지난 20년 동안 대부분의 경제에서 노동생산성의 성장은 기술이 크게 발전했음에도 감소했다. 인공지능 등 차세대 기술 개선은 이러한 추세를 뒤집을 수도 있을 것이다. 인공지능은 전기·정보 기술에서 획득되는 생산성 향상의 지연과 더불어 향후 20년 동안 생산성에 큰 영향을 미칠 수 있을 것이다. 인공지능의 채택 속도가 생산성 향상에도 영향을 미칠 수 있을 것이다. 한 연구에 따르면, 기업의 70%가 인공지능을 채택할 경우 2030년까지 전 세계 GDP가 연간 1.2% 증가할 수 있다.

이익이 불균등하게 분배될 가능성이 있지만, 국내외적으로 인공지능으로 인한 생산성 향상으로 순이익을 얻은 국가는 더 많은 서비스를 제공하고, 국가부채의 수준을 줄이고, 고령화 인구를 위한 비용을 충당하는 데 자금을 지원할 경제적 기회를 확대할 수 있을 것이다.

자산이 가치 창출의 중요한 동인이 되면서 슈퍼스타 기업의 시장지배력이 더욱 커질 것으로 보인다. 슈퍼스타 기업의 성장은 또한 국가 내 그리고 국가 간에 경제적 이득의 구분에 영향을 미칠 가능성이 크며, 당사국들이 이들 기업이 창출한 가치를 부분적으로 차지하려고 하면서 마찰과 자의적인 규제로 이어질 가능성이 있다. 데이터와 정보 흐름의 제어 등 이러한 기업의 비즈니스에 미치는 영향력은 정부가 이들 기업을 근본적으로 공공시설로 규제하거나 해체하려는 시도를 자극할 것이다.

국가 소유 다국적 기업의 지속적 확대. 중국, 인도, 러시아, 사우디아라비아, 아랍에미리트(UAE), 일부 유럽연합 회원국에서 유래된 국영 다국적 기업은 앞으로도 국제 상거래에 적극적으로 참여할 것이 거의 확실하다. 일부 국영 다국적 기업은 그들이 받는 국가의 지원 때문에 국제 경쟁의 지형을 왜곡할 수도 있다. 기술 주도권 경쟁이 치열해지면서 중국의 국영기업 등이 선발주자의 이점을 포착하고 유지하기 위해 국가 지원에 대한 의존도를 높일 것인데, 이는 민간기업의 자국 정부를 향한 개입 요청을 촉진하게 될 것이다.

아시아를 향해 계속 기울다

세계경제 활동은 지난 40년 동안 아시아로 기울어 왔다. 이는 세계의 나머지 국가들과 대비해 높은 경제성장률과 인구 증가율, 극심한 빈곤의 감소 등을 반영하고 있으며 이러한 추세는 적어도 2030년까지, 아마도 2040년까지는 지속될 것이 거의 확실하다. 아시아에서 가장 인구가 많은 국가 가운데 일부는 1인당 국민소득이 선진국에 못 미치지만 2040년에는 세계에서 가장 큰 경제 대국에 속하게 될 것이다.

지난 40년 동안 아시아의 기록적인 성장은 아시아의 생활수준과 중소득 및 심지어 고소득 경제 국가의 생활수준 사이에 융합을 가져왔다. 2020년에 중국과 기타 개도국이 세계 GDP에 각각 18%와 7%를 기여했다. 영국의 경제 연구소인 옥스퍼드 이코노믹스(Oxford Economics)의 예측에 따르면 이러한 추세가 지속될 경우 2040년에는 아시아 개도국이 세계 GDP의 약 35%를 차지하고 인도와 중국이 세계 GDP의 29%를 차지할 것이다.

아시아의 빠른 경제성장으로 2040년까지 인구가 많은 몇몇 아시아 국가가 세계에서 가장 인구가 많은 국가 가운데 일부가 될 수 있다. 예컨대 빠른 경제성장은 인도를 2027년까지 세계에서 가장 인구가 많은 국가가 되는 궤도에 올렸으며, 또한 세계 3대 경제 대국으로 끌어올릴 것이다. 마찬가지로 세계에서 네 번째로 인구가 많은 인도네시아의 빠른 성장은 2040년까지 인도네시아가 상위 10대 경제 대국의 대열에 진입하도록 할 수 있을 것이다. 그러나 그들의 생활수준이나 1인당 GDP는 선진국의 수준보다 훨씬 낮게 유지될 것 같다.

광범위한 시사점과 장애

국가채무 증가, 더 복잡한 무역 환경, 다양화한 국제적 연계, 고용 파탄 등이 특징인 미래의 경제 환경은 정부의 부담을 증가시킬 것이다. 종합해 보면 이러한 경향 때문에 중국이 주도하는 개방이 덜 된 경제나 민간기업 등 광범위한 주체로 경제적 영향력이 이동할 가능성이 있다.

세계적 과제에 대한 기여를 요구하는 압박. 높은 국가부채와 관련된 관리 비용 때문에 세계 보건과 기후변화 등 공유 과제를 해결하기 위해 정부가 할 수 있고 기꺼이 하고자 하는 재정적인 기여에 제한이 있을 수 있다. 부유한 국가는 보건 지원 프로그램을 줄여야 하거나 가난한 국가의 인구 증가에 대응하는 프로그램을 확장하지 못할 수도 있다. 투자 감소로 배출 완화 조치가 지연될 수 있으며, 선진국은 개도국에 대한 적응 자금 지원 약속을 취소할 수 있다. 기후변화의 영향으로 가장 큰 위험에 처한 개도국 등에서 일부 정부는 성장 둔화와 높은 부채 때문에 기반 시설과 지역사회를 극단적인 날씨로부터 보호하려는 적응 대책에 투자할 능력을 제한받을 수 있다.

경제성장을 자극하는 플랫폼. 전자상거래 플랫폼 기업은 국경을 초월해 고객과 기업을 적절하게 연결해 세계화를 지속할 뿐만 아니라 국내 기업과 고객이 만날 수 있는 시장을 제공해 국내 비즈니스 성장을 촉진할 수 있다. 전자상거래 플랫폼 기업의 부상은 역사적으로 경제성장과 일자리 창출에 상당히 기여한 중소기업의 성장을 촉진하는 데 도움이 될 수 있다. 이러한 중소기업은 자금조달의 제약을 받는 경우가 많지만, 전자상 거래 플랫폼 기업은 고객 확보의 비용을 낮추고 잠재적으로 더 큰 시장을 제공해 비용을 절감하고 금융을 활성화하고 성장을 가속화할 수도 있다. 개도국과 신흥국 시장에서 이러한 플랫폼 기업은 진입장벽을 낮추고 금 융 개방에 일조하고 지하경제의 합법화를 위한 길을 제공할 수 있다. 플 랫폼 기업에 대한 규제가 강화되면, 특히 무역장벽이 적용되면 이익이 감 소할 수도 있다.

국제경제 거버넌스에 대한 도전 증가. 거대하지만 여전히 개도국인 국가의 수와 상대적 경제 비중은 향후 20년 동안 증가할 것 같다. 중국을 중심으로 하는 이들 국가는 경제적으로 집중된 국제기구의 방향에 대해 점점 더 많은 영향력을 행사하며 그들의 경제적 이익을 반영하도록 표준 과 규범을 바꾸려고 할 것인데, 그중 일부는 선진국의 이익과 양립할 수 없을 것 같다. 이들의 경제 규모가 총체적으로는 크지만 1인당 GDP에 기 초해 볼 때 이들은 여전히 개도국으로 간주되며, 이들이 국제통화기금, 세계은행, 세계무역기구 등 국제기구의 양보를 획득하는 과정에서 마찰 이 발생할 수 있다. 이러한 긴장을 통해 미래의 지향이 형성되고 기존 국 제기구의 효율성이 저해될 수 있으며, 더 많은 대등한 조직이 생성되거나 개도국 경제가 세계경제 규칙에 미치는 영향이 증대될 수 있다.

기술
TECHNOLOGY

핵심 요지

• 향후 20년 동안 기술 개발의 속도와 영향의 증가가 인간의 경험과 능력을 변화시키고 개선하면서 노령화, 기후변화, 저생산성 성장 등과 같은 문제를 해결할 수 있는 잠재력을 제공하는 동시에 사회, 산업, 국가 사이에 새로운 긴장과 장애를 일으킬 가능성이 있다.

• 앞으로 수십 년간 인재, 지식, 시장 등 기술 패권의 핵심 요소들을 놓고 국제 경쟁이 치열해져 새로운 기술적 선도자나 패권이 탄생할 가능성이 있다.

• 기술 지배를 향한 경쟁은 진화하는 지정학이나 광범위한 미·중 경쟁과 불가분의 관계로 얽혀 있다. 하지만 동시에 기술적 우위는 장기적 집중력, 자원, 국제적 영역을 가진 기업을 통해 강화될 것이다.

• 스핀오프(spin off) 기술과 애플리케이션이 빠르게 채택될 수 있다. 이를 통해 개도국도 최신의 핵심 발전 내용을 이용하고 틈새 영역에서 국제적인 애플리케이션을 개발하고 국제적인 공급망에 기여할 수 있을 것이다.

인간-기계
접속

새로운 물질

통신 네트워크

첨단 컴퓨팅

로봇 공학

초연결
세계

가상현실

사물 인터넷

인공지능

관련성이 없는 분야의 융합이 증가하고 세계적인 경쟁이 치열해지면서 첨단기술의 출현이 가속화하고 있다.

타임라인이 불확실하고, 기초과학에서 혁신적 응용에 이르는 경로를 식별하기 어려울 수 있으며, 기술과 해당 기술의 잠재적인 광범위한 시사점 사이의 연결은 간접적이고 복잡할 수 있어 기술 동향과 그 광범위한 시사점을 평가하는 것은 어렵다. 새로운 기술은 또한 인간으로서 우리는 누구인지, 환경에 미치는 영향은 무엇인지, 수용 가능한 전쟁의 범위는 어디까지인지 등 다양한 윤리적·사회적 문제와 안전문제를 제기한다.

전반적인 신흥 기술의 추세

향후 20년 동안 여러 추세가 기술 환경을 형성할 것이다. 새로운 기술은 균일하거나 예측할 수 있게 출현하지는 않겠지만, 몇 가지 공통적인 동인과 역학 관계를 공유할 가능성이 크다. 서로 무관해 보이는 분야의 융합이 늘고 국제적 경쟁의 발흥으로 생성과 활용의 이점이 제기되면서 첨단기술의 등장에 가속도가 붙고 있다. 기술 지식의 확산, 특정한 기술적 해법을 다른 기술적 해법에 우선하기 위한 공격적 표준의 설정, 제품 개발 일정의 단축 등이 장기적인 전략과 신속한 의사결정을 유도해 실수를 방지하고 경쟁업체에 뒤처지는 것을 방지하는 데 도움이 될 것이다.

혁신을 촉진하는 과학적 융합. 과학 연구와 기술 응용 분야에서 겉보기에는 관련 없어 보이는 영역 간의 융합을 통해 새로운 응용프로그램의 빠른 개발이 가능해지고 실용적이면서 유용해지고 있다. 예컨대 스마트폰은 전자제품, 안테나, 재료, 배터리, 통신네트워크, 사용자 접속 분야의 수십 년간의 기초적인 연구와 개발 덕분에 가능했다. 2040년까지 인공지능, 초고속 통신, 생명공학 등 기술 융합의 강화는 사회과학 및 행동과학에 대한 이해도를 높여 각 분야의 단순한 합계를 훨씬 웃도는 빠른 돌파력으로 사용자 맞춤형 응용이 가능하게 만들 것이다. 이러한 기술 플랫폼을 종합하면 시장 진입장벽을 낮추는 동시에 신속한 혁신을 위한 기반을 제공할 수 있을 것이다.

우위를 차지하기 위한 치열한 경쟁. 기술적 우위를 차지하기 위한 경쟁은 진화하는 지정학과 불가분하게 얽혀 있으며, 특히 중국의 부상과 관련된 더 광범위한 정치적·경제적·사회적 경쟁이 상황을 조성하고 있다. 인재, 기초 지식, 공급망의 집중 등 광범위한 기술적 우위를 유지하기 위한 자원을 축적하려면 수십 년의 장기투자와 전망을 갖춘 지도력이 필요하다. 오늘날 자원을 집중하는 자가 2040년의 기술적 선도자가 될 것이다. 정부, 민간기업, 연구 프로그램 각각의 노력과 상호 협력을 통해 개방경제가 국가주도경제와 경쟁할 수 있을 것인데, 국가가 주도하는 체제는 데이터 접근 등 자원을 집중하고 지시하는 데 유리할 수 있지만 더욱 개방적이고 창의적이며 경쟁적인 환경에서 얻는 이점은 부족할 수 있다.

전 세계로 확산하는 기술. 스핀오프 기술과 애플리케이션이 빠르게 채택될 수 있어서, 개도국도 최신 핵심 발전 내용을 이용하고 틈새 영역에서 국제적인 애플리케이션을 개발하고 더욱 선진적인 공급망에서 역할을 담당할 수 있을 것이다. 많은 국가가 실리콘밸리에 대한 지역적 대안이나 생명공학 인큐베이터 같은 분야를 집중적으로 지원해 이러한 과정을 가속화하고 활용할 것인데, 이는 예상하지 못한 지역에서 발생하는 새로운 응용프로그램으로 인한 충격의 위험을 증가시킬 것이다.

기간 축소. 기술을 개발하고 배포하고 성숙시키고 폐기하는 기간은 수십 년에서 수년으로 축소되고 있으며 종종 더 빨라지고 있다. 국가와

인공지능의 경로

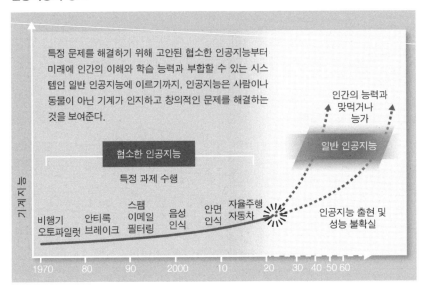

특정 문제를 해결하기 위해 고안된 협소한 인공지능부터 미래에 인간의 이해와 학습 능력과 부합할 수 있는 시스템인 일반 인공지능에 이르기까지, 인공지능은 사람이나 동물이 아닌 기계가 인지하고 창의적인 문제를 해결하는 것을 보여준다.

협소한 인공지능

특정 과제 수행

일반 인공지능

인간의 능력과 맞먹거나 능가

비행기 오토파일럿   안티록 브레이크   스팸 이메일 필터링   음성 인식   안면 인식   자율주행 자동차   인공지능 출현 및 성능 불확실

기계 지능

1970   80   90   2000   10   20   30   40 50 60

기업 등 신흥 기술의 최전선에 있는 여러 행위자들은 다른 행위자가 출발선을 벗어나기도 전에 새로운 기술을 배포하고 활용할 수도 있다. 따라잡으려는 행위자는, 특히 개도국의 경우 이러한 선택의 의미를 완전히 이해하기 전에 기술을 선택해야 하는 상황이 늘어나 기술적으로 막다른 골목에 투자하거나 절망적으로 뒤처질 위험에 빠질 수 있다. 계획경제 국가는 잠재적으로 감소된 기술적 다양성과 효율성의 대가로 새로운 기술 개발에 더 빠르게 대응할 수도 있다.

혁신을 주도하는 기술

기술은 예상하지 못한 어려움과 예상하지 못한 돌파구로 인해 예측할 수 없는 방식으로 발전한다. 하지만 일부 기술 영역은 변화를 가져올

수 있는 잠재력을 제공하고 향후 수십 년간 새로운 기술의 잠재적 결과에 관련된 사례를 제시할 것이다. 인공지능, 생명공학, 재료·제조 분야(기술 전문가의 자문에 따라 선정)에서는 미래의 초연결 세계를 만드는 데 관련되는 새로운 기술의 잠재적인 이점과 위험을 개별적이고 집합적으로 강조한다. 이 분야의 발전은 에너지 저장과 같은 다른 기술과 결합해 사회와 경제, 그리고 나아가 권력의 성격을 형성할 수도 있다.

주류가 된 인공지능

특정 문제를 해결하기 위해 고안된 협소한 인공지능에서 미래에 인간의 이해와 학습 능력을 능가할 수 있는 시스템인 일반 인공지능에 이르기까지, 인공지능은 사람이나 동물이 아닌 기계가 인지하고 창의적인 문제를 해결하는 것을 보여준다. 2040년까지 인공지능 애플리케이션은 다른 기술과 결합해 의료 개선, 더 안전하고 효율적인 운송, 개인 맞춤형 교육, 일상 업무를 처리하는 개선된 소프트웨어, 농작물 수확량 증가 등 삶의 거의 모든 측면에서 도움이 될 것이다. 전 세계의 정재계 지도자들은 인공지능과 관련된 세계적인 인재를 찾고 있고, 인공지능을 개발하는 데 자원을 쏟아 붓고 있으며, 인공지능을 이용해 사회, 경제, 심지어 전쟁까지 재편하기를 희망하고 있다. 고품질 데이터, 컴퓨팅 기능, 고속통신 링크의 동시 증가를 통해 인공지능은 지도자들에게 속도를 유지하고 혜택을 누리는 동시에 개인정보와 자유에 대한 위협 같은 유해한 영향을 완화하는 과제를 제기할 것이다.

전 세계적으로 많고 새로운 인공지능 개발을 이용할 수 있어도 지금 인공지능을 지원, 개발, 채택할 수 있는 국가에게는 그렇게 하지 못하는 국가에 비해 불균형적인 이점이 있을 것이다. 인공지능을 광범위하게 채택하면, 특히 전쟁에서 고의적인 오용이나 의도하지 않은 개입 또는 확대의 위험이 증가할 것이다.

산업과 노동의 변화. 인공지능은 거의 모든 산업을 변화시키고, 세계의 노동력을 혼란에 빠뜨리고, 새로운 직업 분야를 창출하고, 다른 분야를 제거하고, 상당한 경제적·사회적 재분배를 주도할 것이다. 인간과 기계의 조합 구성은 미래의 많은 직업에서 일반적일 것이다. 실업을 완화하면서 인공지능의 장점을 활용하려면 국가와 기업이 교육에 집중하고 인력을 재훈련해야 할 것이다.

데이터가 왕. 인공지능 의존 산업과 미래의 조직은 효율적이고 경쟁력 있는 운영을 위해 방대한 데이터가 필요할 것이다. 데이터의 수집, 분류, 저장, 수익화 방법에 이미 투자하고 있는 기관, 회사, 국가는 이득을 볼 것이다. 2040년까지 사용 가능한 전례 없는 양의 데이터 덕분에 귀중한 통찰력과 기능이 제공될 뿐만 아니라 경쟁과 갈등이 증가하는 영역에 데이터에 대한 접근, 개인정보 보호, 소유권, 데이터 제어 등이 개방될 것이다.

새롭게 짜일 보안과 개인정보 보호. 개인정보 보호에 대한 현재의 개념은 계속 발전할 것이며 개인은 애플리케이션에 접근하기 위해 더 많은 개인정보를 공유해야 하고 추적은 어디에나 있게 될 것이다. 권위주의 정부는 증가한 데이터를 활용해 사람들을 감시하고 통제할 것 같다. 많은 회사와 조직이 맞춤형 마케팅 개선이나 특정한 묘사의 개발과 관련된 비디오 조작, 딥페이크(deep fake)와 같은 강력한 도구를 보유하게 될 것이다. 새롭게 등장하는 인공지능 애플리케이션은 잠재적으로 출력을 왜곡하는 데이터 조작의 대상이 될 수도 있다.

자율성 윤리. 인공지능의 개발과 의사결정에 대한 인간의 개입 수준 때문에 윤리적 문제가 계속 제기될 것인데, 윤리적 의무에 대한 관점은 전 세계적으로 다를 수 있다. 게다가 인공지능이 내리는 의사결정의 불투명한 특성으로 의도하지 않은 편견, 차별, 예상하지 못한 결과나 의도적인 오도 가능성을 증가시킬 것이다. 투명하고 명확한 의사결정 과정을 통해 신뢰할 수 있는 인공지능을 발전시키기 위해 협력한다면 모든 당사자의 신뢰와 확신이 향상될 수 있을 것이다. 많은 국가에서 개인 데이터의 사용에 대한 엄격한 규칙을 개발하겠지만 이러한 규칙이 인공지능 기능의 완전한 실현과 공존할 수 있는지에 대한 논쟁이 있을 것이다.

인공지능이 강화한 전쟁. 군사 시스템에 인공지능을 통합하는 국가는 강력한 입지를 구축할 것이다. 인공지능을 통해 물리적으로, 그리고 사이버상에서도 기존의 무기·방어·보안 시스템의 성능이 향상될 것이다. 인공지능의 의사결정을 부정하거나 혼동하도록 설계되는 반인공지능 기법도 등장할 것 같다.

스마트 소재와 제조가 새로운 세상을 만든다

2040년까지 스마트 제조와 결합된 새로운 재료의 발전은 소비재에서 고급 군사 시스템에 이르기까지 모든 생산을 재편하고 비용을 절감하고 기능을 확장하고 공급망을 전환하며 완전히 새로운 설계 옵션이 가능하게 만들 것이다. 우리가 진입하고 있는 급격한 변화의 시기는 전통적인 산업, 일자리, 공급망, 사업 모델을 혼란에 빠뜨리면서 생활수준을 향상시킬 수 있는 잠재력 때문에 종종 4차 산업혁명이라고 불린다.

재료와 제조는 한 분야의 발전이 다른 분야의 발전을 추동하는 오랜 선순환으로 긴밀하게 연결되어 있다. 이러한 선순환만으로도 향후 수십 년간 계속해서 발전할 수도 있지만 고성능 컴퓨팅, 재료 모델링, 인공지능, 생체재료 등이 수렴된 발전이 가속화할 가능성이 크다. 향상된 연결성에 힘입어 선진 기술이 전 세계에 배포되고 그에 대한 접근성이 커져 이러한 성장이 보완될 것이다.

설계 선택지 증가. 일반적으로 3D 프린팅으로 알려진 적층 제조는 티타늄에서 폭발물에 이르기까지 점점 더 다양한 재료를 제조하는 데 사용되고 있다. 시설이 협소하고 전문 지식이 부족한 전 세계 중소기업과 개인에게 고급 제조 기능을 제공하고 있다. 몇 가지 기술적 장애와 신뢰성에 대한 의문에도 적층 제조는 신속한 프로토타이핑, 고도로 맞춤화한 부품, 현장 생산, 적층 제조를 통해서만 가능한 형상 제작을 통해 현대 제조 혁명을 주도하고 있다.

즉각적인 적응. 강력한 산업용 사물인터넷이나 첨단 로봇공학과 같은 고급 물리적 시스템과 결합된 컴퓨팅 모델링과 기계학습 등 정보시스템의 발전을 통해, 완전히 통합된 협업 제조 시스템이 가능해져 공장과 공급망과 수요의 변화하는 조건에 대한 실시간 응답이 가능해질 것이다.

필요한 것의 설계. 오늘날 재료는 기성 재료에서 맞춤형 제품을 위해 설계된 최적화한 재료와 공정으로 전환되면서 혁명적인 변화를 겪고 있다. 적층 제조와 결합된 재료별 설계는 비행기에서 휴대전화에 이르기까지 모든 것을 더 강하고 가볍고 내구성 있게 만드는 데 큰 진전을 이룰 것이다.

필요한 것의 조립. 과거에는 획득할 수 없었던 특성을 가진 새로운 재료의 개발이 앞으로 수십 년간 이루어져 많은 응용 분야에서 이전에는 도달할 수 없었던 수준의 성능이 가능해질 것이다. 2차원 재료, 메타 재료, 프로그래밍 가능 재료 등은 새로운 애플리케이션이 가능한 비정상적인 강도, 유연성, 전도도 등의 특성을 가질 것이다.

빠른 혁신을 가능하게 하는 생명공학

자동화, 정보, 재료과학의 발전으로 강화된 생물학적 시스템을 예측 가능하게 조작할 수 있는 향상된 기능이 건강, 농업, 제조, 인지과학 분야

고급 생명공학 애플리케이션의 이득과 위험

이득 ✪	애플리케이션	⚠ 위험
오진 급감과 의료 효과의 개선	**디지털 건강/ 맞춤형 의약품** 인공지능을 사용해 유전자 순서화, 진단, 생체 추적 데이터를 결합하는 맞춤형 의료 치료	비용 또는 위치로 인한 접근성 불일치. 개인 건강 데이터의 오용이나 조작
신속하고 더 효율적인 치료	**주문형 의약품의 생산** 보다 빠른 질병 반응을 위한 약물 설계 및 생산 개선과 결합된 세포 및 유전자 기반 요법	선진국과 개도국의 연구 개발 우선순위에 대한 분쟁
장기이식과 치료의 지연 및 거부 감소	**바이오 프린팅과 이종 이식** 의료 검사나 조직 교체를 위해 생물학적 부품을 '인쇄'하는 적층 제조와 이식을 위해 인간과 호환이 가능한 장기를 동물에서 배양	높은 초기 비용에 따른 접근성 불일치
유전성 질환의 주요한 감소	**생식 공학** 유전자 기술을 사용해 광범위한 특성과 능력을 위해 인간 배아를 선택하고 수정	애플리케이션을 둘러싼 윤리적·사회적 분열. 불균등한 접근성
신경계 질환의 새로운 치료. 향상된 인지와 확장된 인식	**컴퓨터-인간 접속** 인간 인지 과정의 기계적 증강	증강된 개인과 증강되지 않은 개인 간의 긴장. 새로운 사이버/바이오 취약점
새로운 물질과 의약품을 설계하고 제조하는 속도와 신뢰성의 향상	**바이오-제조** 강화되거나 고도로 특정된 물질, 의약품, 식품의 바이오 설계와 생산	오용 및 노동력 구조조정의 잠재성 증가
새로운 분자, 재료 및 치료법을 즉시 생산	**합성 유기체** 유전자 변형 유기체와 생물학적 과정을 통해 새로운 물질과 의약품 생성	무기 적용 또는 우발적 오용의 가능성. 알려지지 않은 환경영향
황량하고 고갈된 토양을 비옥하게 하고 환경에 대한 인간의 위협을 완화	**환경복원** 생명공학, 재-조림, 해양공학을 통한 대규모 생태 개입으로 손상된 환경을 생성, 조정, 구조	의도하지 않은 지구환경과 공공 건강에 대한 잠재적인 영향
실제로 제한이 없는 장기적인 데이터 저장 능력	**유전자에 기초한 데이터 저장** 데이터를 부호화하고 저장하는 데 사용되는 유전자	장기적인 사회 감시의 잠재성 증가
환경 영향을 줄이면서 더 저렴하고 영양가 높은 식품 다양성 증가	**변형된 농업과 식품 생산** 자동화한 정밀 생산공정과 통합된 작물-가축 시스템은 유전자 변형 유기체를 사용	생물다양성의 감소, 유전자 변형에 대한 사회적 갈등, 노동력과 공급망 장애

우주 상거래와 경쟁을 촉진하는 새로운 기술

2040년의 우주 환경은 상용화와 새로운 애플리케이션을 도입을 촉진하기 위해 신흥 기술과 오늘날의 성숙한 성능을 결합할 것이다. 통신, 내비게이션, 위성 이미지와 같은 서비스는 어디에서나 기능 향상, 비용 절감, 효율성 향상을 제공할 것이다. 정부와 상업 행위자의 노력은 우주 경쟁, 특히 미국과 중국 사이의 우주 경쟁의 새로운 영역을 구축할 것이다.

우주탐사 확장.

2040년까지 점점 더 많은 국가가 국제적인 협력 노력의 일환으로 우주탐사에 참여할 것이다. 그리하여 이들 국가는 국가의 명성, 과학기술 발전의 기회, 잠재적인 경제적 이익을 얻게 될 것이다. 각국 정부는 대규모 우주탐사 활동을 지원하기 위한 주요 자금원으로 남겠지만, 상업적 주체의 역할은 우주 활동의 대부분의 영역에서 극적으로 확장될 것이다. 상업적인 노력은 정부가 자금을 지원하는 우주 프로그램과 함께 공존하고 아마도 협력하며 우주기술을 발전시킬 것이다.

우주 강국으로서의 중국.

2040년까지 중국은 우주에서 미국과 상업·민사·군사 전선에서 맞붙는 가장 중요한 경쟁자가 될 것이다. 중국은 미국이나 유럽과는 별개로 우주기술 개발의 길을 계속 추구할 것이며 중국이 주도하는 우주 활동에 참여하는 국외 협력자를 보유하게 될 것이다. 바이두 위성 내비게이션 시스템과 같은 중국의 우주 서비스는 서구의 서비스에 대한 대안으로 전 세계적으로 사용될 것이다.

에서 전례 없는 혁신을 촉진하고 있다. 2040년까지 생명공학 혁신은 사회가 질병, 기아, 석유화학 의존도를 줄일 수 있게 만들고, 우리가 서로 간에 그리고 환경과 상호작용하는 방식을 변화시킬 것이다. 사회는 이러

정부의 요구와 군사적 요구를 지지하는 우주.

강화된 우주 서비스와 신기술은 민간 정부의 용도나 상업적 용도뿐만 아니라 군사적 용도로도 사용할 수 있을 것이다. 분쟁으로 인해 상업용 및 외국 정부의 우주 서비스를 거부당할 가능성에 대해 각국 정부가 여전히 우려하고 있기 때문에, 그들은 특히 국가의 우주 자산을 탐낼 것이다.

일상이 된 궤도상의 활동.

2040년까지 각국 정부는 국가적인 우주 시스템과 국제적인 노력을 지원하기 위해 진전된 자동화와 적층 제조를 이용해 일상적인 궤도 서비스, 조립과 제조 활동을 수행할 것이다. 아마도 민간기업은 수리, 원격 조사, 재배치, 급유, 잔해 제거와 같은 궤도상 서비스를 제공할 것이다. 궤도상 서비스는 위성을 업그레이드하고, 기능 수명을 연장하고, 거대하고 복잡한 도구와 같은 새로운 유형의 우주 구조물을 허용하는 데 사용될 것이다. 하지만 이렇게 민간기업이 산업을 구축하려면 정부 지원이 필요할 것이다.

우주로 진출하는 인공지능.

대형 위성 별자리의 운영과 우주 상황 인식 기능의 지원을 통해, 인공지능은 우주 서비스의 혁신적인 이용이 가능하도록 만들 것이다. 인공지능은 또한 부분적으로 초연결 공간 및 지상 시스템이 구동하는 지속적으로 수집되는 방대한 양의 고품질 데이터의 융합과 분석을 지원할 것이다.

한 유익한 발전을 활용하는 동시에 이러한 기술을 둘러싼 시장, 규제, 안전, 윤리 문제 — 예컨대 유전자 변형 곡물과 식품 — 를 해결해야 할 것이다.

생명공학은 향후 20년 동안 경제성장에 상당히 기여할 것으로 예상된다. GDP 대비 바이오 경제성장률을 기준으로, 2040년까지 특히 농업과 제조 분야에서 세계경제 활동의 20% 정도 영향을 미칠 가능성이 있다. 2019년 미국에서 바이오 경제는 연간 약 1조 달러, 즉 전체 경제의 약 5.1%를 차지하는 것으로 추정된다. 반면에 바이오 경제활동에 대해 광범위한 정의를 적용한 2017~2019년의 유럽연합 및 유엔의 추정치는 유럽 경제에서 생명공학이 10%를 기여하고 있음을 보여준다.

사회를 통합하고 분리하는 초연결성

2040년까지 세계는 규모를 초월하는 더 많은 장치, 데이터, 상호작용을 통해 현대 생활의 모든 측면을 연결하며 정치적·사회적 경계를 넘을 것이다. 증가하는 속도와 세계적 접근성을 통해 한때 번영하는 국가에 국한되었던 서비스와 자원이 국가, 기업, 개인에게 제공될 것이다. 이 초연결 세계는 이미 등장하기 시작한 미래다. 차세대 네트워크, 영구 센서, 무수한 기술이 수십억 개의 연결된 장치가 있는 세계 시스템에서 융합될 것이다. 예컨대 오늘날의 유비쿼터스 공용 카메라는 광학 및 기타 센서가 인공지능과 결합해 전 세계적으로 사람, 차량, 기반 시설을 감시하는 미래의 스마트시티로 이어질 것이다.

일부 추정에 따르면 실시간으로 감시하는 초연결 미래의 선구자인 현재의 사물인터넷은 2018년 100억 개에서 2025년까지 640억 개에 도달할 것으로 예상된다. 미래를 내다보면 초연결 세계는 차세대 휴대전화 시스템(5G)으로 제곱킬로미터당 최대 100만 개의 장치를 지원할 수 있는데, 이는 현재 셀 네트워크에서 가능한 6만 개의 장치에 비해 빠르며 심지어 훨씬 더 빠른 네트워크가 곧 출시될 예정이다. 네트워크 센서는 어디에나 있게 될 것이다. 2020년에는 200억 개 이상의 장치가 작동했으며, 새로운 지상파 네트워크와 우주공간 기반 서비스의 증가가 결합해 전 세계적으로 수천억 대, 결국에는 수조 대의 장치가 연결될 것으로 예상된다.

사회 변화의 가속화. 국제적인 네트워크가 개인생활과 직업생활의 모든 측면을 추적하기 때문에 개인정보보호와 익명성은 선택에 따라 또는 정부 명령에 따라 실질적으로 사라질 수 있다. 실시간·조작·합성 매체는 진실과 현실을 더욱 왜곡해 현재의 허위 정보 문제를 왜소하게 만드는 규모와 속도로 사회를 불안정하게 할 수 있을 것이다. 많은 유형의 범죄, 특히 디지털 감시로 추적되고 디지털 감시를 유발할 수 있는 범죄는 줄어들고 새로운 범죄와 잠재적으로 새로운 형태의 차별이 발생할 수 있을 것이다.

새로운 사이버보안 패러다임. 연결성 강화로 수천억 개로 늘어난 연결장치 때문에 사이버-물리적 공격 표면이 크게 증가하면서 연결된 개인, 기관, 정부의 취약성이 커질 것이다. 게다가 지리적 경계를 기반으로 한 사이버보안 집행은 점점 더 세계화하는 웹에 부적합해질 가능성이 크다.

기술 진화의 광범위한 시사점

신흥 기술은 광범위한 인간 경험과 능력을 빠르게 개선하고 있다. 하지만 최소한 단기적으로는 이 동일한 기술이 장기적인 시스템과 사회 역학에 지장을 초래하고 개인, 지역사회, 정부가 새로운 생활·노동·관리 방식을 찾고 조정하도록 강요할 수 있다. 다른 모든 혼란과 마찬가지로 일부는 번성할 것이고, 나머지 일부는 잠재적으로 증가하는 불평등과 불균형에 직면할 것이다. 신흥 기술만이 다음의 발전에 책임이 있는 것은 아니지만, 신흥 기술이 그러한 발전을 강화하고 증폭할 것 같다.

신속한 문제 해결. 위기 상황을 해결하기 위해 기술은 — 종종 새롭고 상상력이 넘치는 방법으로 — 원래의 용도에서 신속하게 전환되어 다른 용도로 사용될 수 있다는 점을 코로나19 개발 노력이 제시해 왔다. 유례없고 신속하며 효과적인 코로나19 백신의 개발을 가능하게 만든 연구는 보건 과학에 수십 년간 들어간 기초적인 투자가 바탕이었다. 마찬가지로 기후변화와 같은 수십 년간의 도전도 더 커다란 문제의 일부를 처리하는 데 적합한 개별적인 기술적 해법의 결합으로 완화될 수도 있을 것이다.

지정학적 힘인 기술. 기술은 유엔이 오랫동안 연구, 혁신, 개발에 대한 투자를 통해 이끈 국제적인 권력의 수단이다. 앞으로 수십 년간 인재, 지식, 시장과 같은 기술의 핵심 요소를 둘러싼 국제적인 경쟁이 치열해져, 2030년에는 잠재적으로 새로운 기술적 선도자나 기술 패권이 등장할 것이다. 복잡한 국제 공급망, 혁신의 세계적인 확산, 지정학적 경쟁자의 투자가 목표를 달성하기 위해 일방적으로 기술을 사용하려는 국가들을 저지할 것이다. 다가오는 시대를 규정할 수 있는 다양한 측면을 지닌 경쟁과 갈등의 새로운 형태는 물론이고 확대된 국제적인 협력을 위한 조건이 성숙하고 있다.

사회적 긴장의 악화. 기술변화의 속도는 변화에 대한 접근성, 능력, 적응하려는 의지가 있는 자와 변화할 수 없거나 그에 대한 의지가 없는 자 사이의 사회적 긴장을 증가시킬 수 있다. 급속한 기술의 확산과 채택으로 일부 개인, 지역사회, 국가는 신속하게 이득을 보는 데 비해 다른 일부는 따라잡을 수 있는 희망이 거의 없어 국내외적으로 불평등이 심화할 수 있다. 도덕적인 성숙과 규율을 넘어서는 기술의 채택은 또한 잠재적으로 지속적이고 극심한 사회적 불안과 정치적 분열을 생성할 수 있다. 이러한 긴장은 딥페이크와 같이 조작되거나 인공지능을 겨냥한 메시지의 사용으로 증폭될 수 있다.

정부-기업 관계의 복잡화. 많은 기술적 돌파구와 이점을 획득하기 위해서는 투자, 연구, 개발을 위한 민관 협업이 결정적이지만 기업과 국가의 핵심 이익이 본질적으로 일치하는 것은 아니다. 대규모 기술 기업은 자원, 범위, 영향력을 증대시켜 왔으며 경쟁자와는 물론이고 심지어 일부 국가까지 능가한다. 국가안보 보호, 기술 통제 및 우위 유지를 바라는 국익이 국제적인 시장점유율 확대와 이익 증대를 바라는 기업의 이익과 상충할 수 있다.

산업과 일자리 파괴. 첨단 제조업, 인공지능, 생명공학 분야의 발전 등 기술변화의 속도는 제조업과 국제 공급망의 붕괴를 재촉해 일부 생산 방식과 일자리를 없애고 공급망을 시장에 더 가깝게 만들 수 있다. 공급망을 이전하는 것은 덜 발전된 경제에 불균형적으로 영향을 미칠 수 있는 반면에 많은 새로운 일자리에는 개선되거나 재설계된 기술을 가진 노동자가 필요할 것이다.

거버넌스 활성화, 자유와 사생활 위협. 기술이 집약된 초연결 미래에는 사람들을 감시할 수 있는 새로운 도구를 통해 지배층과 정부가 서비스 제공과 보안을 향상시킬 뿐만 아니라 통제 수단도 더 많이 얻게 될 것이다. 시민들이 소통하고 조직하고 건강을 추적하는 데 기여한 동일한 기술이 정부와 민간 영역에 제공하는 데이터의 양을 증가시키고 있다. 정부, 특히 권위주의 정부는 전례 없는 감시 기능을 사용해 법을 집행하고 보안을 제공하는 동시에 시민들을 추적하고 익명화해 잠재적으로 개인을 표적으로 삼을 것이다.

개방성에 대한 논의 자극. 초연결 세계의 전망은 연결된 개방형 네트워크의 이점과 위험에 대한 국내외적인 논쟁과 분열을 자극할 것이다. 국제적인 네트워크가 점점 더 긴밀하게 연결되면서 분리되거나 폐쇄된 시스템을 유지하는 것이 더 어려울 수 있으며, 더 넓어진 인터넷을 차단하려는 노력은 폐쇄된 시스템 자체를 세계경제로부터 회복할 수 없을 만큼 차단할 수도 있다.

실존적 위험. 기술적 진보는 실존적 위협을 증가시킬 수 있다. 전 세계적으로 생명을 손상시킬 수 있는 위협은 잠재적인 범위와 규모를 상상하고 이해하는 우리의 능력에 도전하며 생존을 위한 탄력적인 전략의 개발을 요구한다. 기술은 이러한 실존적 위험을 생성하고 완화하는 역할을 모두 수행한다. 인간 전체에 대한 위험에는 폭주하는 인공지능, 공학적인 유행병, 나노기술 무기, 핵전쟁이 포함된다. 이러한 가능성이 낮고 영향이 큰 사건은 예측하기 어렵고 대비하는 데 비용이 많이 들지만 잠재적인 위험을 식별하고 사전에 완화 전략을 개발한다면 외부 충격에 대한 탄력성을 제공할 수 있을 것이다.

새로운 역학 관계

EMERGING
DYNAMICS

새로운 역학 관계
EMERGING DYNAMICS

　　앞에서 살펴본 것처럼 인구통계, 환경, 경제, 기술 트렌드가 무대를 마련하는 한편으로 향후 20년 동안의 스토리를 풀어가는 것은 주로 사회, 국가, 국제 수준에서 이루어지는 선택일 것이다. 모든 수준에서 새로운 역학은 논쟁과 대립을 격화시킬 것이다. 개인과 정책의 선택은 제반 사회의 응집력, 모든 지역의 국가들의 탄력성, 국가 간 상호작용의 유형을 결정할 것이다.

　　많은 국가에서 국민들은 미래에 대해 비관적이고 지도자들과 기관들에 대한 불신이 증대할 것이다. 왜냐하면 지도자들과 기관들이 교란적인 경제, 기술, 인구통계 추세를 극복할 능력도 의사도 없기 때문이다. 이에 대응해 국민들은 공동체와 안전을 위해 친숙하고 동지적인 집단으로 몰려들고 있다. 이런 집단에 포함되는 것은 인종적·종교적·문화적 정체성과 아울러 이익과 명분을 위주로 하는 집단이다. 공동체들은 균열과 갈등이 격화된다. 경쟁적인 비전, 목표, 신념의 불협화음으로 인해 정부에 대한 요구가 더욱 많아진다.

　　동시에 각국 정부는 압력이 증대되고 자원은 부족해지면서 어려움을 겪고 있으며, 세계적으로 상호 연결되고 기술적으로 발전하고 다양한 세계의 도전을 해결하기가 어려워지고 있다. 그 결과 공공의 요구와 정부의 복지·안보 제공 능력 사이의 불균형이 커지고 정치적 변동성이 증대되는 전조가 보이면서 민주주의에 대한 위험도 증가하고 있다. 충족되지 않은 요구와 기대 때문에 거버넌스, 안보, 서비스를 제공하는 추가 행위자들의 시장이 번창하도록 장려하고 있다. 여기에 거론되는 것은 비정부기구, 교회, 기업에서 심지어 범죄 조직까지 포함된다. 커져가는 거버넌스 문제에 적응하는 국가들은 신뢰와 정당성을 재구축하기 위해 아마도 더 나은 위치를 차지할 수 있을 것이다.

향후 20년 동안 국제 체제에서 권력은 진화해 전통적인 군사력과 경제력을 보완하는 기술, 네트워크, 정보력을 확대하는 더 광범위한 원천과 기능을 포함할 것이다. 미국과 중국 간의 경쟁은 앞으로 수십 년 동안 지정학적 환경에 대한 광범위한 변수들을 설정할 가능성이 있으며, 여타 국가들에 더욱 냉혹한 선택을 강요할 것이다. 각국은 글로벌 규범, 규칙, 기구를 놓고 다툼을 벌이기 위해 이러한 다양한 권력 원천을 활용할 것이다. 지역 강국과 비정부 행위자들은 개별 지역 내에서 더 많은 영향력을 행사하며 강대국이 거들떠보지 않는 이슈들을 주도할 것이다. 실제로 입증되지 않은 기술적 군사 발전과 더불어 국제 규칙과 규범을 놓고 벌이는 경쟁의 격화는 글로벌 다자주의를 훼손하고 초국가적 도전과 이를 타개하기 위한 제도적 조치 사이의 부조화를 늘리고 분쟁 위험을 증대시킬 가능성이 있다.

사회: 환멸, 정보화, 분열

SOCIETAL: DISILLUSIONED, INFORMED, AND DIVIDED

핵심 요지

- 급속한 사회 변화와 더불어 경제성장이 둔화되고 인간 개발이 진척되면서 세계 인구 중 미래에 대해 불안정하고 불확실하게 느끼고 기관과 정부를 부패하거나 무능한 것으로 보고 불신하는 사람들이 많아지고 있다.

- 많은 사람들이 공동체와 안전을 위해 친숙하고 동지적인 집단으로 몰려들고 있다. 이런 데 포함되는 것은 인종적·종교적·문화적 정체성과 아울러 이익과 명분을 위주로 하는 집단이다. 이런 집단들은 더욱 눈에 띄고 싸움을 벌이며 경쟁적인 비전, 목표, 신념의 불협화음을 조성한다.

- 새롭게 두드러지는 초국가적 정체성, 기존 동맹의 부활, 고립된 정보 환경의 결합이 국가 내에서 단층선을 형성하고 노출하며 시민 내셔널리즘을 약화시키고 변동성을 증가시키고 있다.

- 모든 지역의 인구는 사회적·정치적 변화를 강력하게 선동하고 정부로부터 자원, 서비스, 인정을 요구할 수 있는 도구, 역량, 인센티브를 더 잘 갖추고 있다.

불안정
불확실성

전위   경제 침체

불평등   부패

불신   사회적
전망   비관주의

초연결 정보 환경

긴장 속의
정체성

국가 정체성   긴장 상태

배타적 네셔널리즘 대
시민 네셔널리즘

사회적
균열

국가 정체성   초국가적 정체성

대중 임파워먼트

향후 수년 동안 잠재적으로 경제성장이 완만하고 여러 나라에서 인간 개
발의 이익이 적어 일부 대중이 기관들과 권위의 공식 원천에 대해 가지는
불신이 심화될 가능성이 있다.

치솟는 비관주의, 흔들리는 신뢰

경제적 긴장, 인구통계학적 변화, 기상이변, 급속한 기술변화 등 세
계적·지역적 난제는 많은 세계 인구에 신체적·사회적 불안감을 증가시
키고 있다. 코로나19 팬데믹은 이러한 경제적·사회적 난제들을 악화시키
고 있다. 많은 사람들, 특히 사회에서 다른 사람들보다 혜택을 덜 받고 있
는 사람들은 자신들의 전망에 대해 점점 더 비관적이고 정부의 성과에 실
망하고 정부가 엘리트들을 선호하거나 잘못된 정책을 추구한다고 믿고
있다. 지난 수십 년간의 경제성장과 보건, 교육, 인간 개발은 몇몇 지역에
서 평준화되기 시작했다. 사람들은 세계화에서 승자와 패자 사이의 격차
증대에 민감하고 그들의 정부로부터 구제책을 찾고 있다. 과거 수십 년간
대략 15억 명이 중산층으로 올라갔지만 선진국 국민들을 포함해 일부는
반락하기 시작했다.

여론조사 결과는 전 세계 모든 유형의 국가, 특히 선진국과 중진국에
서 미래에 대한 비관론이 증가하는 것을 반복적으로 보여주고 있다.
2020년 에덜먼 트러스트 바로미터(Edelman Trust Barometer)에 의하면 조
사를 실시한 28개국 가운데 15개국에서 대부분의 응답자들이 비관적인
견해를 보였는데, 응답자들과 그들의 가족이 5년 후에 이전 해보다 형편
이 나아지리라고 답한 비율이 평균 5% 증가에 그쳤다. 예컨대 프랑스, 독
일, 일본에서 응답자들 중에 2025년에 형편이 나아질 것으로 보는 사람

신뢰 격차, 2012~2021년

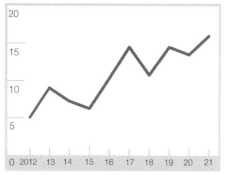

%, 신뢰 격차

네 개 핵심 기관인 재계, 언론, 정부, 비정부기구에 대한 정보화 대중과 일반 대중 간의 평균 신뢰 격차

정보화 대중 가구소득 상위 25%의 대학 교육을 받은 35~64세 연령층으로 미디어 소비와 공공 활동이 많음

일반 대중 정보화 대중에 포함되지 않은 나머지 인구

자료: Richard Edelman, Twenty Years of Trust, 2020.

들은 4분의 1도 되지 않았다. 앞으로 수년 동안 이런 비관론은 청년 인구가 많지만 빈곤 퇴치와 인간 개발 요구 충족이 느리게 진행되는 개도국, 특히 사하라 이남 아프리카에서 확산될 가능성이 있다.

많은 국가에서 향후 경제성장률 둔화의 가능성과 인간 개발에 따른 이득이 더 적어 일부 대중들에게 기관들과 공식적인 권위의 원천에 대한 불신을 심화시킬 가능성이 있다. 공정성과 효율성 인식에 크게 의존하는 정부와 기관에 대한 신뢰는 과거 10년 동안 지속적으로 낮았는데, 특히 중진국과 선진국에서 그러했다. 에덜먼이 선진 16개국을 2020년에 조사한 바에 의하면 2012년 이래 대중의 정부 신뢰도는 45%를 넘은 적이 없다. 그리고 갤럽이 별도로 실시한 여론조사에 의하면 2006년에서 2016년 동안 경제협력개발기구 국가들 가운데 정부에 대한 대중의 신뢰는 절반 이상의 국가에서 떨어졌다. 코로나19 팬데믹 기간 중에 에덜먼이 지리적으로 다양한 11개 국가를 분석한 바에 의하면 2020년 1월과 5월 사이에 정부에 대한 대중의 신뢰는 평균 6%p 증가했다. 그런 다음에 각국 정부가 코로나 바이러스 봉쇄에 실패하면서 2020년 5월과 2021년 1월 사이에 평균 5%p 하락했다.

신뢰는 사회 전반에 걸쳐 균일하지 않다. 전 세계적으로 정보화 대중들 — 대학 교육을 받은 사람으로 정의되고 각 시장에서 가구소득의 상위 25%에 속하며 미디어 소비가 많은 — 사이의 기관에 대한 신뢰는 과거 20년 동안 상승한 반면에 지난 10년 동안 대중의 절반 이상은 '제도'가 그들을 망치고 있다는 소리를 반복하고 있다. 에덜먼의 2021년 조사 보고에 의하면 과거 10년 동안 정보화 대중과 일반 대중 간의 기관에 대한 신뢰 격차는 크게 벌어져 2012년의 5%p 격차가 16%p로 나타났다. 이와 유사하게 재계에 대한 신뢰 격차는 이 기간 동안 네 배 커졌다.

- 국가, 특히 전반적인 경제성장이 침체된 국가 내에서 실제 또는 인식된 불평등의 증가는 정치제도에 대한 신뢰 하락 및 대중의 불만 증가와 우연히 일치할 때가 종종 있다. 저개발국가에서 부패는 정부에 대한 신뢰를 훼손하고, 국민들은 정치권력이 잘사는 엘리트에 집중된 정부보다 비공식적인 기관을 신뢰하는 경향이 있다. 이제 부패는 정치적 변화 요구를 추동하는 가장 지배적인 요인 중 하나다. 국제투명성기구의 2019년 조사를 보면 라틴아메리카(53%), 중동 및 북아프리카(65%), 사하라 이남 아프리카(55%)의 응답자 대부분은 자기들 지역에서 부패가 증가하고 있다고 답했다.

- 앞으로 수년 안에 인공지능, 기계학습, 5G, 기타 인터넷 접속을 확대하는 기술은 대중의 신뢰를 더욱 떨어뜨릴 수 있을 것이다. 왜냐하면 사람들이 무엇이 진짜이고 무엇이 소문이나 조작인지를 알아내려고 노심초사하기 때문이다. 또한 사람들은 정부의 감시와 추적 관찰(monitoring)이 점점 더 확산되는 것을 두려워하고 개인정보를 통제하거나 이익을 얻으려고 하는 민간기업을 두려워한다.

더 눈에 띄는 정체성

정부, 엘리트, 기존 기관에 대한 신뢰가 붕괴하면서 사회는 정체성과 신앙에 기반을 두고 더욱 균열될 가능성이 있다. 모든 지역에서 사람들은 공동체와 안전 의식을 위해 친숙하고 동지적인 집단에 의지하고 있다. 예컨대 문화적 및 기타 지역적 정체성과 아울러 초국가적 집단화 및 이익에 따라 모이게 된다. 정체성과 제휴 관계가 동시에 번창하고 더욱 돋보이고 있다. 결과적으로 이러한 현상은 정체성 집단이 사회적·정치적 역학 관계에서 더 영향력 있는 역할로 이어지지만 분열과 논란을 유발한다.

많은 사람들이 민족성과 내셔널리즘 따위의 기존 정체성에 더욱 끌리고 있다. 일부 국가에서는 인구 성장 둔화, 이민 증가, 기타 인구통계적 변화로 문화적 상실감을 포함한 취약성에 대한 인식이 강화되고 있다. 급격한 사회적·경제적 변화로 인해 소외감을 느끼는 많은 사람들은 오래된 전통의 침해에 분개하고, 다른 사람들이 자신의 비용으로 제도의 혜택을 보고 있다고 인식한다. 또한 이러한 인식은 경제·사회 변화가 해를 끼치고 있으며, 일부 지도자들이 잘못된 목표를 추구하고 있다는 믿음을 불러일으킨다.

기존 정체성의 중요성이 커지면서 종교는 사람들의 삶에서 계속해서 중요한 역할을 수행해 그들이 믿는 것, 신뢰하는 사람, 누구와 함께하고 어떻게 공공연히 참여하는지를 형성한다. 인구가 가장 빠르게 성장하는 아프리카, 남아시아, 일부 라틴아메리카 등 개발 지역에서 대중들은 종교 활동에 더 많이 참여한다고 보고하며 종교가 제공하는 목적의식을 암시한다. 갈등, 질병, 기타 요인들로 인한 실존적 위협에 대한 인식도 더 높은 수준의 종교성에 기여한다.

많은 사람들이 인종, 젠더, 성적 지향을 포함해 정체성의 다양한 측

특정 국가의 종교 활동: 기도와 부

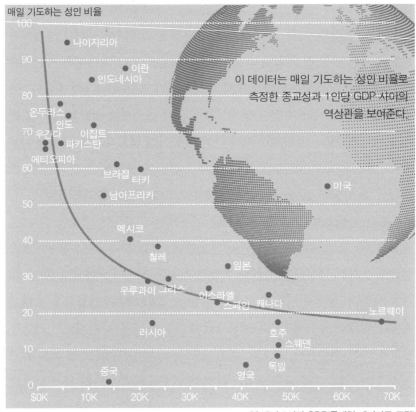

매일 기도하는 성인 비율

이 데이터는 매일 기도하는 성인 비율로 측정한 종교성과 1인당 GDP 사이의 역상관을 보여준다.

2015년 1인당 GDP(구매력 패리티로 조정)

자료: Pew Research Center surveys 2008-2017. The Age Gap in Religion Around the World.

면을 중심으로 강조하며 조직하고 있다. 또한 기후변화와 종교의 자유 등의 명분과 쟁점을 중심으로 강조하고 있다. 제고된 이동성, 도시화, 연결성을 포함한 세계화의 힘은 국경을 초월해 광범위한 지역에 대한 인식과 중요성을 높이며, 사람들이 공통의 이익과 가치를 중심으로 조직하는 것을 더욱 손쉽게 만들고 있다. 이러한 정체성은 집단이 인정과 특정한 목표를 위해 선동하며 국가 내에서 그리고 국가 간에 더 큰 역할을 하고 있다. 예컨대 광범위한 글로벌 연합은 전 세계적으로 동성애에 대한 대중의 수용과 법적 보호를 위한 로비 활동을 성공적으로 수행했다. 여기에는 이란과 같은 사회적으로 보수적인 국가에서도 온라인 캠페인과 공개 행사를 조직한 것이 포함된다. 퓨 리서치 센터에 의하면 2013~2019년

미얀마의 만달레이시 근처에서 민주주의를 옹호하는 불교 승려들의 모습. 세계 일부 지역에서 종교는 핵심적인 조직 역할을 수행하며 합법화와 권위의 중요한 원천이 되고 있다.

사이에 동성애가 사회에서 용납될 수 있다고 응답한 국민의 비율은 지리적으로 다양한 27개국 중 21개국에서 증가했다. 1989년 이래 30개 국가가 동성결혼을 합법화했다.

… 그리고 분쟁 상태에 처하다

인정과 권리를 요구하는 정체성 집단의 팽창과 중요성 증대에 따라 여러 사회의 사회적·경제적 토대에 대한 논의가 늘지 않을 수 없다. 정체성 역학을 강화하고 경쟁하는 것은 정치적 논쟁, 양극화, 사회적 분열을 증가시키고 어떤 경우에는 불안과 폭력을 일으킬 가능성이 있다.

- 동남아시아와 중부 유럽의 중소득 국가 등 많은 나라에서 이민자, 난민, 이주노동자의 증가로 국가정체성과 시민권에 관한 열띤 논쟁이 일어나고 있으며, 종족 내셔널리즘 정당의 출현을 초래하고, 동화주의 정책에 대한 요구가 거세진다. 이는 전 세계적으로 이주민 지원의 감소로 이어진다.
- 성소수자에 대한 권리의 인정과 지원 확대는 브라질, 이란, 나이

지리아, 폴란드 등의 국민들로부터 신속한 반응이 오고 있다. 이들 나라의 일부 국민은 그러한 운동이 깊이 간직한 믿음에 대한 모욕이고 사회를 좀먹는 것으로 인식한다. 일부 국가의 정치·종교 지도자들은 성소수자 권리를 제한하는 법을 옹호하고 동성애를 죄악시한다.

• 대부분의 국가에서 교육, 건강관리, 직업 기회, 리더십 역할 개선을 포함한 양성평등을 향한 진전이 상당했지만 오랜 민주주의 국가에서도 분노와 반발이 여전하다. 세계적인 미투운동은 전 세계에서 일어나는 성희롱과 성폭력의 폭을 밝혀주었지만 여전히 헝가리, 러시아 등 몇몇 나라들에서는 가정폭력과 성폭력을 기소 대상에서 빼는 등 여성에 대한 보호를 축소했다.

연결, 혼란, 분열의 정보 환경

초연결 사회의 기하급수적인 성장은 정체성 충성과 사회 역동성을 강화하고 더욱 복잡하게 만들 수 있다. 특히 소셜미디어는 사람들이 공통의 특성, 견해, 신념을 공유하는 전 세계의 다른 사람들과 쉽게 제휴할 수 있도록 한다. 또한 소셜미디어는 기존의 세계관을 확인하고 대안적 관점에 대한 이해를 제한하는 정보를 공유하는 같은 생각을 가진 사용자의 반향실을 만들 수 있다.

시간이 지나면서 이러한 역학 관계는 이전에 고립되었던 집단들 사이에 새로운 연결 고리를 구축하고 정책, 공공기관, 사건, 도덕적 문제, 사회적 경향에 대한 사람들의 인식을 양극화시키고 있다. 이러한 양극화는 경쟁적이고 고착된 관점의 확산으로 이어지며, 타협의 기회를 제한하고 사회적 응집력을 감소시킨다.

앞으로 20년 동안 방대한 양의 데이터를 선별하고 증류하는 알고리

모바일 디지털 커뮤니케이션의 성장

	🔲	📶
2025	58억	50억
	52억	38억
	48억	20억
2019		
	52억	38억
2016	48억	20억
	모바일 기기 가입자	모바일 인터넷 가입자

자료: Global System for Mobile Communications Association.

즘과 소셜미디어 플랫폼은 초연결 정보 환경이 야기하는 정치적·사회적 효과를 형성하는 데 전문 지식을 능가할 수 있는 콘텐츠를 생산하게 될 것이다. 콘텐츠 생성자뿐만 아니라 그것을 볼 수 있는 중재자는 점점 더 많은 권력을 휘두르게 될 것이다. 소셜미디어 플랫폼은 정체성 집단을 강화하거나, 새롭고 예기치 않은 집단을 육성하거나, 같은 견해를 공유하는 사람들과 어울리는 자연적인 경향을 가속시키고 증폭시킬 것이다. 때에 따라서 어떤 이슈에 대한 진실에 관해 경쟁적인 비전을 발생시킬 것이다. 그런 플랫폼은 경쟁적인 여론 주도자들 – 주변화된 집단의 주도자들을 포함한다 – 이 견해를 발표하고 자기들끼리 논쟁을 벌이며 자기들의 메시지의 응집력과 '시장 호소력'을 갈고닦을 것이다. 이런 효과는 사람들이 정보를 얻기 위해 자신의 정체성 공동체에 의존하고 다른 사람들의 지식에 의존하기 때문에 확대된다.

사람들은 또한 문화, 민족, 국적, 종교와 같은 사회적 정체성을 정보 과부하를 관리하는 중요한 필터로 사용할 것이고, 잠재적으로 국가정체성을 더 세분화하고 정부에 대한 신뢰를 떨어뜨릴 것이다. 이러한 정체성은 소속감을 제공하고 집단 구성원의 행동 방식과 신뢰할 수 있는 사람에 대한 규칙 및 복잡한 문제에 대한 규범을 강화한다. 증오와 정치적 범죄를 포함한 정체성 기반의 폭력은 소셜미디어를 통해 점점 더 촉진될 수 있다. 인도에서는 소셜미디어와 모바일 메시징 플랫폼에서 "무슬림이 소를 도살했다"라는 주장이나 "소고기를 가지고 있다"라는 소문이 일부 힌

인도네시아 자카르타의 야간 통행 모습. 도시화는 불만을 공유하는 사람들을 동원해 더 큰 인구 집중을 유발할 것이다.

두고인들 사이에 빠르게 퍼져 '암소 자경단' 폭력 사태를 초래하는 등 바이러스싱 허위의 핵심 요소가 되었다.

대중은 점차 뉴스 매체, 소셜 미디어 플랫폼, 자신이 신뢰하는 권위자 등 자신이 좋아하는 문지기에 의존해 허구에서 진실을 걸러낼 것이다. 하지만 명백한 허위 주장을 무시하거나 제거하는 것과 같은 논란이 되는 콘텐츠를 중재하려는 노력은 자신이 굳게 지킨 정체성과 일치하는 신념과 가치를 바꾸는 데 효과적일 것 같지 않다. 정체성에 기초한 믿음은 소속되고 지위를 얻고 사회 세계를 이해하고 존엄성을 유지하고 도덕적으로 정당하다고 느끼는 가장 중요한 필요성 때문에 진리 추구를 퇴색시키는 경향이 있다.

긴장 상태의 국가정체성

일부 국가에서 정체성을 두고 벌어지는 대립은 역사적으로 국가 응집과 국가 목적의 근원이었던 국가정체성의 개념에 도전하고 있다. 내셔널리즘은 전반적으로 힘을 얻었지만 경우에 따라서는 예외적인 형태의 내셔널리즘이 두각을 나타내고 있으며 시민 내셔널리즘의 이상을 약화시키고 있다. 민족과 문화가 다양한 사회는 도전에 더욱 민감할 수 있다. 많은 지역에서 배타적인 형태의 내셔널리즘이 상승세를 타고 있다. 특히 인구통계적 변화를 겪고 경제성장이 완만하거나 침체되고 특별한 지위를 상실할 것을 염려하는 사람들이 많은 지역이 그렇다.

- 일부 지도자들과 정권은 그들의 지배와 정책을 진작하기 위해 배타적인 내셔널리즘을 부채질하고 있다. 예컨대 미얀마는 과거 10년 동안 민주주의로의 이행이 중단되고 전국적인 빈곤으로 불안정이 증대되었다. 이로 인해 불교 내셔널리즘이 강화되고 반무슬림 정서가 일고 폭력 사태가 발생했다. 마찬가지로 중국 지도자들은 영토 분쟁에서 공격적인 중국의 자세에 대한 지지를 구축하기 위해 광범위하고 종종 외국인 혐오적인 내셔널리즘을 활용했다.

- 그 밖에 세계화로 인한 문화적·경제적 불안이 내셔널리즘 세력을 부채질한 사례도 있다. 예컨대 영국의 브렉시트(Brexit) 지지자들은 유럽연합에 대한 영국의 오랜 불만을 거론했지만 대다수 여론조사에서 브렉시트 표심을 견인했던 핵심 요인은 이주에 대한 우려가 작용한 것으로 나타났다. 2015년 이주자 위기는 프랑스, 독일, 네덜란드 등 유럽 일부 국가에서도 내셔널리즘 세력의 급증을 유발했는데, 이들 국가 중 대다수는 문화적 변화와 경제적 경쟁을 두려워하고 있다.

- 일부 정부 정권은 그들의 외교정책 목적을 달성하기 위해 외국의 대중적 지지를 동원하고자 다른 나라의 종교와 민족적 주제를 이용하려고 한다. 인도의 힌두 내셔널리즘 수출 시도, 유럽에 있는 터키 디아스포라(diaspora)를 동원해 영향력을 확대하려는 터키의 노력, 러시아가 자국 밖에 있는 러시아정교회 소수민족에게 보내는 지지는 지도자들이 외교정책 목표를 달성하기 위해 정체성을 이용하는 방법을 보여준다.

대중은 더욱 힘이 실리고 요구를 더 많이 한다

지난 수십 년간 꾸준한 경제 개선과 기술에 대한 접근으로 모든 지역의 인구가 그들의 필요와 관심을 행동으로 옮기고 강도, 빈도, 효과를 높여 관리들과 다른 엘리트들을 추동할 수 있는 위한 자원, 시간, 도구를 갖추게 했다. 선진국 국민들은 이미 좋은 위치를 차지하고 있으며, 개도국 국민들도 변화를 주장할 도구를 점차 갖추고 있다. 예컨대 중국의 중산층(하루 10~110달러를 버는 계층으로 정의)은 급속하게 성장해서 2000년에는 인구의 3.1%였는데 2018년에는 52.1%에 달했다. 이제 중국의 중산층은 대략 6억 8600만 명으로 정부에 대한 요구를 할 수 있는 더 좋은 위치에 서 있다.

- 지난 수십 년간 세계의 대부분의 대중은 더욱 번영하고 교육받았다. 그로 인해 사람들은 즉각적인 필요에 대한 집착이 감소하면서 더 큰 범위의 인식과 야망을 품게 되었다. 더 큰 번영으로 사람들은 더 많은 자유 시간, 더 높은 기대치를 가지고 더 많은 참여 기회가 주어졌을 뿐만 아니라 그들이 성취한 것을 상실할 우려도 증가했다. 이것은 향후 20년 동안 정치 참여의 강도를 높일 가능성이 있다.
- 게다가 향후 수십 년간 도시 인구의 증가는 도시 서비스 제공 능력 확충에 어려움을 겪고 있는, 아프리카와 남아시아를 포함하는 젊은이들의 비율이 높은 개도국의 일부 지역에서 가장 두드러질 것이다. 도시화는 공유된 관심과 불만을 가진 인구를 집중시키고 있다. 즉, 사회운동을 부추기는 원초적인 요소들이 시위로 빠르게 번질 수 있다.
- 통신기술의 확산은 국제적 동향과 사건에 대한 실시간 인식을

높이고 사람들에게 메시지를 정리하고 퍼뜨릴 수 있는 도구를 제공하고 있다. 2014년과 2020년 사이에 인터넷을 사용하는 전 세계 사람들의 수는 30억 명에서 45억 4000만 명으로 증가했다. 모바일 인터넷 보급률은 2019년 49%에서 2025년까지 전 세계 60.5%로 증가할 것으로 예상된다. 2020년 소셜미디어 플랫폼 사용자가 36억 명에서 향후 5년 동안 8억 명이 더 늘어날 것으로 추산된다.

사람들이 장비를 더 잘 갖추고 연결되면서 정부에 대한 요구의 강도 역시 모든 지역에서 더 커질 것 같다. 기대치가 높지만 취약한 상황의 사람들이 정부를 향해 해결책을 요구하는 문제들은 더욱 다양해지고 모순적이며 해결하기가 어려울 수 있다. 이러한 요구는 경제·정치·사회 문제 전반에 걸쳐 발생할 수 있으며, 다양한 그룹들이 주요 산업 보호 대 온실가스 감축 등 상반된 정책의 실행을 촉구하고 있다. 민주주의가 강한 나라들에서도 지난 10년 동안 대중 시위가 증가한 것으로 미루어 볼 때 사람들은 대중 시위, 보이콧, 시민불복종, 심지어 폭력에 더 자주 의지할 것 같다. 소셜미디어와 함께 이것들은 권위주의 국가에서 목소리를 내는 데 선호하는 방법이 될 것이다. 향후 20년 동안 불만을 전달하는 이러한 다중 경로는 사회적 응집력에 대한 복합적인 의미와 함께 점점 더 강력한 힘을 제공할 가능성이 있다.

국가: 갈등, 격동, 변환
STATE: TENSIONS, TURBULENCE, AND TRANSFORMATION

핵심 요지

• 모든 지역의 정부들은 경제적 제약과 인구통계학적, 환경적, 기타 다른 문제들의 혼합에 따라 증가하는 압력에 직면하게 될 것이다. 한편 사람들은 더 많은 것을 요구할 것이고, 그들은 상충되는 목표와 우선순위를 추진할 권한이 있다.

• 사회와 그들의 정부 사이의 관계는 대중이 기대하는 것과 정부가 제공하는 것 사이의 불일치가 증가하면서 지속적인 갈등 상태에 직면할 가능성이 있다. 이러한 격차의 확대는 더 많은 정치적 변동성, 민주주의에 대한 위험, 대체 거버넌스 역할의 확대를 예고한다.

• 국민들의 불만이 증폭되는 위기와 고무적인 리더십을 동반할 경우에 통치하는 방식에 대해 국민들이 중대한 변화나 혁신을 일으킬 수 있다.

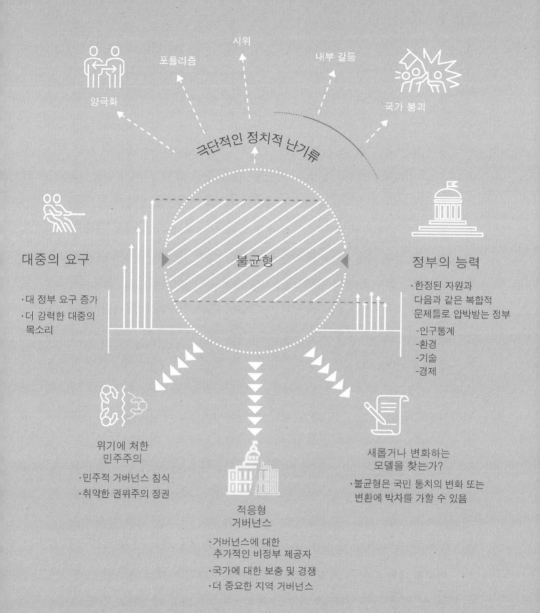

양극화

포퓰리즘

시위

내부 갈등

국가 붕괴

극단적인 정치적 난기류

대중의 요구

·대 정부 요구 증가
·더 강력한 대중의
 목소리

불균형

정부의 능력

·한정된 자원과
 다음과 같은 복합적
 문제들로 압박받는 정부

 -인구통계
 -환경
 -기술
 -경제

위기에 처한
민주주의

·민주적 거버넌스 침식
·취약한 권위주의 정권

적응형
거버넌스

·거버넌스에 대한
 추가적인 비정부 제공자
·국가에 대한 보충 및 경쟁
·더 중요한 지역 거버넌스

새롭거나 변화하는
모델을 찾는가?

·불균형은 국민 통치의 변화 또는
 변환에 박차를 가할 수 있음

사람들이 대중의 목소리를 더욱 크게 내는 동안에 정부는 경제적 제약과 인구통계학적, 환경적 및 기타 도전의 혼합으로부터 증가하는 압력을 경험할 것이다.

공공 수요와 정부 역량의 불일치 증가

향후 20년 동안 모든 지역에서 국가와 사회 간의 관계는 대중이 필요로 하거나 기대하는 것과 정부가 제공할 수 있거나 그럴 의사가 있는 것 사이의 불일치가 점점 커지고 있기 때문에 지속적인 긴장 상태에 직면할 가능성이 있다. 많은 국가에서 이전의 번영으로 인해 높아진 기대치를 가진 사람들은 경제성장 둔화, 불확실한 일자리 기회, 인구통계학적 변화로 인해 더 큰 긴장과 혼란에 직면할 가능성이 높다. 이런 사람들은 또한 교육과 교육에 대한 접근, 커뮤니케이션 기술에 대한 접근뿐만 아니라 같은 생각을 가진 집단의 응집력을 수십 년간 더 꾸준히 개선한 뒤에 자신의 이익을 옹호할 수 있는 능력을 더 잘 갖추게 될 것이다. 비록 정부기관에 대한 신뢰가 대중들 사이에서 낮지만, 사람들은 국가가 그들의 과제를 해결하는 데 궁극적으로 책임이 있다고 계속해서 보고, 해결책을 제공하기 위해 정부에 더 많은 것을 요구할 가능성이 있다.

사람들이 대중의 목소리를 더욱 강력하게 내는 동안 정부는 경제적 제약, 인구통계학, 환경 및 기타 문제의 혼합에 따른 압력 증가를 경험할 것이다. 개별적으로나 집단적으로 이러한 압력은 국가의 역량과 회복력을 테스트하고 예산을 고갈시키며 관리의 복잡성을 가중시킬 것이다.

인구통계학과 인간 개발. 많은 나라들은 계속되는 세계적 유행병, 완만한 세계 경제 성장, 갈등과 기후의 영향, 개발 목표를 달성하기 위해 요구되는 더 어려운 조치들로 인해 지난 수십 년간 달성한 인간 개발의 성공을 공고히 하거나 유지하기 위해 고군분투할 것이다. 한편 고령화 인구를 가진 국가와 젊고 증가하는 인구를 가진 국가는 각각 이러한 인구통계와 관련된 고유한 과제에 직면하게 될 것이다. 이민은 수용 국가의 사회를 분열시키고 정체성 문제의 중요성을 증가시킬 수 있다. 아프리카와 아시아에서 주로 발생하는 급속한 도시화는 성장하는 도시에 적절한 인프라, 안보, 자원을 제공할 수 있는 정부의 능력을 강조할 것이다.

기후변화와 환경 파괴. 이에 대한 대응은 모든 지역의 정부에 부담을 줄 것이다. 그 영향은 특히 정부가 이미 취약한 아프리카, 아시아, 중동에서 극심할 것이며 스트레스를 받거나 깨지기 쉽다. 또한 부유한 국가는 정부의 대응력과 자원에 도전하는 환경 비용과 심지어 재난에 직면해 잠재적으로 대중의 신뢰를 약화시킬 것이다.

경제적 제약. 예상되는 경제성장 둔화 추세는 정부의 자원과 서비스 제공 능력에 부담을 줄 가능성이 있다. 정부는 이미 전례 없는 규모의 부채를 떠안고 있다. 게다가 부패와 함께 많은 국가들 내에서 불평등이 증가하거나 지속되는 것은 정부에 대한 사람들의 믿음과 서로에 대한 신뢰를 위협할 것이다.

기술변화. 정부는 기술의 속도를 따라잡고 혜택을 활용하며 위험과 혼란을 완화하는 정책을 구현해야 한다는 압박을 받을 것이다. 기술 발전은 또한 개인과 비국가행위자들이 새로운 방식으로 국가의 역할에 도전할 수 있는 힘을 실어줄 것이다.

이러한 문제에 직면해 기존의 제도와 거버넌스 모델은 사람들의 기대를 충족하기에 불충분하다는 것이 입증되고 있다. 그 결과 공공 수요와 정부의 경제적 기회와 안보 제공 능력 사이의 불균형이 커지고 있다. 이러한 대중의 비관론은 우파, 좌파, 중도 정부, 민주주의 및 권위주의 국

인도 뭄바이의 비공식 정착지. 많은 나라에서 불평등은 정부의 중요한 과제가 될 것이며, 국민들 사이에 불만의 원인이 될 것이다.

가, 포퓰리즘 및 기술주의 정부 모두에 영향을 미치고 있다. 예컨대 라틴 아메리카와 카리브해의 18개국의 여론조사 결과를 보면 자국에서 민주주의가 수행되는 방식에 대한 만족도가 2010년 평균 59%에서 2018년 40%로 크게 감소했다. 대중의 기존 정부 시스템에 대한 회의가 증가하면서 정부와 사회는 경제적 기회 증진, 불평등 해소, 범죄와 부패 감소를 포함하는 주요 목표를 해결하기 위해 적응하거나 변화시키는 방법에 대한 합의에 어려움을 겪을 가능성이 있다.

이러한 도전의 본질과 정부 대응은 지역과 국가에 따라 다를 것이다. 예컨대 남아시아에서는 일부 국가들이 늘어난 노동력을 고용하기에 불충분한 완만한 경제성장, 심각한 환경 파괴와 기후변화의 영향, 증가하는 양극화의 복합적인 문제에 직면할 것이다. 한편 유럽 국가들은 부채 증가, 낮은 생산성 심화, 노동인구의 고령화와 규모 축소, 농촌과 도시의 분열, 불평등 증가, 분열된 정치와 국가 수준과 유럽연합의 경제·재정 정책에 대한 논쟁과 씨름할 것이다. 중국에서 중심적인 갈등은 중국 공산당이 경제성장, 공중보건, 안전을 제공하고 반대를 억누르면서 통제를 유지할 수 있는지 여부다. 중국의 거대한 중산층은 지금은 대부분 잠잠하다. 경기침체가 이런 상태를 변화시킬 수 있다.

많은 국가에서 국민들이 기존 제도에 만족하지 않지만 앞으로 나아갈 길에 대한 합의에 도달하지 못하는 불안한 불균형에 갇히게 될 가능성이 있다. 10년 전 아랍의 봄은 지배적인 정치 질서에 심각한 결점을 드러냈지만, 이 지역 대부분의 국가에서 국가와 사회 간의 새로운 사회적 계약이 아직 등장하지 않았다. 중동과 마찬가지로 다른 지역은 시민들이 문제를 해결하는 정부기관의 능력에 대한 믿음을 잃었기 때문에 부분적으로 장기적이고 격동적인 과정으로 치달을 수 있다.

국가가 전반적으로 안보와 복지를 개선한다고 해도 이러한 이익과 기회는 불균등하게 분배되어 겉보기에는 더 번영하는 사회에서도 불만을 부추길 수 있다. 예컨대 2000~2018년 경제협력개발기구 국가들은 전반적인 고용 증가를 경험했지만 중간 단계의 일자리가 거의 없어 고임금과 저임금으로 나뉘었고, 많은 일자리가 점점 더 빈약해졌으며, 일자리 증가율은 지역과 인구 집단에 따라 크게 달라졌다.

정치적 격동의 증가

앞으로 수년 동안 정부의 능력과 대중의 기대치 사이의 이러한 불일치는 확장되고 정치제도 내에서의 양극화와 포퓰리즘의 증가, 행동주의

여기 알제리에서 볼 수 있는 시위는 불평등, 정치적 억압, 부패, 기후변화 등 다양한 주제에 대한 대중의 불만을 반영해 지난 10년 동안 전 세계적으로 급증했다.

자료: Amine M'Siouri / Pexels

와 항의 운동의 물결, 그리고 가장 극단적인 경우에 폭력과 내부 갈등, 심지어 국가 붕괴를 포함하는 더 많은 정치적 격동으로 이어질 가능성이 있다. 국가 역량, 이념, 과거사 등 동원에 따른 변형은 대중의 불만이 각국의 정치적 격동으로 언제 어떻게 전환되는지를 결정할 것이다.

양극화와 포퓰리즘. 정치지도자와 잘 조직된 집단이 경제, 거버넌스, 사회, 정체성, 국제 문제를 아우르는 광범위한 목표와 접근 방식을 추진하면서 민족, 종교, 이념 노선에 따른 양극화는 여전히 강할 것 같다. 일부 국가에서는 이러한 양극화가 정치적 기능 장애와 정체를 강화하고 정치적 불안정을 가중할 위험이 있다. 심한 양극화는 일단 정착되면 되돌리기 어렵다. 경제적·사회적 불만을 해소하지 못한 주류 정치에 대한 대중의 불만은 또한 지난 수십년간 포퓰리즘의 세계적 상승을 가져왔다. 이는 전 세계의 권력을 잡은 포퓰리즘 지도자의 숫자와 포퓰리즘 정당이 받는 투표 점유율로 측정된 것이다. 일부 집권 포퓰리스트들이 흔들릴 수 있지만 불만족, 양극화, 분열된 정보 환경이 지속되는 한 포퓰리즘의 호소는 지속될 가능성이 높다. 또한 포퓰리즘은 경제적 위기나 이주로 인한 사회의 인종적·종교적 구성의 변화 이후 급증하는 경향이 있다.

시위. 반정부 시위는 2010년 이후 전 세계적으로 증가해 모든 정권과 정부 유형에 영향을 미쳤다. 시위는 정치적 혼란의 신호나, 책임과 정치적 변화를 촉구하기에 민주적 건강의 신호이자 민주화의 힘이 될 수도 있다. 시위 현상은 지속적인 대중의 불만과 체계적 변화에 대한 욕구, 불충분한 정부 대응, 시위를 신속하게 조직할 수 있는 만연한 기술 등 근본적인 동인의 지속적인 특성으로 인해 주기적으로 이어질 가능성이 있다.

정치 폭력, 내부 갈등, 국가 붕괴. 향후 20년 동안 증가된 격동은 특히 많은 개도국에서 정치 질서의 붕괴와 정치 폭력의 발발로 이어질 것이다. 경제협력개발기구의 추정에 따르면 2020년 기준으로 18억 인구(전 세계 인구의 23%)가 거버넌스·안보·사회·환경·경제 조건이 취약한 상태로 살고 있다. 이 숫자는 2030년까지 전 세계 인구의 26%인 22억 명으로 증가할 것으로 예상된다. 이 인구들은 대부분 사하라 이남 아프리카에 집중되어 있고 그 뒤를 중동, 북아프리카, 아시아, 라틴아메리카가 따르고 있다. 이러한 지역들은 또한 기후변화, 식량 불안, (특히 아프리카에서) 젊고 증가하는 인구, 빠른 도시화를 포함한 증가하는 조건들의 결합에 직면하게 될 것이며, 이는 국가의 취약성을 악화시킬 것이다. 그러나 정치적 폭력이나 내부 갈등의 발생은 이렇게 취약한 국가에만 국한되지 않으며, 정치적 격동이 심할 때는 역사적으로 더 안정된 국가에서도 나타날 가능성이 있다.

압박받고 있는 민주주의 정권과 권위주의 정권도 취약

이러한 변덕스러운 정치 풍토는 기존의 자유민주주의 국가에서 폐쇄적인 권위주의 체제에 이르기까지 모든 유형의 정부에서 취약성을 야기한다. 적응성과 성과는 향후 20년 동안 민주적이고 권위주의적인 거버넌스의 상대적 상승과 하락의 주요 요인이 될 것이다. 새로운 기회를 활용하고, 증가하는 압력에 적응하며, 확대되는 사회적 분열을 관리하고, 자국민에게 안보와 경제적 번영을 제공하는 정부는 합법성을 보존하거나

전 세계적으로 쇠퇴하는 민주적 거버넌스

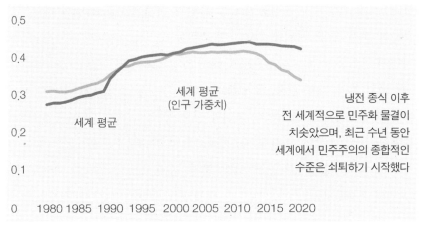

세계 평균
(인구 가중치)

세계 평균

냉전 종식 이후
전 세계적으로 민주화 물결이
치솟았으며, 최근 수년 동안
세계에서 민주주의의 종합적인
수준은 쇠퇴하기 시작했다

자료: Varieties of Democracy의 자유민주주의 지수. 선거 자유, 시민 자유, 법치, 행정부에 대한 억제로 측정함.

강화할 것이다. 반면에 실패한 정부들은 경쟁자나 대체 모델에 대한 요구를 고무시킬 것이다. 민주주의 국가들은 또한 그들의 정치 시스템의 공정성과 포괄성으로부터 합법성을 끌어낼 수 있는 이점을 얻게 될 것이다. 권위주의 체제에서는 이러한 속성을 성취하기가 더 어렵다.

민주주의의 침식

각국 정부가 직면하고 있는 도전은 민주적 거버넌스의 붕괴가 적어도 향후 10년 혹은 그 이상 계속될 위험성이 크다는 것을 시사한다. 이러한 경향은 널리 퍼져 있다. 기존의 부유한 자유민주주의 국가들과 덜 성숙한 부분 민주주의 국가들에서 찾아볼 수 있다. 표현의 자유와 언론의 자유, 사법부 독립, 소수자 보호 등 주요 민주적 특성은 각국이 더 큰 권위주의적 방향으로 기울면서 세계적으로 악화되고 있다. 민주주의의 진작을 추구하는 비정부기구인 프리덤하우스(Freedom House)는 정치적 권리와 시민의 자유가 15년 연속 감소했다고 2020년에 보고했다. 전 세계적으로 존경받는 민주주의의 또 다른 척도인 다양한 민주주의(Various of Democracy)에 의하면 2020년 현재 전 세계 인구의 34%가 민주적 거버넌스가 쇠퇴하고 있는 국가에서 살고 있는 반면, 좀 더 민주화되고 있는 국가에 살고 있는 인구는 4%에 불과하다.

여러 대내외 세력이 이러한 민주주의 침식을 주도하고 있다. 일부 서구 민주주의 국가에서는 기성 정당과 엘리트들의 역량과 정책에 대한 국민의 불신은 물론이고 경제적 이탈, 신분 역전, 이민에 대한 불안감이 민주주의 규범, 제도, 시민의 자유를 훼손하고 있는 비자유주의 지도자들의 부상을 부채질하고 있다. 1980년대와 1990년대의 권위주의적 통치를 탈바꿈시킨 새로운 민주주의 국가들(대부분 개도국들)에서는 다음과 같은 여러 요소들이 뒤섞여 민주적 과정의 정체나 역행으로 이어졌다. 국가 역량 부족, 미약한 법치주의, 야당에 대한 관용이 적은 전통, 높은 불평등, 부패, 정치에서 강한 역할을 하는 군대가 문제다. 대외적으로 중국, 러시아 그리고 기타 행위자들은 다양한 방식으로 민주주의를 훼손하고 자유를 제한하는 정권을 지원하고 있다. 이러한 지원에는 디지털 억압을 위한 기술과 전문 지식의 공유가 포함된다. 특히 일부 외국 행위자들은 민주주의 체제의 생존을 위협하며 선거에 대한 국민의 신뢰를 떨어뜨리려고 하고 있다. 내외부의 행위자들 모두 더욱 많은 디지털 정보를 조작하고 잘못된 정보를 퍼뜨려 대중적 견해를 형성하고 정치적 목적을 달성하고 있다.

앞으로 많은 민주주의 국가들은 더 많은 침식과 붕괴에 취약할 가능성이 있다. 1994년 이후 상당한 민주적 쇠퇴를 경험한 75곳의 민주주의 국가에 대한 학술 연구에 따르면 그중 60곳(또는 80%)이 결국 독재국가가 되었다. 하지만 쇠퇴는 돌이킬 수 없는 것이 아니며, 궁극적으로 지난 세기 동안 더 많은 민주주의에 대한 전반적인 추세와 함께 민주주의의 진전과 후퇴를 보았던 긴 주기의 악순환을 반영할 수도 있다. 민주주의 체제

중국 회사가 제공한 안면 인식 감시 시스템을
운용하는 우간다 공무원들.
자료: @KagutaMuseveni / twitter.

의 장기적 정당성은 두 가지의 일반적인 조건에 달려 있다. 공정하고 포용적이며 공평한 정치 절차를 유지하는 것과 국민들에게 긍정적인 결과를 제공하는 것이다. 부패, 엘리트에게 포획됨, 불평등에 대한 대중의 우려를 해소하는 것은 대중의 신뢰를 회복하고 제도적 정당성을 강화하는

데 도움이 될 수 있다. 또한 민주주의 국가에서 역사적으로 유리했던 효과적인 서비스, 경제적 안정성, 개인 보안을 제공하면 대중의 만족도가 높아진다. 이러한 기본 거버넌스 벤치마크를 넘어 새로운 세계적 과제에 대한 회복력을 입증하면 대중의 신뢰를 회복하고 유지하는 데 도움이 될 것이다.

장기적으로 볼 때 민주주의의 진전과 후퇴는 주요 강대국들 간의 상대적 힘의 균형에 어느 정도 좌우될 것이다. 다른 나라의 정치적 성과에 영향을 미치거나 지원하려는 노력, 경제성장과 공공재 전달의 상대적 성공, 서구 민주주의 모델과 중국의 기술 권위주의 체제의 이념 경쟁의 정도 등 지정학적 경쟁이 전 세계의 민주주의 흐름을 형성할 것이다.

권위주의 정권은 취약성에 직면할 것이다

권위주의 정권은 민주주의와 같은 많은 위험에 직면하게 될 것이고 많은 정권들에서 적응력이 떨어질 것이다. 이는 확실한 안정기 이후에 갑작스럽고 폭력적인 정권교체 가능성이 더 커졌다. 비록 중국에서 중동까지 각국의 권위주의 정권들은 권력을 유지할 수 있다는 것을 증명했다.

하지만 그들은 광범위한 부패, 원자재에 대한 과잉 의존, 고도로 개인주의적인 리더십을 포함하는 중대한 구조적 약점을 갖고 있다. 대중 시위는 권위주의 정권에 점점 더 많은 위협을 가하고 있다. 2010년과 2017년 사이에 10개의 정권이 무너졌고, 또 다른 19개의 정권은 선거를 통해 물러났으며, 종종 대규모 시위에 대응하려고 선거가 실시되었다. 부패는 많은 항의의 주된 동기가 되었는데, 권위주의 정권은 민주주의 정권보다 부패한 경향이 있다. 그들의 후원 네트워크에 자금을 대고 경제를 부양하기 위해 원자재에 의존하는 권위주의 정권은, 특히 에너지 전환이 유가를 떨어뜨릴 경우 원자재 가격의 변동에 취약할 것이다. 개인주의적 권위주의 정권(한 사람 또는 소규모 집단으로 권력이 통합된)은 의사결정이 매우 부패하고 불규칙한 경향이 있으며, 후계 구도의 가능성이 가장 낮고, 전쟁을 일으키고 갈등을 증폭시킬 가능성은 가장 높다. 오늘날 권위주의 정권의 가장 일반적인 형태는 개인 독재(personalist)다. 이런 지배는 1988년 독재정권의 23%에서 2016년 40%로 상승했다. 그리고 중국과 사우디아라비아를 포함한 다른 정권들도 이러한 방향으로 움직이고 있다.

대중의 불만을 잠재우거나 견디거나 해결하기 위해 권위주의 정권은 새롭고 전통적인 형태의 강요, 협력, 정당성을 이용하고 있다. 디지털화와 통신 기술은 보안과 감시를 보다 널리 보급하고 비용을 절감하기 때문에, 최근 수년 동안 권위주의 정권이 더 오래 지속될 수 있도록 도왔다. 이러한 기술 동향의 다른 측면은 사람들에게 디지털 억압을 회피하고 반대 의견을 동원할 수 있는 도구를 제공했다는 것이다. 억압과 더불어 정권들은 중요한 동맹국들이 충성심을 유지하도록 설득하기 위해 협력에 의존할 것이지만, 이러한 동력은 더 끈질긴 자원 흐름에 달려 있다. 많은 권위주의 정부들은 효과적인 정부 성과와 설득력 있는 이념을 통해 대중의 합법성을 구축하고자 할 것이다. 중앙집권적인 힘으로 일부 권위주의 정권은 새로운 도전에 더 빠르고 유연하게 대응해 왔지만, 역사적으로 권위주의 정부들은 자원의 잘못된 할당으로 인한 혁신 부족으로 어려움을 겪었다. 경제적 기회를 제공하고 안전을 유지하는 권위주의 정권들은 그들의 제도가 미래 세계의 복잡성과 속도에 대처하는 데 더 적합하다는 것을 대중들에게 납득시킬 수 있을지 모른다.

거버넌스에 대한 적응형 접근 방식: 광범위한 서비스를 제공하는 행위자가 늘어난다

대중의 요구와 기대가 높아지면서 복지와 안전을 제공하는 국가기관 외부의 광범위한 행위자들이 참여하는 거버넌스에 대한 적응형 접근 방식으로의 전환이 점점 더 많아질 것으로 보인다. 민간기업, 비정부기구, 시민사회단체, 종교단체, 반란군 및 범죄자 네트워크를 포함하는 비국가 행위자들은 오랫동안 모든 종류의 국가에서 거버넌스를 제공해 왔다. 이러한 역할은 국가가 적절한 거버넌스를 제공하지 못하고, 기술 때문에 민간 부문, 비정부기구, 개인의 자원과 영향력이 증가하고, 복잡성과 공공정책의 과제 수가 증가하는 등의 요인들이 결합하고 있기 때문에 광범위한 행위자와 기능으로 확장될 가능성이 있다. 여러 이해관계자가 문제를 해결해야 한다. 이러한 변화는 일부 비국가행위자들의 소셜미디어와 운영을 규제하려는 시민사회 조직이나 민주주의자들을 탄압하는 비자유주의 정권의 예에서처럼, 국가 내에서 약간의 갈등과 고통 증가를 야기할 가능성이 있다.

상황과 활동에 따라 비국가행위자들은 국가를 보완하고 경쟁하며, 경우에 따라 국가를 대체한다. 국가기관 외부에서 거버넌스를 제공한다고 해서 반드시 중앙정부에 위협이 되는 것은 아니며 국민에 대한 전반적

정부의 디지털 기술 이용 현황

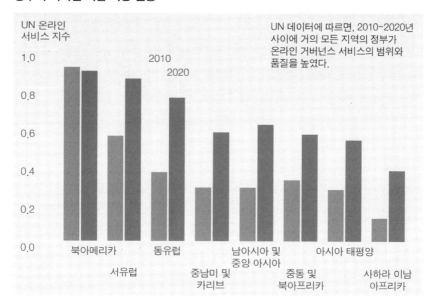

인 거버넌스 품질을 저하시키지도 않는다. 국가와 비국가행위자 간의 역할과 관계는 상대적인 능력, 침투력, 국민 기대치에 따라 달라진다. 중동에서 아프리카와 라틴아메리카에 이르기까지 반군 단체와 범죄 조직은 거버넌스 격차를 메우고, 때로는 약한 정부를 착취해 의료와 교육에서 보안과 쓰레기 수거에까지 고용·사회 서비스를 제공하며 영향력을 확대하고 있다. 특히 아프리카의 일부 지역의 경우 종교 기반의 국제 비정부기구가 보건·교육 서비스를 제공하며 국가의 역할을 강화한다. 코로나19 팬데믹 기간 동안 적응형 거버넌스의 수많은 사례가 나타났다. 기업, 자선사업, 기술 기업, 연구·학술 기관은 정부와 협력해 기록적인 속도로 돌파구를 만들어왔다. 다른 곳에서는 전 세계의 시민사회단체들이 인도주의적 구호·복지 서비스를 제공하며 정부 대응의 간극을 메웠다. 거버넌

거버넌스 혁신

국가와 비국가행위자들은 증가하는 거버넌스 과제에 적응할 수 있는 방법을 모색하고, 전 세계적으로 채택될 수 있는 보안과 복지를 제공하는 새로운 도구와 기술을 실험할 것이다. 거버넌스 혁신의 동향을 파악하거나 예측하기는 어렵지만, 혁신의 한 가지 분명한 영역은 거버넌스의 속도, 효율성, 정밀도를 개선하기 위한 기술의 개발과 적용에 있을 것이다.

- 전 세계 정부들은 지난 20년 동안 서비스 제공과 시민 참여를 위한 기술 사용을 늘렸다. 디지털 거버넌스에 가장 능숙한 국가는 대부분 고소득 국가이지만, 디지털 거버넌스의 일반적인 추세는 모든 국가와 지역에 퍼져 있다.

- 국민들의 삶의 모든 측면에 대한 데이터의 가용성이 증가하고 있다. 이를 분석하는 인공지능 기술과 결합되어 있기 때문에 정부는 서비스를 지휘하고 보안을 제공하는 데 민첩성을 높이고 있다. 이것은 양날의 칼이다. 정부가 범죄를 줄일 수 있도록 하는 인공지능이 가능한 감시 기술 또한 국민을 감시하고 억압할 수 있게 해준다.

- 기술의 개발·응용 분야에서 공공 부문과 민간 부문의 역할을 감안할 때, 주요 혁신에는 국가와 비국가기관이 모두 참여할 가능성이 높다. 예컨대 아프리카에서 모바일 결제와 은행 시스템이 등장하면서 정부는 현금 이전을 시행할 수 있게 되었고 보다 효율적이고 안정적으로 직원에게 급여를 지급할 수 있게 되었다.

- 일단 확립되면 혁신적인 거버넌스 접근 방식이 전 세계로 확산될 가능성이 높다. 예컨대 인공지능이 지원하는 보안·감시 기술은 2018년에 74개국이 채택한 것으로 전 세계적으로 확산되었으며, 중국과 서구 기업 모두 이 기술을 제공하고 있다. 마찬가지로 성공적인 모델들은 빠르게 지지자들을 얻는다. 적어도 40개국이 개발 도구로 조건부 현금 이전 프로그램을 시행했다. 2000년대 브라질의 보우사 파밀리아(Bolsa Familia) 프로그램이 빈곤을 줄이는 데 성공하면서 부분적으로 고무되었다.

태국의 방콕은 전국 경제 생산의 거의 절반을 차지한다.
allPhoto Bangkok / Pexels

스에서 비국가행위자의 이러한 역할은 서비스 제공을 넘어 확장되고 있다. 예컨대 기술 기업은 정치적 담론을 형성 할 수 있는 능력으로 정보 흐름과 네트워크를 제어하는 데 상당한 힘을 발휘한다.

더 중요한 지역 거버넌스

지방정부는 또한 인구문제를 해결할 수 있는 능력 때문에 거버넌스 혁신의 중요한 원천이 될 가능성이 있다. 지방정부는 일반적으로 구성원의 문제, 합법성, 책임성, 대응을 맞춤화할 수 있는 유연성이라는 장점을 가지고 있다. 그들은 또한 당파성이 적다. 도시와 지방정부는 다양한 수준의 정부, 민간 부문, 시민사회를 포함하는 여러 분야의 네트워크를 만들고 주도하는 것에서 중앙정부보다 큰 능력을 갖고 있다. 이러한 파트너십은 서구의 일부 산업도시를 활성화하는 데 도움이 되었다. 점점 더 네트워크로 조직된 지방과 도시 정부는 기후변화, 이주와 같은 국제 문제에 대해 조치를 취해 경우에 따라서는 국가 정부보다 앞서 나갈 것이다. 도시 지역의 인구가 증가하고 경제활동, 기술, 혁신의 허브가 되면서 이러한 지방정부는 국가 정부에 대한 영향력을 증가시킬 가능성이 있다. 권위주의 체제에서도 지역 거버넌스는 문제 해결의 중심이 될 가능성이 높지만 제약은 다르다.

중앙정부와 마찬가지로 지방정부는 특히 코로나19 위기 이후에 예산 제약에 직면할 가능성이 있다. 개도국의 도시는 인프라 개발과 기후변화 적응을 위해 상당한 재정 격차에 직면할 것이다. 또한 도시화는 도시와 농촌 간의 사회적 분열을 악화시킬 가능성이 있는 반면에 지방 및 도시 거버넌스의 역할 확대는 문제를 해결하기 위한 지역·국가 전략이 분산될 때 정책 일관성을 약화시킬 수 있다.

새롭거나 변화하는 모델을 찾고 있는가?

널리 퍼진 대중의 불만과 주요 위기 또는 충격이 결합해 모델, 이데올로기, 거버넌스 방식에서 중대한 변화나 변환에 적합한 조건을 만들 수 있다. 역사적으로 사람들은 중대한 문제를 해결하기 위해 대담한 체계적 변화를 기꺼이 수용해 왔기 때문에, 주요 전쟁이나 경제 붕괴의 여파와 같은 재앙적인 위기의 순간에 지역 간에 이념적 전환이 발생했다. 하지만 공산주의 또는 경제적 자유주의 규모의 새로운 통일 이데올로기나 체제의 출현은 드물다. 거버넌스의 단점을 드러내는 또 다른 전염병이나 주요 환경 재앙과 같은 다른 스트레스는 광범위한 기능 장애가 지속될 경우 새로운 모델이나 대안 모델이 견인력을 얻을 수 있는 조건을 만들 수 있다.

만연한 불만과 큰 위기는 아마도 변화를 위해 강제적인 기능을 발휘하겠지만 충분하지는 않다. 불만을 새로운 것으로 변화시키려면 정치적 연대를 구축하고 사회적 합의를 도출하기 위해 고무적이고 통일된 리더십과 설득력 있는 아이디어나 이데올로기가 결합되어야 한다. 새로운 이데올로기가 부족하면 새로운 접근 방식, 더 많은 시스템의 결합이나 혼합이 중앙집권적 통치, 강력한 국가 역할에서 강력한 비국가적 역할, 민주적·권위주의적·세속적·종교적 또는 내셔널리즘에서 국제주의로 이어지는 여러 축을 따라 발생할 수 있다. 이러한 변화나 변환은 낡은 질서를 고수하는 지역구와 새로운 질서를 수용하는 지역 사이의 피할 수 없는 다툼을 촉발시킬 것이다.

이러한 변화와 변환, 새로운 모델의 정확한 특성은 불확실하고 예측하기 어렵다. 일부 잠재적 결과는 다음과 같다. 사람들이 지방정부를 국가 정부보다 더 신뢰할 수 있고 문제를 해결할 수 있다고 생각하는 경우에 도시나 하위 국가 지역이 거버넌스의 중심점으로 부상한다. 민간 부문과 기타 국가 이외의 행위자가 복지와 보안의 주요 제공자로서 정부를 추월하거나 대체한다. 민주주의가 다가올 세계적인 도전에 더 적응하는 것으로 입증된다면 소생을 경험할 것이다. 아니면 세계가 부분적으로 기술 주도적인 권위주의적 자본주의의 중국 모델에 의해 고무된다면 권위주의적 물결에 굴복하는 것을 경험할 것이다. 또한 아직 구상되거나 확인되지 않은 매력적인 새로운 거버넌스 모델이나 이데올로기가 등장해 자리를 잡을 수 있다.

국제: 다툼 가열, 불확실성, 분쟁 증대

INTERNATIONAL:
MORE CONTESTED, UNCERTAIN, AND CONFLICT-PRONE

핵심 요지

- 향후 20년 동안 국제 체제의 권력은 보다 전통적인 군사·경제·문화적 소프트파워를 보완하는 기술, 네트워크, 정보력을 확장하면서 더 광범위한 원천과 기능을 포함하도록 진화할 것이다. 모든 지역이나 영역을 지배할 수 있는 단일 국가는 없기에 더 광범위한 행위자가 자신의 이익을 증진할 수 있는 문을 열 수 있다.

- 미국과 중국은 핵심 이해관계와 이념을 반영하는 국제 체제와 거버넌스의 경쟁 비전을 지원하면서 글로벌 역학 관계에 가장 큰 영향을 미칠 것이다. 이러한 라이벌 관계는 대부분의 영역에 영향을 미치며, 경우에 따라 기존의 동맹, 국제조직, 국제질서를 뒷받침해 온 규범과 규칙을 변형시키고 일부의 경우 재편성할 것이다.

- 이처럼 경쟁이 치열한 글로벌 환경에서 국가 간 분쟁의 위험은 기술 발전과 목표 범위의 확대, 분쟁의 새로운 경계선 및 더 다양한 행위자, 더 어려운 억지, 그리고 허용 가능한 사용에 대한 조약 및 규범의 약화 또는 결여로 인해 높아질 수 있다.

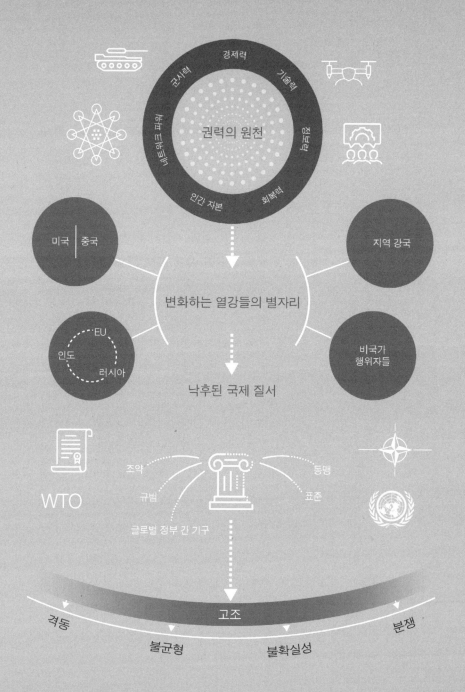

권력의 원천

경제력
기술력
정보력
회복력
인간 자본
네트워크 파워
군사력

미국 | 중국

지역 강국

변화하는 열강들의 별자리

EU
인도
러시아

비국가 행위자들

낙후된 국제 질서

WTO

조약
규범
글로벌 정부 간 기구

동맹
표준

고조

격동
불균형
불확실성
분쟁

이러한 권력 역학 관계는 더욱 변덕스럽고 대립적인 지정학적 환경, 다자 주의를 재편하고 초국가적 도전과 이를 해결하기 위한 협력적 조치 사이 의 간극을 넓힌다.

향후 20년 동안 세계적 영향력을 위한 경쟁의 강도는 냉전 이후 최고 수준에 이를 것으로 보인다. 단일 국가가 모든 지역이나 영역을 지배하는 자리를 차지할 가능성은 없으며 더 광범위한 행위자가 그들의 이데올로 기, 목표, 관심사를 발전시키기 위해 경쟁할 것이다. 기술, 네트워크, 정 보력의 확장은 국제 체제에서 전통적인 군사, 경제, 소프트파워 측면을 더욱 보완할 것이다. 광범위한 행위자가 더 쉽게 접근할 수 있는 이와 같 은 권력 요소는 이러한 기술을 개발하는 리더들 사이에 집중될 가능성이 있다.

이러한 권력 역학 관계는 더욱 불안정하고 대립적인 지정학적 환경 을 조성하고 다자주의를 재편하며 이를 해결하기 위한 초국가적 도전과 협력적 합의 사이의 간극을 더욱 벌릴 가능성이 있다. 라이벌 강대국은 글로벌 규범, 규칙, 제도를 형성하기 위해 경쟁할 것이다. 오랜 동맹국들 과 함께하는 미국, 그리고 중국은 세계 역학 관계에 가장 크게 영향을 미 칠 것이며, 그들의 핵심 이익과 이념을 반영하는 국제 체제와 거버넌스에 대한 경쟁적 비전을 지지할 것이다. 양국의 경쟁은 대부분의 영역에 영향 을 미치고, 수십 년간 국제질서를 뒷받침해 온 기존의 동맹과 국제조직을 긴장시키고 어떤 경우에는 재편할 것이다.

권력 이동을 가속화하고 거버넌스 모델에 대한 이념적 차이와 분열 을 강화하면 경쟁이 더욱 치열해질 것이다. 하지만 이 경쟁은 냉전의 미· 소 경쟁과 비슷하지 않을 것이다. 그 이유는 결과를 형성할 수 있는 국제 체제의 더 다양한 주체들, 여러 영역에서의 상호 의존, 배타적인 이념적 분할선이 적기 때문이다. 일부 핵심 영역에 대한 지배적인 힘 또는 글로벌 합의의 부재는 다른 행위자가 주도하거나, 특히 지역 내에서 자신의 이익을 추구할 것이다. 유럽연합, 인도, 일본, 러시아, 영국 역시 지정학적·경제적 결과를 형성하는 데 중요한 영향을 미칠 것이다.

이처럼 급부상하는 기술과 함께 경쟁이 격화된 환경은 적어도 국가들이 새로운 규칙, 표준, 경쟁의 더 교란적인 영역에 대한 경계를 확립하기 전까지는 더욱 불안정해질 수 있다. 각국은 매우 교란적이고 정밀한 재래식 무기, 전략무기, 민간·군사 인프라를 대상으로 하는 사이버 활동, 혼란스러운 정보 환경 등의 복합적인 문제에 직면하게 될 것이다. 이란과 북한과 같은 문제 국가(spoiler)를 포함한 지역 행위자들은 그들의 목표와 이익을 증진시키기 위해 경쟁할 것이며, 이 체제에 더 많은 변동성과 불확실성을 가져올 것이다. 동시에 각국은 이러한 새로운 제도로 안정적 억지력을 확립하기 위해 진력할 것이다. 특히 그들을 지배하는 규칙과 조약이 계속 침식되거나 지연될 경우 더욱 그렇다.

권력 원천과 구성의 변화

향후 20년 동안 국제 체제의 권력 원천이 확장되고 재분배될 것이다. 국가의 경제·군사·인구 규모와 기술 발전 수준으로 측정되는 물질적 힘은 권력 행사에 필요한 기반을 제공할 테지만, 유리한 결과를 확보하고 유지하기에는 부족할 것이다. 훨씬 더욱 고도로 연결된 세계에서 권력은 국가, 기업, 인구 등 다른 행위자들의 행동을 수정하고 형성하기 위해 기술, 인적자본, 정보, 네트워크 위치의 적용을 포함할 것이다. 한 국가의 엔터테인먼트, 스포츠, 관광, 교육기관의 매력은 여전히 그 영향력의 중요한 원동력이 될 것이다.

극심한 기후 사태나 인도주의적 위기와 같은 글로벌 도전이 심화되면서 충격과 조직 변화에 대한 국내의 회복력을 구축하는 것은 다른 국가를 도울 수 있는 국가의 능력이나 의지와 마찬가지로 국가 권력의 더 중요한 요소가 될 것이다. 앞으로 수년 동안 관계, 네트워크 중심성, 회복력과 함께 물질적 역량을 활용하고 통합할 수 있는 국가와 비국가기관이 전 세계적으로 가장 의미 있고 지속 가능한 영향을 미칠 것이다.

물질적 힘. 군사능력과 경제 규모는 국가 역량과 권력 투사의 기초가 될 것이며, 다른 나라들은 국가의 이익과 정책을 고려하도록 강요할 것이다. 이러한 두 가지 권력 영역에서는 국가들이 보안을 유지하고 다른 권력 요소를 가능하게 하는 자원을 축적할 수 있다.

기술력. 기술, 특히 군사기술은 한 국가의 안보와 세계적 영향력에 계속 중심이 될 것이다. 하지만 앞으로는 최첨단 인공지능, 생명공학, 데이터 중심의 의사결정이 국가들에게 경제성장, 제조, 의료, 사회적 회복력에 대한 다양한 이점을 제공할 것이다. 이러한 기술을 통해 국가와 비국가행위자가 사람들의 견해와 의사결정을 구체화하고 경쟁자에 비해 정보우위를 확보해 미래의 충격에 더 잘 대비할 수 있는 퍼스트 무버(first mover) 이점이 있을 것이다.

인적 자본. 강력한 노동연령 인구, 보편적인 기초교육, 그리고 과학, 공학, 수학, 비판적 사고력의 집중을 포함한 유리한 인구통계학은 혁신, 기술 발전, 경제성장, 회복력에 큰 이점을 제공할 것이다. 라틴아메리카와 남아시아를 포함한 노동연령 인구가 많은 지역에서 교육, 기술, 인프라를 개선할 수 있다면 잠재적인 경제력의 새로운 원천을 갖게 될 것이다. 유럽과 아시아의 고령화되고 위축된 사회는 이러한 권력 요소가 약화되는 것을 방지하기 위해 인력을 늘리는 방법을 찾아야 할 것이다.

네트워크와 노드. 통신, 금융, 데이터 흐름, 제조 공급망을 포함하는 주요 교환 사이트를 통제하면 국가와 기업은 귀중한 정보를 얻고 경쟁업체의 접근을 거부하며 심지어 행동을 강요할 수 있다. 미국, 유럽, 중국에 불균형적으로 집중되어 있는 이러한 다수의 네트워크들은 수십 년간 고착되어 왔고 아마 재구성하기 어려울 것이다. 예컨대 중국의 기술 기업들이 일부 지역에서 미국이나 유럽의 기술 기업들과 공동으로 지배적 위치를 차지하거나 글로벌 5G 통신네트워크를 장악한다면, 중국은 특권적 지위를 이용해 통신에 접근하거나 데이터 흐름을 통제할 수 있다. 하지만 이러한 형태의 권력을 강압적으로 행사하는 것은 다른 나라들의 반발을 불러일으킬 위험이 있고 시간이 지나면서 그 효과가 감소될 수 있다.

정보와 영향력. 설득력 있는 아이디어와 내러티브는 국제 체제에서 다른 행위자의 태도와 우선순위를 형성할 수 있으며 다른 유형의 권력 행사를 정당화할 수 있다. 문화, 엔터테인먼트 수출, 스포츠, 라이프스타일, 기술 혁신을 포함한 사회의 소프트파워 매력은 다른 사람들의 상상력을 사로잡을 수 있다. 해외 관광과 교육, 특히 고등교육은 매력을 높일 수 있다. 공공외교와 미디어가 활동에 보다 은밀한 영향을 미치기 위해 정보기술은 정부와 기타 행위자들이 외국 대중과 엘리트에게 직접 접근해 의견과 정책에 영향을 미칠 수 있는 전례 없는 능력을 제공할 것이다. 중국과 러시아는 아마도 미국과 유럽의 국내 청중을 계속해서 표적으로 삼고 서구의 쇠퇴와 세력 확장에 대한 내러티브를 홍보할 것이다. 또한 이미 양국이 활발하게 활동하고 있는 아프리카와 같은 다른 지역에서도 확장될 가능성이 있다.

회복력. 세계가 점점 더 깊이 상호 연결되면서 전신 충격은 점점 더 흔해지고 더 강렬해지고 있으며, 많은 2차적 효과를 유발하고 있다. 충격을 견디며 관리하고 회복할 수 있으며, 국내에서 정당성을 가진 정부들은 해외에서 힘을 보여주고 영향력을 행사할 수 있는 더 나은 능력을 갖게 될 것이다. 하지만 회복력을 구축하는 것은 사회 내 그리고 국민과 지도자 간의 신뢰 저수지에 달려 있으며, 사회가 더욱 분열된다면 모으기가 더 어려울 수 있다.

더 많은 행위자들의 활동 강화

권력의 원천이 전 세계적으로 확장되고 변화하면서 글로벌 역학 관계를 형성하는 행위자와 그들이 수행하는 역할도 또한 바뀔 것이다. 그 어떤 단일 행위자도 모든 지역과 영역에서 지배할 수 있는 위치에 있지 않을 것이며, 광범위한 행위자에게 기회를 제공하고 모든 문제에 걸쳐 경쟁을 격화시킬 것이다. 중국과 미국 그리고 미국의 긴밀한 동맹국들 사이의 경쟁이 점점 더 커지고 있는 것은 세계무역과 정보의 흐름, 기술변화의 속도와 방향, 국가 간 분쟁의 가능성과 결과, 환경의 지속 가능성 등 세계 역학 관계에 가장 광범위하고 깊은 영향을 미칠 것으로 보인다. 아무리 적게 잡아도 중국은 지정학적 균형을 바꾸는 군사적·경제적·기술적 발전을, 특히 아시아에서 계속해 나갈 태세다.

중국은 글로벌 권력 역할을 되찾고 있다

향후 20년 동안 중국은 전략적으로 한계가 있는 지역에서 과도한 골칫거리로 간주되는 것을 피하려고 노력하며 아시아에서 우위를 차지하고 전 세계적으로 더 큰 영향력을 주장할 것이다. 아시아에서 중국은 무역, 자원 개발, 영토 분쟁에 대해 이웃 국가들의 신뢰를 기대하고 있다. 중국은 이 지역의 미국과 그 동맹국들을 위험에 빠뜨리는 군사력을 배치하고 미국의 동맹국과 협력국에게 미군기지의 접근을 제한하도록 압박할 가능성이 있다. 거절하면 받게 될 심각한 결과를 경고하면서 동참의 이점을 선전할 것이다. 중국 지도자들은 대만이 2040년까지는 통일에 바짝 다가서기를 기대하는 것이 거의 틀림없는데, 어쩌면 지속적이고 강도 높은 압박을 통해서 그렇게 할 것이다. 중국은 자국의 물리적 인프라 네트워크, 소프트웨어 플랫폼, 무역규칙을 공고히 하기 위해 노력할 것이며, 기술-경제 경쟁의 글로벌 라인을 강화하고, 잠재적으로 일부 지역에서 더 많이 분열된(balkanized) 시스템을 만들 것이다. 중국은 자국의 인프라와 기술 주도 개발 프로그램을 이용해 국가들을 보다 긴밀하게 결속시키고 엘리트들이 자국의 이익에 부합하도록 보장할 것으로 보인다. 중국은 아마도 중동과 인도양 지역의 협력국들과 경제통합을 강화하고, 중앙아시아와 북극으로의 경제 침투를 확대하며, 상쇄 연합이 등장하는 것을 막기 위해 노력할 것이다. 중국은 자국에 우호적인 외국 정부를 지원하고, 상업과 데이터 생성 기회를 창출하며, 고객 체제를 활용하기 위해 정교한 국내 감시 기술의 수출을 확대하려고 한다. 중국은 기술 발전을 동아시아와 기타 지역에 강력한 군대를 배치하는 데 사용할 가능성이 높지만, 대규모의 병력 배치보다는 맞춤형 배치(대부분 해군기지 형태)를 선호한다. 동시에 중국은 특히 금융과 제조업처럼 상호 의존성이 큰 분야에서 미국과 서방이 주도하는 네트워크와의 중요한 연결을 유지하려고 할 것이다.

중국은 권력과 영향력이 증가하면서 글로벌 도전에 대응하는 데 더 큰 역할을 맡을 것으로 보인다. 하지만 중국은 또한 이러한 대응에 우선순위를 정하고 자국의 이익에 따라 형성하는 데 더 큰 발언권을 가질 것으로 예상된다. 중국은 관심과 자원을 확보하기 위해 경쟁할 국내문제가 증가하고 있기 때문에, 아마도 부분적으로는 초국가적 도전에 대처하는 비용을 어느 정도 상쇄하기 위해 다른 국가에 기대할 것이다. 잠재적인 금융위기, 노동력의 급속한 고령화, 생산성 증가 둔화, 환경 압박, 인건비 상승은 중국 공산당에 도전이 되고 목표 달성 능력을 약화시킬 수 있다. 중국의 공격적인 외교와 무슬림·기독교 공동체에 대한 탄압을 포함하는 인권 침해는 중국의 영향력, 특히 소프트파워를 제한할 수 있다.

그 밖의 열강

러시아, 유럽연합, 일본, 영국, 그리고 잠재적으로 인도를 포함하는 다른 주요 강대국들은 향후 20년 동안 영향력을 행사할 수 있는 더 많은 기동의 여지를 가질 수 있을 것이다. 이들은 지정학적·경제적 성과와 함께 규범과 규칙을 발전시키는 데 중요한 결과를 가져올 것으로 보인다.

러시아는 다른 주요 국가들에 비해 물질적인 능력이 감소하더라도 향후 20년 동안 교란을 불러올 수 있는 강국으로 남을 가능성이 있다. 러시아는 규모가 큰 재래식 군사력, 대량살상무기, 에너지와 광물자원, 광범위한 지리, 해외에서의 무력 사용의 의지 등 이점을 가지고 있어 구소련 공간에서, 때로는 더 먼 곳에서 문제 국가이자 막후 세력(power broker)의 역할을 계속할 수 있을 것이다. 모스크바는 서구의 분열을 증폭시키고 아프리카, 중동, 그 밖에 다른 지역에서의 관계를 구축하기 위해 계속 노력할 것이다. 러시아는 아마도 경제적 기회를 모색하고 더 많은 나라들이 그 지역에서 입지를 강화하면서 북극에서 지배적인 군사적 지위를 확립할 것이다. 하지만 열악한 투자 환경, 가격 변동성이 있는 원자재에 대한 의존도, 소규모 경제(향후 20년 동안 글로벌 GDP의 약 2%를 차지할 것으로 예상된다)로 인해 러시아는 전 세계적으로 영향력을 행사하고 유지하는 데 어려움을 겪을 것이다. 블라디미르 푸틴 대통령이 2024년 임기 말이나 그 이후에 자리를 떠나면, 특히 내부 불안정이 계속될 경우 러시아의 지정학적 위치가 더 빨리 약화될 수 있다. 마찬가지로 재생에너지나 다른 가스 공급업체로의 다각화를 통해 러시아에 대한 유럽의 에너지 의존도가 감소하면 크렘린의 수익 창출과 전반적인 능력이 감소될 수 있다. 특히 이러한 감소를 아시아 고객들에 대한 수출로 상쇄할 수 없다면 더욱 그렇다.

유럽연합의 대규모 시장과 국제 규범에 대한 오랜 리더십은 추가 회원국이 탈퇴하는 것을 방지할 수 있다. 글로벌 경쟁과 초국가적 과제를 해결하기 위한 공통 전략에 대한 합의에 도달할 수 있다면 향후 수십 년간 상당한 영향력을 유지할 수 있을 것이다. 유럽연합이라는 단일시장의 경제적 비중은 무역, 제재, 기술규제, 환경·투자 정책에 대한 글로벌 지정학적 영향력을 계속해서 제공할 것이다. 유럽연합의 외부 국가는 종종 유럽연합의 정책에 대한 표준과 규정을 모델링한다. 유럽의 군사력은 경쟁 우선순위와 핵심 역량에 대한 장기적인 과소 투자로 인해 일부 회원국의 야망에 미치지 못할 가능성이 있다. 유럽의 국방비는 코로나19 이후의 재정 우선순위와 경쟁할 것이며, 안보 이니셔티브는 러시아를 방어할 수 있는 북대서양조약기구(NATO: North Atlantic Treaty Organization)와 별개의 군사 능력을 창출하지 않을 것이다.

영국은 강력한 군사·금융 부문과 세계적인 초점에 비해서 더 크게 국제적인 영향력을 행사할 것으로 보인다. 영국의 핵 능력과 유엔 안전보장이사회 상임이사국의 지위는 국제적 영향력을 증대시키고 있다. 유럽연합 탈퇴에서 야기되는 경제적·정치적 도전들을 관리하는 것이 이 나라의 주요 과제가 될 것이다. 실패할 경우 영국의 분열로 이어질 수 있고, 자국의 세계적인 힘을 유지하기 위해 고군분투하게 만들 수 있다.

일본의 고학력 인구, 기술 혁신 경제, 무역과 공급망 네트워크에서의 필수적 위치는 아시아와 그 너머에서 강국으로 남게 할 것이다. 일본은 특히 호주, 인도, 대만, 베트남과의 안보·경제 관계를 더욱 다각화하기 위해 노력하는 한편으로 최대 무역 대상국이자 주요 역내 경쟁국인 중국, 그리고 긴밀한 동맹국인 미국에게 경제적으로 크게 의존할 것으로 보인다. 일본은 또한 경직된 이민 정책, 낮은 수요와 경제성장, 디플레이션, 저축률 감소, 정부부채 증가 등으로 선진국 중 가장 오래된 노동력 감소 등 인구통계학적·거시경제적 난제가 가중될 것이다.

인도는 2027년까지 세계 최대 규모로 성장할 것으로 예상되는데 인도의 인구 규모는 지리적·전략적 무기, 경제적·기술적 잠재력이 있는 세계 강국으로 자리매김하고 있다. 하지만 뉴델리가 남아시아를 넘어 영향력을 행사할 수 있도록 국내의 개발 목표를 달성할지는 미지수다. 중국과 미국이 경쟁하는 상황에서 인도는 보다 독립적인 역할을 개척하려고 노력할 가능성이 있다. 하지만 인도는 서방 강대국들의 전략적 자율성에 대한 장기적인 노력과 부상하는 중국에 대항하기 위해 다자 안보 구조에 더 깊이 몸을 담아야 하는 필요성 사이에서 균형을 이루는 데 어려움을 겪을 수 있다. 인도는 더 강력한 글로벌 외교정책에 필요한 군사·외교 역량에 투자를 제한하는 심각한 거버넌스·사회·환경·국방 과제에 직면해 있다.

영향력 확대를 모색하는 지역 강국들

이러한 경쟁 환경에서 호주, 브라질, 인도네시아, 이란, 나이지리아, 사우디아라비아, 터키, 아랍에미리트와 같은 지역 강대국들은 아마도 새로운 기회를 활용하고 지역 안정을 증진하거나 영향력을 얻기 위해 이전에 주요 강대국이 차지했던 역할을 맡으려고 할 것이다. 더 큰 역할과 영향력을 추구하는 지역 강대국의 이러한 혼합은 다양한 국가의 변화하는 능력과 리더십 목표뿐만 아니라 기회도 반영해 향후 20년 동안 변화할 가능성이 있다. 지역 강대국들은 원하지 않는 분쟁에 휘말리는 것을 피하면서 보상을 극대화하기 위해 서로 주요 권력을 행사하려고 할 것이다. 그들은 영향력을 행사하기 위해 그들 자신의 연합을 구축하거나 지역 블록을 강화할 수 있고, 어떤 경우에는 세계적인 도전에 대해 협력할 수도 있

지정학적 경쟁이 인공지능 기반의 선전 활동을 강화한다

글로벌 디지털 연결성, 몰입형 정보기술, 널리 접근 가능한 디지털 마케팅 기술의 성장은 거의 모든 사회에 더 큰 정보 영향 활동의 잠재력을 열어준다.

국가와 비국가행위자들은 사람들이 정보를 받고 해석하고 행동하는 방식을 형성하기 위해 인지 조작과 사회적 양극화를 강화하는 등의 도구를 사용할 수 있다. 중국과 러시아를 포함한 국가들은 미디어 콘텐츠와 보급 수단에 대한 통제력을 높이기 위해 노력하면서 정보 캠페인을 보다 민첩하고 감지하기 어렵고 방지하기 어렵게 만들기 위해 기술 혁신을 적용할 가능성이 있다.

정부와 비국가행위자들은 점점 더 많은 소비자 행동 데이터와 마케팅 기술을 활용해 소규모 수용자에게 메시지를 미세 타깃팅을 할 수 있다. 선전가는 인공지능, 사물인터넷 및 기타 도구를 활용해 대규모 수용자에 맞게 커뮤니케이션을 조정하고 반응을 예측하며 거의 실시간으로 메시지를 조정할 수 있다.

인간 심리학과 행동의 통계적 패턴을 포착하는 행동 빅데이터는 개인화된 영향력을 위한 상당한 예측력과 능력을 가능하게 할 수 있다. 의미 있는 규제가 존재하지 않으면 홍보 회사와 정치컨설턴트가 정기 서비스로 허위 정보를 제공할 수 있어 정치 기관에 대한 대중의 불신이 증가할 수 있다.

지만, 다른 경우에는 지역 내 분쟁에서 더 공격적으로 행동할 수도 있다. 국내 거버넌스 과제를 극복하고, 코로나19 팬데믹과 기타 충격에서 빠르게 회복하고, 이웃과의 관계를 관리하는 것은 그들의 주요 강점을 영향력 증가로 전환하는 데 매우 중요할 것이다. 일부 국가에서는 비국가행위자 안보 위협, 테러, 대량 이주, 디지털 개인정보 보호 등 지역 차원의 당면 과제를 해결하는 데 중요한 역할을 할 것으로 예상된다.

강력하고 영향력 있는 비국가행위자들

비정부기구, 종교단체, 기술 슈퍼스타 기업과 같은 비국가행위자들은 국가를 보완하거나 경쟁하거나 우회할 수 있는 대체 네트워크를 구축하고 홍보할 수 있는 자원과 글로벌 범위를 가질 것이다. 지난 수십 년간 비국가행위자들과 초국가적 운동은 집단적 행동을 위해서나 전 세계 인구에 영향을 미치기 위해서 증가하는 국제적 연결을 사용했다. 경우에 따라 이러한 행위자들은 로비 지도자와 시민 동원을 통해 국가 행동을 형성하거나 제한할 수 있다. 비국가행위자의 영향은 다양하며 정부 개입의 대상이 된다. 중국, 유럽연합 등은 이미 슈퍼스타 기업을 규제하거나 해체하기 위해 움직이고 있으며, 베이징은 비정부기구와 종교단체를 통제하거나 억압하려고 노력하고 있다. 많은 비국가행위자들은 사이버공간과 우주를 포함한 새로운 변경에서 주권을 통합하려는 국가의 노력에 반발할 가능성이 있다.

다투고 탈바꿈한 국제질서

글로벌 권력이 계속해서 변화하면서 냉전이 끝난 이래 문제 전반에 걸쳐 행동을 대부분 주도하고 이끌어 온 관계, 제도, 규범 중 상당수가 점점 더 많은 도전에 직면할 가능성이 있다. 이 분야에서의 경쟁은 중국, 러시아 및 기타 국가가 더 큰 발언권을 요구하며 수년 동안 격화되었다. 이러한 기구와 동맹의 사명과 행동에 대한 의견 불일치는 더욱 심화되어 전통적 문제와 새로운 문제에 얼마나 잘 대응할 수 있을지에 대한 불확실성이 높아졌다. 시간이 지나면서 국가들은 이 국제질서의 일부 측면을 포기할 수도 있을 것이다.

중국과 러시아가 주도하는 떠오르는 수정주의 강대국들은 자신들의 이익을 더 반영하고 통치 체제에 관대하도록 국제질서를 재편성하려고 노력하고 있다. 중국과 러시아는 국내와 그들의 영향권 내에서 면책받고 행동할 수 있도록 하는 서구 기원의 규범이 결여된 질서를 계속 옹호하고 있다. 이들은 국가와 인권의 역할에 대한 대안적 비전을 옹호하며 서구의 영향력을 축소하려고 하지만, 두 나라의 대안 모델은 서로 현저하게 다르다. 러시아는 유라시아의 많은 지역을 커버하고 있는 러시아 주도의 보호국과 전통적 가치를 증진시키고 있다. 중국은 현재의 사회제도, 즉 중국 공산당의 권력 독점, 사회통제, 사회주의시장경제, 특혜무역 시스템에 대한 전 세계적인 수용을 모색하고 있다.

이념적 경쟁 심화

대조적인 통치 체제와의 다차원적 경쟁은 권력 투쟁에 이념적 차원을 추가할 수 있는 잠재력을 가지고 있다. 비록 진화하는 지정학적 경쟁이 냉전과 같은 이념적 강도를 보일 것 같지는 않지만, 중국 지도부는 이미 미국과 장기적인 이념 투쟁을 벌이는 중이라고 인식하고 있다. 이념적 다툼은 국제기구, 표준 제정 포럼, 지역개발 이니셔티브, 공공외교 내러티브에서 가장 자주 발생한다.

서방 민주주의 정부는 아마도 중국과 러시아의 서구 주도의 정치 질서에 대한 보다 적극적인 도전에 맞서 싸울 것이다. 양국 모두 민주주의 세력을 위해 설계되고 지배되는 국제질서에서 안전하다고 느끼지 않으며, 국경과 영향력 있는 지리적 영역 내에서 절대적 권위를 보호하는 주권 기반의 국제질서를 촉진했다. 중국과 러시아는 사상과 이데올로기 공간을 군사력을 사용하지 않고도 경쟁을 형성할 수 있는 기회로 보고 있다. 러시아는 외국 수용자들 사이에 냉소주의를 불러일으키고 기구에 대한 신뢰를 약화시키며 음모이론을 장려하고 사회에서 쐐기를 박는 것을 목표로 하고 있다. 국가 및 비국가로서 행위자들이 이념과 서술적 우위를 다투면서 정보 전파를 위한 디지털 통신 플랫폼 및 기타 수단에 대한 통제는 더욱 중요해질 것이다.

더 많은 절충을 강요하는 관계

이처럼 경쟁이 치열한 지정학적 환경에서 많은 국가는 다양한 관계, 특히 경제적 관계를 유지하는 것을 선호한다. 하지만 시간이 지나면서 중국, 러시아 및 기타 국가의 조치는 정치적·경제적·안보적 우선순위와 관계보다 더 냉혹한 선택을 제시할 수 있다. 일부 국가는 안보 우려와 무역·경제적 이해관계를 균형 있게 조정할 수 있는 유연성을 제공하는 느슨하고 보다 임시적인 합의와 파트너십에 끌릴 수 있다. 유럽과 아시아의 오랜 안보 동맹은 안보 위협에 대한 국내의 인식, 파트너 신뢰성에 대한 우려, 경제적 강요로 인해 점점 더 많은 압박을 받고 있다. 즉, 중국과 러시아가 계속해서 압박을 강화한다면 그들의 행동은 민주적이고 동질적인 동맹국들 사이가 다시 굳건해지거나 새로운 안보 관계를 형성할 수 있어 이견은 접어두게 될 것이다.

중국과 러시아는 상호 안보 얽힘을 피하면서 영향력을 행사하고 경제적·군사적 강압을 선택적으로 사용할 수 있는 거래 관계를 선호하기에 상호 간 및 대부분의 다른 국가들과의 공식적인 동맹을 계속 피할 것이다. 중국과 러시아는 시진핑과 푸틴이 집권하는 한 강력한 연대를 유지할 가능성이 높지만, 북극과 중앙아시아 일부 지역을 둘러싼 이견으로 향후 수년 동안 권력 격차가 심화되며 마찰이 커질 수 있다.

국제기구들을 약화시키는 다툼

유엔, 세계은행, 세계무역기구 등 수십 년간 서구가 주도하는 국제질서를 뒷받침해 온 많은 글로벌 정부간기구들이 정치적 교착상태에 처해 있으며, 초국가적 도전의 악화에 비해 역량의 감소 및 임시 연대와 지역 조직에 대한 국가의 선호도가 높아지고 있다. 이러한 조직의 대부분은 외교적 전쟁터로 남아 있고, 라이벌 강국에 의해 공동화되거나 소외될 가능성이 높다.

앞으로 이러한 글로벌 기구들은 기후변화, 이주, 경제위기를 포함한 초국가적 과제를 효과적으로 관리할 수 있는 역량이나 회원국들의 동의와 자원이 계속해서 부족할 것이다. 대부분의 경우 이러한 과제는 기구들의 원래 의무를 초과한다. 회원국들의 증가하는 재정문제는 기부금 감소로 이어질 수 있으며, 경직된 의사결정 구조와 고착된 이해관계는 제도 개혁과 적응 능력을 제한할 것이다. 이러한 기구들은 아마도 지역 이니셔티브 및 사하라 이남 아프리카의 전염병 대응, 아시아의 인프라 금융, 인공지능 및 생명공학 거버넌스 등과 같은 기타 거버넌스 조치와 병행해 협력할 것이다. 기존 국제기구의 향후 초점과 효율성은 기구를 개혁하고 자원을 제공하려는 회원국들의 정치적 의지와 신흥 강대국, 특히 중국과 인도에 대한 기존 강대국들의 수용 정도에 달려 있다. 국가들이 보호무역주의를 강화하고 라이벌 블록이 서로 대치하면서 세계무역기구는 협력 강화와 개방 무역을 촉진하는 미래의 역할과 능력에 대해 상당한 불확실성에 직면하게 될 것이다. 이와 대조적으로 국제통화기금의 고유한 역할과 국제통화기금의 조건부 및 부채 구조조정 지원에 대한 높은 수요는 국제통화기금의 범위를 벗어난 국가부채의 증가가 과제가 되겠지만, 국제 제도의 중심이 될 가능성이 매우 높다. 마찬가지로 바젤협정 및 인터넷엔지니어링 태스크포스와 같은 글로벌 금융·보험·기술 시스템을 규제하는 다중의 이해당사자 계약과 조직은 여전히 수요가 많을 가능성이 있다. 중국과 러시아가 서방 주도의 이니셔티브를 방해하고 자신들의 목표를 압박하면서 정부간기구들의 서구 리더십은 더욱 쇠퇴할 수 있다. 중국은 자국의 개발과 디지털 거버넌스 목표를 반영하고 인권 및 인프라 대출에 대한 비판을 완화하기 위해 기존의 국제기구를 재형성하려고 노력하는 동시에 일대일로, 아시아인프라투자은행, 상하이협력기구, 역내포괄적경제동반자협정을 포함하는 개발, 인프라 금융, 지역통합 추진을 위한 자체 대안을 구축하기 위해 노력하고 있다. 지난 5년 동안 모스크바는 화학물질에 대한 보호와 감시를 강화하기 위한 국제적인 노력을 약화하려 해왔으며, 국제형사경찰기구(Interpol)를 이용해 반대자들을 추격해 왔다.

많은 글로벌 다자간 기구들의 성과가 지속적으로 저조하기 때문에 일부 초점이 아프리카 사헬(Sahel)의 극단주의자들과 맞서기 위한 G5 사헬 합동군, 글로벌 백신 동맹, 그리고 채굴 산업에 대한 투명성을 높이기 위한 글로벌 이니셔티브와 같은 대체적·비공식적인 다자간 조치로 옮아갈 가능성이 있다. 이들 중 일부는 중요한 역량 격차를 해소할 가능성을 보여주지만, 그들의 장기적인 영향은 자원, 정치적 매수, 그리고 주요 강대국과 지역 강대국들의 리더십을 강화하는 데 달려 있을 것이다. 일부 지역은 특히 사하라 이남 아프리카, 유럽, 동남아시아는 지역 조직 강화와 통합을 위한 움직임이 지속될 가능성이 있는 반면에 다른 지역은 국가 간 분열이 지속되어 협력에 어려움을 겪을 가능성이 있다.

표준 전쟁

국제표준 협정은 시장의 불확실성을 줄이고 규범을 확립하며 새로운 기술의 출현을 지원한다. 표준 제정 기구의 회원 자격을 얻으려는 경쟁은 점점 더 치열해지고 있다. 주로 이러한 기구가 시장에 진입하는 방법과 기술, 그리고 그로 인해 어떤 기술 생산자가 이점을 얻는지에 미치는 영향으로 인해 그렇다. 국제표준은 오랫동안 미국과 그 동맹국들이 지배해

국제규범의 전망

다툼이 가장 적은 규범	지역적 변형을 겪을 가능성이 있는 규범	10년 안에 약화될 위험이 가장 높은 규범	초기 개발 단계의 규범
국가들이 널리 인정하며, 위반 시 광범위한 질책이 있음.	지역별로 허용되는 규범이 상이함.	적어도 한 개 강국이 반대해, 시행이 중단되거나 축소됨.	공인 또는 광범위한 합의가 이루어지지 않았고, 미래에 합의가 불투명함.
• 국가주권 • 영토 보전 • 대량 학살에 대한 국제 형사책임 • 군사쿠데타 금지 • 집단학살 금지 • 고문 금지 • 자위권 • 소년병	• 항해의 자유 • 지식재산권 • 디지털 프라이버시 • 보호 책임 • 성소수자 보호 • 우주 트래픽 관리와 인공위성 지구 복귀 • 환경보호 • 무력 충돌 시의 행동 • 아동 결혼	• 무기 통제와 비확산 • 시민 및 정치 인권 • 난민 수용 및 재정착 • 여성의 권리와 생식권 • 통상 개방 • 법치 • 민주제도	• 생명공학 • 인공지능 • 사이버 보안·분쟁 • 북극 접근과 자원 추출

왔으나, 이제 중국은 향후 10년 이상을 정의할 기술에 대한 표준을 수립하는 데 더 큰 역할을 하기 위해 공격적으로 움직이고 있다. 예컨대 국제표준 제정 기구는 생명공학 연구와 응용 분야의 미래 윤리 표준, 글로벌커뮤니케이션을 위한 인터페이스 표준, 지식재산 관리 표준을 결정하는데 중요한 역할을 할 것이다.

글로벌 규범 경쟁

인권 존중과 민주적 제도에서 전쟁 수행에 이르기까지 널리 공유되는 글로벌 규범을 홍보하고 형성하기 위해 광범위한 행위자들이 경쟁을 격화시킬 것이다. 포퓰리즘의 역풍을 겪은 일부 민주주의 국가들은 시민의 자유와 개인의 권리를 보호하는 규범의 옹호자로서의 오랜 역할에서 물러났다. 동시에 중국과 러시아가 이끄는 권위주의 강대국들은 자신들의 가치를 계속해서 강조하고 서구 중심적이라고 생각하는 규범, 특히 인권을 보호하기 위해 회원국의 국내문제에 개입하는 예외처럼 냉전이 끝난 뒤에 통용된 규범을 밀어내면서 견인력을 얻었다.

향후 20년 동안 이 경쟁은 이미 확립된 많은 규범을 준수하고 사이버, 우주, 해저, 북극을 포함하는 새로운 영역에서 행동을 통제할 새로운 규범을 개발하기 더 어렵게 만들 것이다. 기존의 기구와 규범은 생명공학·사이버·환경 대응처럼 진화하는 영역과 우주에서 활동하는 새로운 행위자의 증가를 위해 설계되지 않았다. 많은 규범 설정 노력은 합의 기반의 보편적 회원제 기구에서 더 작고 지역 주도적인 이니셔티브를 포함해 글로벌이 아닌 형식으로 바뀔 수 있다. 대안적으로 국가들이 일방적 행동의 증가하는 위험을 집단적으로 인식하거나 점점 더 강력해지는 비국가행위자들이, 특히 신흥 기술의 사용과 관련해 새로운 지침에 비중을 두는 경우 새로운 규범은 탄력을 받을 수 있다.

국가 간 분쟁 위험의 증대

이처럼 경쟁이 치열한 글로벌 환경에서 기술 발전과 목표 범위 확대, 더 다양한 행위자, 더욱 어려운 억지 역학 관계, 허용 가능한 사용에 대한 조약과 규범의 약화나 간극 때문에 국가 간 분쟁의 위험이 높아질 가능성이 있다. 강대국들의 군부는 자원과 인명에 엄청난 비용이 드는 고강도 분쟁을, 특히 전면전을 피하기 위해 노력할 가능성이 있다. 하지만 핵심 쟁점에 대한 오산이나 타협의 의사가 없어 이 같은 분쟁이 불거질 위험은 더 커질 것으로 보인다.

강대국 간의 경쟁 격화로 동적 분쟁 가능성의 증대

지정학적 추세와 기술변화로 인해 2040년까지 강대국의 동적(kinetic) 분쟁 위험이 증가하고 있다. 비(非)동적 행동은 취약해진 규칙, 더 빠른 참여 속도, 더 혼탁한 정보 환경, 새로운 기술로 인해 주요 강대국 간의 적극적인 총격전으로 확대될 수 있다.

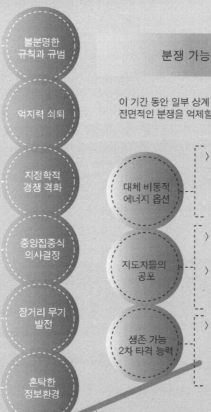

강대국 간의 분쟁 가능성 증가 요인

- 무기 통제의 기본틀 침식
- 기구 약화

불분명한 규칙과 규범

억지력 쇠퇴

- 패권 안보 쇠퇴와 경제적 상호 의존
- 내셔널리즘 증가

지정학적 경쟁 격화

- 민주적 거버넌스의 쇠퇴와 권위주의적·개인주의적 통치

중앙집중식 의사결정

- 기술변화와 가속화되는 전투 속도
- 인공지능 의사결정

장거리 무기 발전

- 잘못된 정보와 역정보 객관적 진실을 압도하거나 왜곡

혼탁한 정보환경

분쟁 가능성의 축소 요인

이 기간 동안 일부 상계 요인은 전면적인 분쟁을 억제할 것이다.

대체 비동적 에너지 옵션

- 사이버 공격, 정보 공작, 경제 억압 및 무력의 정밀 사용은 전략적 효과를 발생시킬 수 있는 반면에 전통적인 무력 분쟁 비용을 회피

지도자들의 공포

- 엄청난 경제적·인도적·정치적 피해와 붕괴에 대한 지도자들의 우려
- 지도자들의 통제 불가능한 에스컬레이션 역학에 대한 우려와 보복을 저지할 수 있는 자신감 부족

생존 가능 2차 타격 능력

- 주요 기술 변화가 없으면 강력한 핵무기는 억지력을 그대로 유지할 것임. 핵전쟁은 승리할 수 없고 엄청나게 비용이 많이 듦.

분쟁의 스펙트럼

이 그래픽은 비폭력에서 전략무기까지 분쟁 수준의 증대를 보여준다.

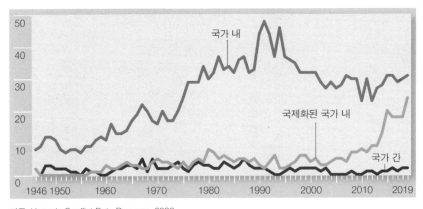

비(非)동적	하이브리드/매개	재래식/전략적
정보 작전 (중요하지 않은 인프라에 대한) 사이버 작전	비정규군 (반란군, 대리인, 테러리스트, 사설 군사회사, 해상 민병대)	정규군 출항 금지/봉쇄 귀속 가능 무기 플랫폼
경제적 억압 연습/테스트 협박/뇌물 정보 수집	동적 방해 행위 (일부 중요한 인프라에 대한) 사이버 공격 전자기 스펙트럼 방해 암살	(전략적 지휘 통제, 금융 시스템에 대한) 재앙적 사이버 공격 핵무기와 기타 대량파괴무기

활동 예

국가 내부 대 국가 간의 분쟁 추세

수십 년간 국가 간 분쟁이 빈발한 뒤에 지역·국제 강대국들이 서로 다른 측을 지지하고 군대와 물질을 직접 지원하는 형태의 내부 갈등과 내전이 점점 더 국제적인 차원을 차지하고 있다. 이러한 분쟁은 특히 전투원들이 새로운 기술이나 기법을 사용하면서 더욱 직접적이고 중대한 권력 충돌로 번질 수 있다. 이 그래픽은 다른 국가의 간섭이 없는 국가 내 충돌과 국제화된 국가 내 충돌을 구분한다. 이 그림에서 적어도 한쪽은 분쟁에 적극적으로 참여하는 다른 정부로부터 직접적인 지원을 받는다.

분쟁 발생 건수, 1946~2019

자료: Uppsala Conflict Data Program, 2020.

변화하는 분쟁의 성격

극초음속과 인공지능을 포함하는 빠르게 발전하는 기술은 새롭거나 강화된 무기 체계를 만들면서 군사·민간 역량, 국내 인프라, 금융시스템, 사이버·컴퓨터 네트워크를 포함하는 다양한 잠재적 목표물을 제공하고 있다. 이러한 기술은 국가들에게 운동에너지의 공격 수준 이하로 떨어지는 강압적인 도구들을 더 폭넓게 제공할 것이며, 많은 국가들이 직접적인 폭력의 정치적·경제적·인적 비용을 회피하고 적대감을 선언하는 동시에 전략적 효과를 달성하는 수단으로 선호할 가능성이 있다. 그 결과 첨예화된 경쟁과 분쟁의 차이를 더욱 모호하게 만들 수 있으며, 각 단계의 상승 사다리에서 국가들이 패권을 확립할 동기를 높일 것이다.

향상된 센서, 자동화, 인공지능, 극초음속 기능과 다른 첨단기술들은 더욱 향상된 정확성, 속도, 범위, 파괴력을 가진 무기를 생산해 향후 20년 동안 분쟁의 성격을 바꿀 것이다. 비록 선진국 군대가 이러한 첨단 능력에 접근을 더 많이 하겠지만, 일부 무기는 소국과 비국가행위자들이 접근할 수 있는 범위 내에 들어올 가능성이 있다. 시간이 지나면서 이러한 시스템의 증산과 확산은 더 많은 민간·군사 시스템을 취약하게 만들고, 상승 위험을 높이며, 억지력을 약화시키고, 전투가 더 결정적인 것은 아니지만 잠재적으로 더 치명적이 되게 만들 수 있다. 주요 강대국들 간의 대규모 충돌이 장기화될 때 일부 첨단 군사기술은 고급 시스템을 신속하게 대체하기 어렵고 비용이 많이 들고 파괴되거나 군수품의 경우 전투에 투입되기 때문에 전장에 미치는 영향이 줄어들기 시작할 수 있다. 첨단 센서와 무기는 반란군을 식별하고 목표로 하는 반격 활동에 도움이 될 것이지만, 이러한 시스템은 이미 그러한 분쟁의 비대칭적인 성격을 감안할 때 결정적인 결과를 얻기에는 충분하지 않을 수 있다.

강대국 경쟁의 우위, 특히 전쟁터에서의 우위는 정보 활용과 보호,

군사력 연결에 점점 더 의존할 수 있다. 교전국은 적의 컴퓨터 네트워크, 중요 인프라, 전자기 주파수, 금융시스템, 우주 자산을 목표로 삼아 통신을 위협하고 경고 기능을 저해할 가능성이 점점 높아지고 있다. 관찰 센서의 숫자와 품질은 정보를 이해하고 사용하는 데 어려움이 있을 때 증가할 것이다. 일부 정부는 규모에 따라 보다 정확하게 경쟁 상대에 대한 정보를 조작할 수 있을 것이다.

센서와 연결이 증가하면 군대와 정부는 사이버·전자기 공격에 더욱 취약해질 것이다. 다른 무기와 연계한 사이버 무기, 교리와 절차의 개발은 향후 20년 동안 상당히 성숙해져 사이버 분쟁의 결과를 증가시킬 것이다. 네트워크와 중요한 전쟁 자산을 분산시키고, 의사결정 과정을 단축하며, 모든 수준에서 중복성을 구축할 수 있는 국가는 향후 분쟁에 더 잘 대처할 수 있을 것이다.

'적어도 한 명의 참가자가 상당한 피해를 입거나 피해를 입은 두 명 이상의 적군 간의 직접적인 교전'으로 정의되는 국가 간 동적 충돌은 이전보다 빠르게 증가하고, 경고를 덜 받으며, 대응 시간을 단축하고, 위임이나 특정한 의사결정을 자동화할 수 있다. 저렴한 센서와 데이터 분석으로 2040년까지 실시간 탐지와 처리에 혁명을 일으킬 수 있다. 하지만 많은 군대는 인공지능과 기타 알고리즘의 의사결정 지원 없이 정책 입안자를 위한 의미를 추출하고 선택지를 작성하는 데 여전히 어려움을 겪을 것이다. 이렇게 속도가 빨라지면 계산 착오나 실수가 전면적인 위험으로 격상될 가능성이 높아질 수 있다.

추가 플레이어들

일부 국가 대 국가 분쟁이나 국제분쟁에의 개입은 정부가 공격 수행에 대한 위험과 비용을 줄이려고 하기 때문에 더 많은 무장 대리인, 민간

핵확산 가능성의 증가 또는 핵의 사용

핵확산과 잠재적인 핵 사용은 경쟁적인 지정학적 환경에서 더 가능성이 높다. 기술 발전과 전달 시스템의 다양화, 무기통제의 불확실성, 핵기술과 관련된 지식과 기술의 확산은 위험을 가중시킨다.

핵무기 보유를 선언한 국가들은 무기를 추가하거나 개량하고 있다. 중국과 러시아는 미사일, 잠수함, 폭격기, 극초음속 무기들을 포함한 새로운 투발(投發) 수단에 투자하고 있다. 이러한 국가들은 전장용 플랫폼에서 사용하기 위한 점점 더 정확하며 저위력의 핵무기를 계속 보유할 가능성이 있다. 이는 국가들이 대규모 핵 교환과 '제한된 사용' 시나리오를 구별하는 원칙을 가지고 더 많은 경우에 핵 사용을 고려하도록 권장할 수 있다.

학술 연구에 따르면 많은 지역, 특히 중동과 아시아에서 인식된 외부 안보 위협이 증가하고 있으며, 이는 핵무기 개발 결정의 핵심 요소다. 안전보장, 확장 억지, 지역적 압박 강화에 대한 의문이 증가하면서 일부 선진국들은 자체 프로그램을 획득하거나 구축을 초래할 수 있다.

군사 회사, 해커, 테러 조직을 포함할 가능성이 있다. 대리인과 민간기업은 전문 단위의 훈련·설비·유지 비용을 절감하고 인구 감소국에 인력을 제공할 수 있다. 이들 중 일부는 더 작은 흔적과 비대칭 기술로 목표를 더 빨리 달성할 수 있다. 러시아와 터키는 각각 리비아 분쟁과 시리아 분쟁에서 민간기업과 대리인단을 활용했다. 민간기업들은 아프가니스탄과 이라크 등지에서 연합군을 위해 광범위한 물류 등 서비스를 제공해 왔다.

더욱 어려운 억지

비동적·비전통적 무기, 새로운 개척자, 더 많은 플레이어의 등장은

테러리즘의 미래: 다양한 행위자들, 국제적 노력의 약화

테러단체들은 사회적 분열과 약한 거버넌스를 이용해 그들의 이념을 밀어붙이고 폭력을 통해 권력을 얻을 것이다. 향후 20년 동안 지역과 국가의 분쟁, 인구학적 압력, 환경 파괴, 민주주의의 후퇴에 따라 테러리스트들이 지지자들을 얻기 위해 오랫동안 이용해 온 정치적·경제적·사회적 불만을 악화시키고 조직화, 훈련, 음모를 꾸밀 안전한 피난처를 얻을 가능성이 있다. 강도와 효과가 다른 지역과 국가에 걸쳐 고르지 않은 이러한 촉진제는 농촌에서 도시로의 국제 이주를 촉진해 국가 자원을 더 압박하고 세계적·지역적 대테러 노력을 약화시킬 것이다.

- 글로벌 지하드 단체는 가장 크고 가장 지속적인 초국가적 위협일 뿐만 아니라 자국에서도 위협이 될 가능성이 높다. 그들은 강력한 조직구조와 특히 아프리카, 중동, 남아시아에서 통치되지 않거나 제대로 통치되지 않는 영토의 넓은 영역을 활용하는 능력과 천년왕국의 미래를 약속하는 일관된 이데올로기에서 이익을 얻고 있다.
- 예컨대 인종주의, 환경주의, 반정부 극단주의와 같은 다양한 문제를 조장하는 극단적인 '우파'와 '좌파' 테러리스트들이 유럽, 라틴아메리카, 북아메리카와 기타 지역에서 부활할 수 있다.
- 반란 단체와 종파적 분쟁(종족 내셔널리즘이나 공동체의 대의명분을 중심으로 증가한다)도 계속해서 테러리즘을 조장할 것이다. 어떤 단체는 패배하고 다른 단체는 권력을 장악하는 데 성공해 커지고 또 쇠퇴할 것이다. 일부 단체는 초국가적 공격을 수행하고 국경을 초월한 연결을 유지하기를 열망하지만, 대부분의 공격은 지역 목표의 달성을 겨냥한 지역 표적에 대해 지역 행위자가 계속해서 수행할 것이다.
- 이란과 레바논의 헤즈볼라가 시아파 '저항의 축'을 공고히 하려는 노력은 미국, 이스라엘, 사우디아라비아 등 중동 지역의 이익에 대한 비대칭 공격의 위협을 가중시킬 수도 있다.

테러리스트 및 대테러 부대를 위한 기술 진화 전술

향후 20년 동안 대부분의 테러 공격에서는 아마도 현재 사용 가능한 무기와 유사한 무기(가령 소형 무기나 급조폭발물)가 일반적으로 양이 많고 접근이 쉽고 신뢰할 수 있기 때문에 계속 사용될 것이다. 하지만 인공지능, 생명공학, 사물인터넷 등 기술 발전은 테러리스트들이 새로운 원격 공격 방법을 개발하고 국경을 넘어 협력해 공격할 강력한 기회를 제공할 것이다. 테러리스트들은 또한 대량살상무기 및 기타 무기와 대규모 사상자를 내는 공격 수행 방식을 모색할 것이다. 예컨대 이라크와 시리아에서 이슬람국가(Islamic State: IS)는 겨자가스 공격을 개시했으며, 이란의 지원을 받는 시아파 무장단체들은 무인항공기를 광범위하게 사용하고 있다. 인공지능 시스템을 이용해 조종하는 자율 배송 차량은 테러리스트 한 명이 동시에 수십 개의 표적을 타격할 수 있게 한다. 증강현실 환경은 또한 가상 테러리스트 훈련 캠프를 가능하게 만들어 원격지 은신처에 숨어 있는 경험 있는 음모자(plotter)가 잠재적인 요원과 접촉할 수 있다.

감시 능력을 확장하는 기술 혁신은 정부가 열악한 거버넌스로 어려움이 있더라도 테러리스트를 퇴치하는 데 도움이 될 것이다. 정부는 정보 수집의 양과 종류를 늘리고 데이터를 분류·정리하는 도구도 계속해서 대폭 확장할 것이다. 생체인식, 데이터마이닝, 풀 모션 비디오 분석, 메타데이터 분석의 발전으로 정부는 테러리스트와 음모를 식별할 수 있는 향상된 기능을 제공할 것이다. 정밀 장거리 타격 능력 개발로 경찰이나 보병이 접근할 수 없는 테러리스트의 피난처를 파괴할 수 있다.

지정학적 대테러 구조 개편

변화하는 국제 권력 역학 관계, 특히 중국의 부상과 강대국의 경쟁은 미국 주도의 대테러 노력에 도전할 것이다. 그리고 새로운 분쟁지역에 테러리스트 진입 방지에 핵심적인 여행자 정보 수집과 공유에 대한 정부 간 양자 또는 다자간 협력 구축이 점점 더 어려워질 수 있다. 가난한 나라는 아마도 자생적인 위협으로 곤란을 겪을 것이다. 특히 국제 대테러 지원이 부족하다면 더욱 그러할 것이다. 테러리스트들이 활동하는 반란 등의 실존적 위협에 직면한 일부 국가는 테러리스트가 자국 내에서 자유롭게 조직할 수 있도록 하는 불가침협정을 맺는 수도 있고, 다른 국가는 자국 영토의 상당 부분을 테러 통치에 복종하도록 강요받을 수 있다.

억지 패러다임을 복잡하게 만들고 에스컬레이션 레드라인을 흐리게 할 가능성이 있다. 억지 전략은 상대방이 특정한 행동을 하지 않도록 설득하기 위해 해악을 입힐 가능성에 의존한다. 이러한 전략은 항상 핵전쟁을 벗어나서 지속하기 어려웠으며, 새로운 형태의 공격(가령 사이버·정보 작전)이 문제에 추가될 것이다. 문제를 더욱 복잡하게 하는 것은 다수 국가에 재래식 무기, 대량살상무기, 비대칭무기를 포함하는 새로운 군사 역량의 사용을 인도하고, 억지에 대한 고유한 이해를 위한 명확한 교리가 없다는 점이다. 재래식 무기와 극초음속 무기의 발전, 탄도미사일 방어, 로봇공학과 자동화시스템, 정보, 감시·정찰 네트워크, 장거리 대함미사일은 거의 확실하게 억지력 계산을 더욱 복잡하게 만들고 비대칭적인 보복으로 이어질 수 있다. 지도자들은 기습 공격으로 첨단무기를 잃지 않도록 위기 상황에서 선제공격을 해야 한다고 판단할 수 있다.

벼랑 끝에 내몰린 무기통제와 조약

무기 사용과 전쟁 행위를 규율하는 기존의 규범과 조약이 점점 더 논쟁이 되고 있으며 새로운 이해가 기술 혁신에 뒤처지고 있다. 국경의 비침해성, 암살, 화학무기와 같은 금지된 특정 무기의 사용에 관한 규칙과 규범을 반복적으로 위반한 행위자들이 처벌받지 않으면서 이들은 비용편익을 비교해 위반을 저지르는 것이 이익이라고 판단하는 쪽으로 바뀌고 있다. 재개된 경쟁, 부정행위 혐의, 여러 주요 협정의 중단이나 비갱신은 전략적 무기통제를 약화시킬 가능성이 있다.

이와 같은 이유와 함께 이러한 무기를 보유한 행위자의 수가 증가하기 때문에 특정 무기에 대한 새로운 조약과 규범에 대한 합의에 도달하는 것은 더욱 어려워질 것이다. 전략적 영향을 미치는 것으로 간주되는 무기는 재래식 무기의 능력이 향상되고 국가 지도층이 위험에 처할 수 있는 장거리 정밀 타격과 같은 새로운 능력이 강력한 효과를 제공하면서 더 이상 핵무기에 국한되지 않을 것이다. 각국은 인공지능과 기타 기술의 파괴적·안보적 측면을 제한하는 것에 합의하는 데 어려움을 겪을 것이다. 그 이유는 정의상의 차이, 이중 용도의 상용 애플리케이션, 새로운 시스템 개발을 위한 상업적 및 종종 국제적인 주체에 대한 의존성 때문이다. 그러한 규칙과 집행 메커니즘에 대한 인센티브는 시간이 지나면서 나타날 수 있으며, 특히 제한 없는 무기 개발의 큰 위험과 비용을 보여주는 위기가 전개되는 경우 더욱 그렇다.

2040년 시나리오

SCENARIOS
FOR 2040

불확실성 속에서 미래를 설계하다

CHARTING THE FUTURE AMID UNCERTAINTY

앞 장에서는 주요 핵심 세력이 민주주의, 환경, 경제, 기술을 포함한 인류의 미래 세계를 위한 기초를 어떻게 마련하고 있는지에 대해 설명했다. 그리고 지역 사회와 지도자들이 사회, 국가, 국제적 시스템 안에서 주류 세력에 참여하며 어떻게 역동성을 발휘하는지를 탐구했다. 앞 장에서는 현재 세계가 점점 균형을 잃어가고 있으며, 모든 차원에서 치열하게 경쟁하는 세계가 되어간다고 묘사하고 있지만, 인류가 앞으로도 이러한 궤적으로 나간다고 확정적으로 말할 수는 없다.

향후 20년 동안 우리는 인류를 둘러싸고 있는 조건들이 어떻게 다르게 작용하는지를 더 잘 이해하기 위해 가능한 범위에서 미래 세계를 예측하는 시나리오를 개발했다.

먼저 시나리오를 만드는 데 도움이 되도록 세 가지 질문을 설정했다.

- 다가오는 전 세계적 도전은 얼마나 심각한가?
- 국가와 비국가행위자들은 어디에 초점을 맞추고 어떤 유형으로 개입하는지 등을 포함해 세상에 어떻게 참여하는가?
- 마지막으로 개별 국가들은 미래를 위해 무엇을 우선으로 삼아야 하는가?

이러한 질문을 토대로 미래에 대한 그럴듯하고 독특하며 예시적인 다섯 가지 시나리오를 제시한다.

이들 시나리오는 각각 전 세계적 과제, 분열, 불균형, 적응, 더 치열한 다툼이라는 핵심 주제를 공유하고 있다. 이들 가운데 세 가지는 미래에 더욱 심각해지는 전 세계적인 도전을 설명한다. **민주주의 르네상스**(Renaissance of Democracies) 시나리오에서 미국은 민주주의의 부활을 주도하는 나라로 묘사된다. **표류하는 세계**(A World Adrift) 시나리오에서 중국은 주도 국가이지만 세계를 주도하는 나라로 묘사되지 않았다. **경쟁적 공존**(Competitive Coexistence) 시나리오에서 미국과 중국은 두 갈래로 갈라진 세계의 주도권을 놓고 번영하면서 경쟁하는 나라로 설명된다.

나머지 두 시나리오는 보다 급진적인 변화상을 묘사한다. 둘 다 특히 심각한 글로벌 불연속성에서 발생하며, 현재의 글로벌 체제를 토대로 하는 추정과는 어긋나는 시나리오다. 미국과 중국의 대결은 두 시나리오에서 덜 중심적이다. 두 나라는 미·중 대결보다 더 크고 더 심각한 세계적 과제에 대응해야 한다. 현재 구조로는 세계적 과제를 해결할 수 없다는 사실 때문이다.

몇 블록으로 **분열된 세계**(Separate Silos) 시나리오에서는 세계화가 무너지고, 점증하는 위협으로부터 각각 자기 나라를 보호하기 위해 경제·안보 블록을 형성하는 세계의 모습을 묘사한다. **비극과 이동성**(Tragedy and Mobilization) 시나리오에서는 황폐화된 지구환경 위기에 대응해 상향식 및 혁명적 변화의 시나리오를 제시한다.

시나리오 1

민주주의 르네상스

2040년의 세계는 개방된 민주주의가 만개하는 시절로 묘사된다. 미국과 그 동맹국들이 이끄는 민주주의는 르네상스 시대를 맞이할 것이며, 미국을 비롯한 여타 민주적 국가들은 민관 협력으로 급속한 기술 발전을 이루면서 경제를 향상시키고 국민들의 수입을 증대시킨다. 지속적인 경제성장과 기술적 성취로 인해 인류는 세계적인 과제에 적절히 대응하며, 사회적 분열을 완화하고, 민주적으로 수립된 기관들에 대한 대중의 신뢰가 쌓여 간다. 이와는 대조적으로 중국과 러시아에서는 다른 상황이 펼쳐진다. 수십 년간의 사회적 통제와 감시로 인해 혁신이 억제되고, 그에 따라 선도적인 주류 과학자들과 기업인들이 미국과 유럽으로 망명을 요청한다.

인류가 걸어온 길

2020~2021년 사이에 인류는 코로나19 백신의 개발과 전 세계적인 배급에 성공했다. 이는 새로운 세계적인 과제를 해결하기 위한 과학 연구와 혁신, 기술 개발의 중요성을 증폭시키는 계기가 되었다. 경제협력개발기구 국가들은 연구기관, 정부기관, 비정부기구, 민간기업 간의 네트워크

를 더욱 밀접하게 했고 정보 공유를 보다 촉진시켰다. 이로 인해 인류는 인공지능과 생명공학을 비롯한 여타 기술에 초점을 맞춘 연구 개발에 보다 조화롭게 접근할 수 있었다. 인공지능 등의 기술은 다시 경제를 활성화시켰고 사회적 필요에 대처하는 데 매우 중요한 역할을 수행했다. 이후 10년 동안에 이러한 노력들은 생산력을 높이고 경제 호황을 이끌며 일련의 획기적인 경제발전을 이끌어냈다. 기술 발전과 경제성장이 결합되어 정부 역량을 향상시켰으며, 이러한 민주 정부는 대국민 서비스를 강화하면서 보다 효과적으로 안정을 제공할 수 있었다.

이 민주국가들은 더 많은 자원 투입과 서비스 개선을 통해 부패를 대폭 줄이고, 투명성을 높였으며, 전 세계적인 책임을 분담하고, 대중적인 신뢰를 증진시키기 위한 계획에 착수했다. 이러한 노력은 지난 수십 년간의 사회 분열을 반전시키고 시민 내셔널리즘을 회복하는 데 큰 보탬이 되었다. 급속한 혁신, 보다 강력해진 경제력, 사회적 응집력은 기후를 비롯한 여타 글로벌 과제를 지속적으로 해결할 수 있도록 했다. 이러한 민주주의적 사회는 잘못된 정보에 대응하는 보다 탄력적인 사회가 되었다. 잘못된 정보를 신속하게 파악하고 제거하는 것은 보다 증대된 대중 의식과 교육 계획에서 비롯되었다. 이러한 지식 환경은 가치, 목표, 정책에 대해 활발하면서도 건전한 시민의 논쟁 문화를 회복시켰다.

민주적 개방 사회의 전반적인 특징인 협업 문화와 달리 러시아와 중국은 지속적인 혁신을 유지하는 데 필요한 첨단 인재 양성과 투자 환경을 조성하는 데 실패했다. 중국의 경우 2022년 홍콩에 대한 완전한 억압을 시작으로 이후 10년 동안 더 강한 디지털 탄압이 시작되었고, 모든 표현의 자유가 제한되었다. 그들은 전략적으로 군사 강국을 유지하고 있지만, 그 대신에 두 나라 모두 국내에서 점증하는 압력으로 수렁에 빠졌다. 중국의 경우 인구 고령화와 공공 및 민간의 높은 부채, 비효율적인 국가 주도의 경제모델로 인해 소비 경제로의 전환이 가로 막혔다. 2029년까지 중국은 중진국 함정에 갇혀 있었고, 국민들은 개도국 가운데 고립된 국민으로 남았다. 러시아는 노동력의 침체, 에너지 수출에 대한 과잉 의존, 푸틴 이후의 엘리트들 간의 내분으로 침체되었다.

2030년대 중반까지 미국, 유럽, 아시아의 동맹국들은 인공지능, 로봇공학, 사물인터넷, 생명공학, 에너지 저장, 적층 제조업을 포함하는 각 분야에서 확실한 글로벌리더가 되었다. 민주주의 국가들은 개방사회에서 심각한 분열을 야기했던 잘못된 정보를 차단하고, 첨단기술의 부정적인 결과를 제한하기 위해 국제표준을 마련하는 데 힘을 합쳤다. 이 같은 다자간 협력은 사이버 보안, 기후 급변의 경감을 비롯해 해저, 북극, 우주를 관리하는 규칙의 제정 등 여타 분야로 확대되었다.

민주국가들의 기술적인 성취로 인해 신흥국과 개도국들 사이에서 민주주의가 더 적응력이 있고 회복력이 있으며 점증하는 세계적 문제에 더 잘 대처할 수 있다는 인식이 널리 조성되었다. 중국이 수십 년간 개도국들에 약속한 것들은 이행되지 않는 가운데 브라질, 인도네시아, 인도, 나이지리아를 포함한 인구 대국들 가운데 일부에서 민주주의를 완전히 수용해야 한다는 내부적 압력에 직면했다. 이 가운데 일부 국가에서는 선진국의 기술이 급속히 확산되면서 교육·직업 기술이 예상보다 빠르게 개선되었고, 코로나19 사태 기간 동안에 개발된 원격 학습 플랫폼을 구축할 수 있었다. 중국의 국력 상승이 더 이상 지속되지 않을 것으로 예측되자 주요 국가들과 글로벌 투자자들은 민간 부문과 혁신 시스템에서 강력하며 더 빠르게 성장하는 경제체제로 눈을 돌렸다. 결과적으로 볼 때 중국은 독재정권의 이식을 시도했지만 민주 동맹국들의 힘에 의해 실패했다. 러시아는 소련이 해체된 뒤에 반(反)북대서양조약기구에 가입한 과거 소연방 국가들 중에 몇 나라에 대해 러시아인 소수민족 문제에 개입하겠다고 위협했다. 이는 러시아가 처한 심각한 국내문제에서 국민들의 관심을 딴 곳으로 돌리려는 필사적인 마지막 시도로 보였다. 이러한 러시아에 대한 인식이 국제적으로 널리 퍼졌다. 중국은 남중국해에서 위협적인 행동을 거듭했다. 중국과 러시아 둘 다 직접적인 무력 행동은 피하면서 미국에 대항하기 위해 비대칭무기 시스템과 역정보 기술에 투자했다.

주요 요점

▶ 개방적이고 민주적인 제도는 과학 연구와 기술 혁신을 촉진할 수 있는 더 나은 체제로 판명되었고 경제 호황을 가속시켰다. 강력한 경제성장은 민주주의 체제가 수많은 국내의 요구를 충족시키며 글로벌 문제를 해결하고 경쟁 상대에 제대로 대처하도록 만들었다.

▶ 더 나은 대국민 서비스 제공과 반부패 노력의 결합은 정부기관에 대한 대중의 신뢰를 회복하고 결국 분열된 사회를 극복하는 데 도움이 되었다. 대중의 선호도와 신념에서 큰 차이가 존재했지만 이것들은 민주적으로 해결되었다.

▶ 미국의 리더십은 다자간 조정의 중심이라는 가설이 증명되었고, 미국은 확고한 동맹과 국제기구를 토대로 삼아 글로벌 문제의 해결에 초점을 맞추었다. 기술 혁신과 경제성장에 의해 촉발된 유럽연합과 영국의 부활은 보다 큰 성공의 열쇠였다.

▶ 시간이 지나면서 잔혹한 억압, 경제성장의 정체, 노령인구의 증가에 따른 인구 압력은 중국과 러시아의 강고한 권위주의 정권을 약화시켰다. 이로 인해 두 나라는 더욱 예측하기 어려운 호전적인 이웃이 되었다.

표류하는 세계

2040년 국제 체제는 방향성이 없고 혼란하며 불안정해진다. 중국과 같은 지역 패권국, 또는 지역 강대국이나 비국가행위자들은 국제 규칙과 제도들을 더욱 무시할 것이다. 경제협력개발기구 국가들은 경제성장의 둔화, 사회 분열의 확대, 정치적 마비 등으로 골머리를 앓고 있다. 아시아에서 서구가 영향력을 확대하는 데 어려움을 겪는 사이에 특히 중국이 영향력 확대를 노리고 있다. 한편으로 글로벌 리더십에 대한 의지가 부족한데다 군사력이 부족하다는 이유를 들어 기후변화나 개도국의 불안정 같은 수많은 글로벌 문제 해결에는 나서지 않았다.

인류가 걸어온 길

선진국과 신흥 부국 중 상당수는 효과가 늦고 비효율적인 백신 개발로 인해 코로나19 팬데믹의 장기화 충격에서 완전히 회복하지 못했다. 2020년대 후반까지 높은 국가부채, 인구 고령화로 인한 돌봄 비용, 반복적인 기후 사태로 인해 정부 예산은 크게 위축되었다. 이는 교육, 인프라 구조, 과학 연구 개발 등 우선적으로 지출해야 할 부문에 대한 예산 배정을 어렵게 만들었다. 환경·건강·경제 위기는 10여 년 동안 점차적으로 그리고 산발적으로 나타났다. 따라서 각국 정부는 자원 배분에 크게 제약을 받으면서 비상사태 구호 및 단기 경제 부양책 이상의 근본적 조치를 취할 수 없었다. 경제적 어려움은 사회적 분열을 확대시켰고 국내외의 안보 우선순위에 대한 정치적 타협을 어렵게 만들었다.

많은 나라에서 국민들의 좌절과 항의가 증폭되었지만 분열되고 경직된 반대 운동으로 인해 대중이 바라는 명확한 요구와 목표에는 도달할 수 없었다. 소셜미디어가 초래한 양극화된 사회는 더 많은 정치적 교착 상태와 변덕스러운 정책을 가져왔다. 주로 민주주의 국가에서 나타나는 이러한 분절된 공동체는 경제·환경·이주·외교 정책에서 효과적인 조치를 취할 수 없도록 만들었다. 위기의 한가운데에서 불확실성과 정부의 변덕스러운 대응으로 투자와 일자리 창출은 억제되었다. 북아메리카와 유럽은 1990년대 일본의 잃어버린 10년과 마찬가지로 성장 부진 상태에 빠졌다. 개도국들은 침체를 겪으면서, 특히 아프리카와 중동의 일부 국가들은 중국 쪽으로 기울었는데 일부 국가들은 그마저 실패했다. 그 시기 테러부터 인간 개발의 감축에 이르기까지 국제적인 난제들이 곪아 터져 비참한 이민자들을 양산했다. 급증한 이민자들의 물결은 분쟁, 환경 재해, 경제난 등을 피해 유럽, 아시아, 북아메리카의 부유한 나라로 유입되었다.

이 시절 동안 중국은 선진국과 같은 환경적·사회적 문제를 겪었지만 잘 견뎌냈다. 중국은 서구에 비해 더 강력한 사회적 응집력과 신뢰가 내재되어 있었다. 이는 중앙집권화된 권위로부터 나오는 민첩한 방향성, 일자리와 상품과 서비스를 제공할 수 있는 검증된 능력, 반대 목소리를 용인하지 않는 정치제도에서 유래한 것이다. 내수에서도 1990년대와 2000년대 호황기와 비교하면 다소 적은 수준이지만, 2030년까지 미국을 제치고 세계 1위의 경제 대국이 될 정도의 GDP를 창출했다. 이를테면 기후변화로 인한 쓰나미 등 재해를 막을 목적으로 건설한 상하이의 거대한 차수벽은 세계의 부러움을 샀다. 같은 종류의 인프라 건설 프로그램, 꾸준한 외국인 투자와 원조는 중국이 개도국에 영향력을 확보하는 데 도움이 되었다. 이러한 이점에도 불구하고 중국은 국내외에서 인지된 안보 위협에 계속 초점을 맞추었다. 중국은 주변국에서 벌어지는 국제적인 분쟁에 얽혀들거나 지도력을 발휘하는 것을 경계했다. 중국은 새로운 글로벌 질서를 만들어내기보다는 산업 진흥과 기술표준을 설정하는 데 주력했다.

많은 국가들이 중국의 거대한 시장에서 이익을 얻고, 자국 내 감시·보안 시스템 구축에 도움을 받는 등 여타 이익을 챙기는 것에 만족했다. 그러나 중국 주도의 국제질서하에서 살고 싶어 하는 사람은 거의 없었다. 미국은 이 지역의 동맹국들과 유대를 보존하려고 했지만, 일본과 한국은 핵무기 프로그램을 포함해 점차 독립적인 군사 근대화 프로그램을 추구했다. 이는 중국과 북한의 위협에 대해 미국이 제공하는 안보 우산을 일부 신뢰할 수 없기 때문이었다.

2035년에 이르러 아시아에서 중국의 지위는 확고해졌고, 특히 대만 정부를 통일 협상의 테이블로 끌어내는 데 성공한 이후에 더욱 공고해졌다. 중국의 경제적·군사적 승리는 이 지역에 전환점이 되었고 미국의 동맹국들에게 중국의 능력이 위협적이라는 사실을 알렸다. 중국의 이웃 나라들은 중국인민해방군이 지역 분쟁에 개입할 수도 있다고 우려하게 되었다. 중국 주변의 어떤 나라도 중국의 부상에 도전할 수준에 있지 않다. 러시아는 일반적으로 중국과 제휴했지만 그리 밀접한 파트너는 아니었다. 인도는 비록 아시아에서 큰 성장을 했을지라도, 더 자유롭고 더 강력한 이웃으로 자리매김하기까지 시간이 더 걸릴 것이다.

주요 요점

▶ 2040년 무렵 세계는 국제적 행동 규칙이 더 이상 지켜지지 않고, 글로벌 협력이 제한적이며, 과학기술이 해결책을 제시하지 못하고 표류하는 세상이다.

▶ 아시아에서 더욱 호전적인 중국의 움직임은 특히 핵심 자원을 놓고 다른 지역 강대국들과 무력 충돌의 위험성을 높인다. 이와 대조적으로 수많은 청년 실업자를 안고 있는 개도국들은 필요한 투자와 원조를 확보하기 위해 중국에 유화 정책으로 다가가야 한다고 보고 있다.

▶ 지역 강대국이나 대기업을 포함한 비국가행위자들은 사이버, 우주, 기타 기술과 같은 영역에 대한 영향력이 더 크지만 체제를 지배할 힘은 없다.

▶ 약화된 규칙과 다자간 협력의 부재로 인해 세계는 더욱 독자적으로 움직이는 해커, 테러리스트, 범죄 집단에 더욱 취약해진다. 호전적인 사람들은 특히 중동과 아프리카에서 무력으로 자신들의 목표를 달성하려는 유혹에 빠진다.

▶ 특히 기후변화와 건강 문제는 국가들이 집단행동을 추구할 상호 동기가 부족하고, 잘못된 접근법이 오히려 부작용을 초래하며 더욱 악화할 것이다. 그럼에도 불구하고 일부 국가들과 기업·민간 조직들은 인간의 건강과 노동자의 생산성을 향상시키는 새로운 방식을 발견하며, 자유롭게 경제개발과 거버넌스와 관련한 새로운 접근 방식을 실험할 것이다.

경쟁적 공존

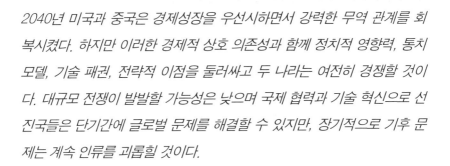

2040년 미국과 중국은 경제성장을 우선시하면서 강력한 무역 관계를 회복시켰다. 하지만 이러한 경제적 상호 의존성과 함께 정치적 영향력, 통치모델, 기술 패권, 전략적 이점을 둘러싸고 두 나라는 여전히 경쟁할 것이다. 대규모 전쟁이 발발할 가능성은 낮으며 국제 협력과 기술 혁신으로 선진국들은 단기간에 글로벌 문제를 해결할 수 있지만, 장기적으로 기후 문제는 계속 인류를 괴롭힐 것이다.

인류가 걸어온 길

세계는 코로나19의 위기에서 서서히 회복되었지만, 미·중 무역전쟁은 장기화로 이어졌다. 한편으로 2020년대 후반까지 억제된 수요와 추락한 경제로 인한 대중의 불만은 광범위하게 확산되었다. 이러한 불만족이 오히려 성장을 촉진시켰으며 이는 시장 주도형인 경제협력개발기구 국가들의 부활로 이어졌다. 2031년 G7은 캐나다에서 열린 회의에서 경기부양책에 의한 결실, 무역과 투자의 자유화, 세금의 합리적 조정, 규제완화 등의 일련의 계획을 추인하고 지지했다. 강제적 규정이 대부분이었던 유럽연합에 대한 기억이 희미해지자 역설적으로 유럽인들은 강화된 유럽연합의 제도하에서 새로운 무역자유화에 동의했다. 수년 동안 지속된 유가 하락으로 하락 추세에 있던 러시아는 푸틴 이후에 새로운 G7 경제 합의를 지지했고, 브라질과 인도를 포함한 신흥국들은 중요한 경제개혁에 동참했다.

중국은 경제협력개발기구의 모델을 거부하고 폐쇄적인 국가 주도 체제를 고수했지만, 한편으로 경제성장과 무역을 우선시했다. 미국과 중국은 여전히 상호 간에 의심의 눈초리를 보내면서 전혀 다른 정치·경제 체제에도 불구하고 상호 경제 안정화를 위한 조치를 취했다. 이러한 미·중 관계는 핵심적인 안보 문제와 가치관에 대한 부조화로 얼룩졌다. 하지만 2020년대의 긴축 무역과 상호 투자 규제에서 벗어나 서로가 공동 번영할 필요가 있다는 결론에 이르게 되었다. 2030년대 양측은 그들의 가장 중요한 공통의 경제적 이익을 보호하기로 합의했다.

중국과 미국은 '공통적 가치의 공동체'를 형성했다. 각각 상반된 국내 체제하에서 시장과 자원을 놓고 경쟁하는 구도다. 그 구도는 두 가지로 구분할 수 있다. 하나는 국가의 방향, 독재적 통제, 공공 감시 기술을 기반으로 하고 다른 하나는 민간기업, 민주주의, 개인의 자유, 개방적 정보 흐름을 기반으로 한다. 이러한 경쟁의 결과로 국민들은 자신의 국가와 지도자를 지지하는 흐름으로 이어져 국내 분열은 다소 완화되는 효과를 가져왔다. 무역과 정보의 흐름을 관리하는 일은 대부분의 대기업들이 세계적으로 벌이는 비즈니스에 의해 이루어졌다. 미국과 중국은 각자의 진영에 속하는 동맹국들에 개입해서 작은 갈등이 세계경제 발전과 안정을 해치는 단계로 증폭되는 것을 막았다. 그럼에도 남중국해와 같은 지정학적 대립은 계속 경제활동을 위협하는 요인이 되었다. 빈곤한 나라들에서 만연한 내부 갈등에 국제적인 개입 노력은 거의 없었으며 계속 곪아갔다.

원자재의 가격 상승과 외국인 노동자에 대한 수요 증가로 인해 일부 개도국에서 중산층이 성장하는 계기가 되었으며, 개도국의 경제 회복을 자극하는 기폭제가 되었다. 인구 고령화를 겪고 있는 몇몇 선진국들은 생체인식 추적 프로그램을 사용해 감시권 밖에서 이루어지는 불법 이민을 저지하는 한편, 중요한 서비스업종에 투입할 수 있는 전문 인력에게는 초청 노동자 프로그램을 만들어 인력을 충원했다. 중국 내부의 임금 상승과 아웃소싱은 인도, 동남아시아, 아프리카의 일부 국가들의 소득 증가를 가져왔다. 그럼에도 불구하고 개도국, 특히 아프리카의 수많은 젊은 인구들은 세계경제 회복의 혜택을 받지 못했다.

재생에너지의 생산과 저장, 탄소 포획 기술의 발전은 탄소 배출량의 증가를 일부 저지할 수 있었지만 아직 충분한 수준에는 미치지 못했다. 부유한 나라들은 기후적 재앙으로부터 국민을 보호하기 위해 가정에서 대응하는 조치에 투자할 수 있었지만 개도국들은 뒤처졌다. 개도국들은 재난의 증가로 고통 받았으며 2차적 안보 문제에 직면했다.

주요 요점

▶ 미·중 경쟁과 여타 국가 간의 관계는 상호 공유하는 규칙 안에서 시장, 자원, 브랜드 명성을 위한 경쟁으로 바뀐다. 그러한 경쟁 속에서 대중은 그들의 정부를 중심으로 뭉치면서 사회적 분열을 완화시킨다.

▶ 경제적으로 상호 의존성이 강화되면 주요 강대국들에 의한 무력 충돌의 위험성은 낮아진다. 주요 강대국들은 파괴적인 전쟁을 감행하지 않고도 목표를 달성할 수 있도록 영향력을 행사하고 산업스파이나 사이버공격에 관여한다.

▶ 미국과 중국의 지정학적 대결이 번영과 세계경제를 좌우하는 경제 협력을 자칫 저해하지 않도록 관리하는 것이 안보 분야의 중심 과제가 되었다.

▶ 기후와 관련해 점점 증가하는 문제들은 장기적인 안정성을 여전히 위태롭게 만들고 있다. 이러한 문제들은 단기적인 경제적 이익 때문에 종종 무시되었고, 기술 혁신과 경제적 번영은 지도자들이 기후변화에 따른 어려운 선택을 미룰 수 있게 했다.

몇 개의 블록으로 분열된 세계

2040년 세계는 미국, 중국, 유럽연합, 러시아, 그 밖의 몇몇 지역을 중심으로 다양한 규모와 힘을 가진 몇 개의 경제·안보 블록으로 분할된다. 이들은 각각 자급자족하며 회복력과 방어에 초점을 맞춘 강력한 체제가 된다. 각각 사이버 주권의 영역 내에서 정보의 흐름과 공급망이 재편성되고 국제무역은 차질을 빚게 된다. 그 중간에 끼인 취약한 개도국들 가운데 일부는 파산 위기에 처한다. 그럴지라도 전 세계적인 문제들, 특히 기후변화는 상당한 수준으로 다루어지게 될 것이다.

인류가 걸어온 길

2030년대 초까지 전 세계는 세계화와 더불어 증폭된 무역 갈등, 국경을 넘나드는 보건 및 테러의 위협으로 인해 일부 국가에서는 수십 년간 엄청난 일자리 손실이 발생했다. 이는 저마다 자국의 자원을 보존하고 국민을 보호하기 위해 무역장벽을 둘러치게 만들었다. 많은 경제학자들이 글로벌 공급망과 더불어 경제와 기술의 광범위한 상호 의존성 때문에 이러한 비동조화 내지는 분열이 실제로는 벌어질 수 없다고 생각했다. 하지만 안보에 대한 우려와 통치권 분쟁이 이어지면서 각국은 상상할 수 없는 무리한 행동을 취할 수밖에 없었다.

대규모 국내시장이나 큰 이웃 나라의 주변에 있는 국가들은 성공적으로 경제 방향을 전환했지만, 제한된 자원과 시장 접근으로 고통 받는 개도국들은 수입·수출 시장이 모두 쪼그라들면서 큰 타격을 입었다. 경제 침체는 아프리카, 중동, 남아시아 전역에 걸쳐 광범위한 불안정을 조성했으며, 하위 민족 개념과 종교적 정체성, 긴장된 사회, 분열된 국가, 불안정의 확산을 부추겼다. 빈곤과 열악한 거버넌스, 점점 더 가혹해지는 생활환경에서 벗어나기 위해 국경을 넘어 선진국으로 향하는 이민자들이 급증하게 되었다. 그러나 이주자들의 희망은 대부분의 목적지 국가들이 국경을 차단하면서 무너졌다.

물리적 장벽이 높아지면서 디지털 상거래와 디지털통신이 급증했다. 하지만 정보관리 문제가 대두되고 데이터보안 침해가 반복적으로 중첩되는 사태가 벌어졌다. 이에 따라 중국, 이란과 같은 강력한 사이버 통제 시스템을 가진 국가들은 사이버 바리케이드를 강화했다. 그런 다음에 인터넷 소통을 위해 일단 오픈했지만, 이어서 보안이 강화된 새로운 네트워크를 설치해 위협을 차단하고 원하지 않는 사상이나 이념을 걸러내는 작업을 시행했다. 2040년 무렵이 되면 미국과 최대 동맹국들만이 상호 개방된 인터넷으로 소통하고, 세계의 나머지 나라들은 강력한 방화벽을 설치하게 되었다.

세계화의 이전 시대에 설정된 무역과 금융 연결 시스템이 붕괴하면서 미국, 중국, 유럽연합, 러시아, 인도를 중심으로 경제·안보 블록이 형성되었다. 이들보다 작은 규모의 경제·안보 블록과 여타 국가들은 이들 블록에 참여하며 무역 보호와 자원 조달, 그리고 최소한의 경제적 효율성을 유지해 나갔다. 인공지능, 에너지 기술, 부가 제조 기술이 크게 발전하면서 일부 국가들은 유용하게 적용하고 경제안보 블록의 활성화에도 도움을 주었지만, 이로 인해 소비재의 급격한 가격 상승을 유발했다. 블록에 가입할 수 없는 국가들은 뒤쳐졌고 글로벌 공급망에서 탈락했다.

그렇지만 안보적 연결은 아직 사라지지 않았다. 강력한 이웃 국가들에게 위협받는 국가들은 다른 강대국들과의 안보 관계를 모색했고, 궁극적인 안보 담보로서 핵무기 개발 프로그램을 가속화했다. 소규모 충돌이 새로운 블록의 가장자리에서 일어났는데, 이를테면 북극이나 우주와 같은 희소한 자원이나 새로운 기회의 지역에서 일어났다. 가난한 나라들은 점점 불안정해졌고 주요 강대국이나 유엔은 질서 회복에 아무런 관심이 없었다. 지역 갈등은 풍토병이 되어 연쇄적으로 다른 문제들을 야기시켰다. 탄소 배출량을 완화하고 기후변화를 완화하기 위한 다자간 노력은 유야무야되었다. 온실가스의 배출을 늦추기 위한 조치는 거의 이행되지 않았으며 일부 국가에서는 재앙적 결과로 이어질 수도 있는, 인공 구름이나 우주 거울과 같은 지구 공학을 실험했다.

주요 요점

▶ 단절된 경제 체제는 심각한 결과를 초래한다. 공급망이 붕괴되고 시장이 사라지며 여행이나 관광처럼 한때 수익성 좋았던 분야가 감소하면서 국가와 기업은 막대한 재정 손실을 입게 된다. 결과적으로 볼 때 미래 경제는 그나마 공급망은 지속되겠지만 또한 덜 효율적이 될 것이다.

▶ 미국이나 캐나다처럼 풍부한 자원을 보유하고, 주변에 적국이 없으며, 방어가 가능한 자연국경을 가진 큰 나라들은 대부분의 다른 나라들보다 단절된 경제체제에 더 잘 적응한다. 타국들의 경제가 실패

할 때 이들은 자급자족에 초점을 맞추어 탄력적으로 난국을 극복할 것이다.

▶ 이 같은 세계에서 국가들은 국내 안정을 유지하기 위해 민주주의와 권위주의의 요소를 결합한 혼합된 형태의 정치 모델을 채택한다. 이는 감시와 잠재적인 억압 요소를 증대시킬 것이다. 많은 국가들이 인지된 적국에 대항해 국민을 다잡기 위해 배타적 유형의 내셔널리즘으로 눈을 돌릴 것이다.

▶ 전 세계에서 인재를 끌어모으거나 국제적인 협력, 기술 혁신이 위축되어 지속할 수 없을 경우, 부유한 나라들은 자원을 국내 교육으로 전환해 벌충할 것이다.

▶ 국제기구와 국제적 단체행동은 기후변화, 의료 격차, 빈곤을 해결하기 위해 적극적으로 움직인다. 각국은 위험한 솔루션에 대폭적인 인센티브를 부여하면서 재앙적 충격에 적응할 것이다.

▶ 국내 안보에 초점을 맞춘 군사 대국들은 직접적인 무력 충돌을 피한다. 경쟁적인 블록들은 부족한 자원을 통제하며, 소규모 전쟁을 유도하거나, 다른 수단을 동원해 국내문제에서 국민들의 주의를 돌리고, 외국의 적을 향한 대중의 관심을 끌어모은다. 핵무기 개발은 확산될 것이다.

비극과 이동성

2040년 유럽연합과 중국의 주도 아래 결성된 글로벌 연합이 비정부기구와 활성화된 다자 기구와 협력한다. 이 기구는 기후변화, 자원 고갈, 빈곤에 대처하기 위해 고안된 광범위한 변화를 주도하고 있다. 빈곤은 기후 이변과 환경의 질적 저하로 촉발된 전 세계적 식량 위기에 뒤이어 초래된 문제다. 부유한 나라들은 가난한 나라들이 위기를 관리하도록 돕고 나선다. 이어 광범위한 원조 프로그램과 첨단 에너지기술의 이전을 통해 저탄소 경제로 전환하도록 도움을 준다. 부유한 나라들은 아울러 이러한 세계적인 난제들이 국경을 넘어 얼마나 빠르게 확산되는지를 인식한다.

인류가 걸어온 길

2030년대 초반 세계는 전 세계적으로 벌어지는 기후 재앙의 소용돌이 한가운데에 있었다. 해양 온도 상승과 함께 진행된 산성화는 이미 수년 동안의 남획으로 고갈 위기에 처한 주요 어장들을 더욱 황폐화시켰다. 동시에 강수량 패턴의 변화로 전 세계 주요 곡물 생산지의 수확량이 줄어들어 식량 가격의 급등을 가져와 광범위한 사재기를 촉발시켰으며 식량 공급을 방해해 세계적인 기근을 초래했다. 인간의 기본적인 요구를 충족시키지 못하는 정부의 무능력에 항의하고 지도자와 정권을 무너뜨리자는 불안의 물결이 전 세계를 휩쓸었다. 서방 세계에서 벌어진 수많은 사건들 중 하나인데, 빵 부족 사태와 관련해 소셜미디어로 확산된 소문 때문에 미국 필라델피아에서는 사흘간 폭력 사태가 빚어지며 수천 명이 살해되었다.

현재 진행 중인 기근 문제를 해결하기 위해 전 세계적으로 새로운 움직임이 일기 시작했다. 환경문제를 해결하기 위한 과감한 제도적 변화를 주창하는 것이었다. 이러한 움직임에는 젊은 세대가 선두에 섰다. 이들은 전 세계적인 공포를 몰고 온 코로나19 팬데믹에 의해 자발적으로 형성되었다. 식량 부족의 위기에 정신적으로 충격 받은 이들은 저항을 돌파하고 국경을 넘어 함께 모였고, 구세대들이 자신들의 행성을 파괴했다고 비판했다. 이들은 구호 활동에 참여한 비정부기구와 시민사회단체에 지원을 보냈고 세계적으로 많은 추종자를 만들어냈다. 이 운동은 점차 성장하며 세계적으로 건강과 빈곤을 포함하는 더 많은 문제들에 대처하게 되었다.

2034~2036년 사이에 몇몇 유럽 국가들에서 녹색당이 민주적 선거를 휩쓸면서 유럽연합은 유엔과 함께 일련의 캠페인에 들어갔다. 국제 원조 프로그램을 크게 확대하고 2050년까지 유엔의 지속 가능한 개발 목표를 달성하기 위해 새로운 목표 도달의 날짜를 정하려는 캠페인이었다. 기근으로 큰 피해를 입은 이후 주요 도시 주민들의 불만을 잠재우는 데 주력하고 있던 중국은 유럽연합의 노력에 지지를 표명했다. 중국 공산당은 국가를 위한 새로운 애국적 임무로 오랫동안 주장해 온 새로운 차원의 세계적인 구조조정이라며 칭송했다. 호주, 캐나다, 미국을 포함한 여타 나라들은 보다 천천히 이 운동에 합류했다. 환경에 초점을 맞춘 이들 나라의 정당들은 국내 단체들의 강한 저항에도 불구하고 몇몇 선거에서 승리하

면서 정치적인 힘을 얻었다. 저항 단체들은 자신들의 나라가 기후변화에 더 잘 적응할 수 있는 포지션에 있으며, 국내 산업과 선거구에서 우선순위를 정해 정책 변화를 추구해야 한다고 주장했다.

어쨌든 유럽연합의 대대적인 캠페인은 새로운 국제기구의 창설을 이끌어냈다. '인간안전보장이사회'가 그것인데, 개도국과 협력하며 초국가적인 안보 과제에 초점을 맞추었다. 국가와 비국가행위자들 모두에 개방된 이 기구는 회원들에게 식량·건강·환경 문제를 개선하기 위해 검증 가능한 책무에 대한 헌신을 요구했다. 보다 부유한 나라와 단체들에게는 더 고통스럽게 인식되더라도 말이다. 이 기구의 회원들은 규정을 위반할 경우 쉽게 제명될 수 있다. 이 운동은 지난 세기의 반아파르트헤이트 운동과 유사한 풀뿌리, 대중적 반발, 보이콧에 직면할 수도 있다. 2038년 무렵 환경문제, 인간 안전 문제와 관련한 전 세계적 인식은 과거 관행의 비지속성에 대한 자각적 인식이 높아지면서 상당한 변화를 맞게 되었다. 각국 정부와 대기업들은 먹거리·기후·건강 문제를 해결하기 위한, 그리고 가장 큰 피해를 입은 사람들에게 필수적인 지원을 제공하기 위한 투자에 집중했다. 기업의 목표는 더 광범위한 이해관계자들에게 서비스를 제공하는 차원으로 확장되었다. 이는 고객, 직원, 공급업체, 지역 사회까지 두루 포함하게 되었다.

유엔의 캠페인에 모두가 탑승한 것은 아니었다. 러시아와 석유수출국기구의 일부 국가들은 변화에 저항했고, 일부 지역 국가들은 새로운 글로벌 정신이 전통적인 가치와 사회제도를 위협한다는 사실을 알게 되었다. 극단주의자들은 자신들이 관심을 받기 위해 사이버공격과 테러리즘에 의지했다. 이란, 러시아, 페르시아만 지역의 아랍 국가처럼 석유 에너지로 강하게 얽혀 있는 나라들은 장기간의 정치적·사회적 갈등으로 번질 위험이 있는 파괴적인 정치적 파동에 직면했다.

주요 요점

▶ 실질적 위협은 상향식 사회운동을 촉진한다. 이 운동은 다자간 협력을 변형시키고, 경제적 인센티브를 방해하며, 비국가행위자들에게 더 큰 영향력을 부여한다.

▶ 개별 국가 간의 주요 권력 경쟁은 보다 시급한 글로벌 과제를 해결하기 위해 재편된다. 지정학적 계층구조가 개편되어, 한때 불가능해 보였던 진보적인 유럽 정당과 중국 공산당 간의 동반자관계가 형성된다. 유럽 정당들은 지속 가능한 발전으로 이끌어내는 반면에 중국은 신에너지 기술을 채택하고 촉진한다.

▶ 화석연료 산업에 매달려 온 나라들은 세계적인 혁명에 참여해 리더십, 제품, 브랜드 혁명을 창출하는 속도가 가장 느리다. 새로운 정치운동이 주는 2~3차적 시사점은 이들 나라의 경제에 장기간의 과제를 안겨줄 것이다.

▶ 광범위한 대중적 지원을 토대로 하는 비정부기구, 다자간 조직, 활동가 단체들은 기술표준, 자원관리, 위반자 제재, 국가에 대한 행동 촉구 등에 있어 전례 없는 영향력을 행사한다. 때때로 국익보다 글로벌 우선순위가 먼저인 경우도 있다.

지역별 예측

REGIONAL FORECASTS

『글로벌 트렌드』 보고서의 이 섹션에서는 라틴아메리카와 카리브해, 유럽, 러시아와 유라시아, 중동과 북아프리카, 사하라 이남 아프리카, 남아시아, 동북아시아, 동남아시아, 오세아니아 아홉 개 지역의 핵심적인 인구통계학적 추세에 관해 향후 20년의 예측을 제공한다. 이 예측에는 인구 증가, 도시화 비율, 평균연령, 1인당 GDP, 비전염성 질병 발생률, 종교적 소속과 같은 인구통계학적 추세가 포함된다. 또한 그래픽은 각 지역의 민주주의 상태, 디지털경제에 대한 준비 상태, 향후 20년 동안 기후변화의 잠재적인 물리적 영향을 부각한다. 인구 증가, 연령구조, 중위연령에 대한 20년 예측은 기존의 출산율 및 사망률과 수십 년간 관찰된 인구추세에서 직접 추정한 것이기 때문에 우리는 어느 정도 확신을 갖고 있다. 그러나 인간의 선택에 따라 달라질 수 있는 도시화, 1인당 GDP, 기후변화, 디지털 준비, 비전염성 질병의 증가에 대한 전망에 대한 신뢰도는 낮으며 오류의 가능성도 더 크다.

주요 지역의 인구통계학 비교

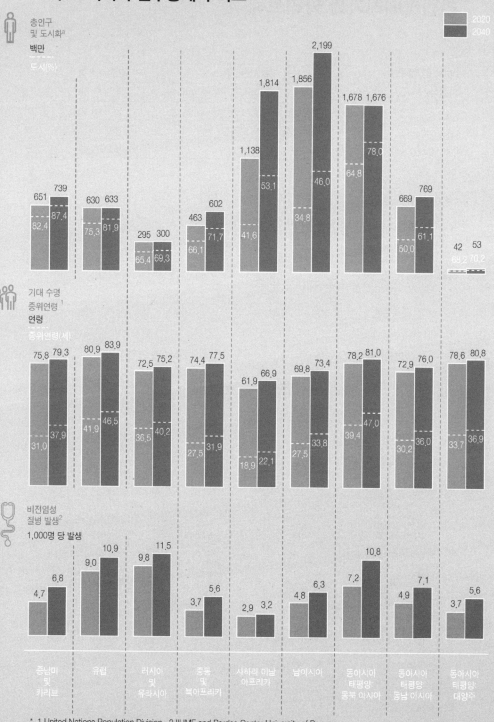

총인구
및 도시화[a]

백만

도시(%)

	2020
	2040

기대 수명
중위연령[1]

연령

중위연령(세)

비전염성
질병 발생[2]

1,000명 당 발생

총인구 및 도시화

중남미 및 카리브	유럽	러시아 및 유라시아	중동 및 북아프리카	사하라 이남 아프리카	남아시아	동아시아 태평양: 동북 아시아	동아시아 태평양: 동남 아시아	동아시아 태평양: 대양주
651 / 739	630 / 633	295 / 300	463 / 602	1,138 / 1,814	1,856 / 2,199	1,678 / 1,676	669 / 769	42 / 53
82.4 / 87.4	75.3 / 81.9	65.4 / 69.3	66.1 / 71.7	41.6 / 53.1	34.8 / 46.0	64.8 / 78.0	50.0 / 61.1	68.2 / 70.2

기대 수명 / 중위연령

중남미 및 카리브	유럽	러시아 및 유라시아	중동 및 북아프리카	사하라 이남 아프리카	남아시아	동아시아 태평양: 동북 아시아	동아시아 태평양: 동남 아시아	동아시아 태평양: 대양주
75.8 / 79.3	80.9 / 83.9	72.5 / 75.2	74.4 / 77.5	61.9 / 66.9	69.8 / 73.4	78.2 / 81.0	72.9 / 76.0	78.6 / 80.8
31.0 / 37.9	41.9 / 46.5	36.5 / 40.2	27.5 / 31.9	18.9 / 22.1	27.5 / 33.8	39.4 / 47.0	30.2 / 36.0	33.7 / 36.9

비전염성 질병 발생

중남미 및 카리브	유럽	러시아 및 유라시아	중동 및 북아프리카	사하라 이남 아프리카	남아시아	동아시아 태평양: 동북 아시아	동아시아 태평양: 동남 아시아	동아시아 태평양: 대양주
4.7 / 6.8	9.0 / 10.9	9.8 / 11.5	3.7 / 5.6	2.9 / 3.2	4.8 / 6.3	7.2 / 10.8	4.9 / 7.1	3.7 / 5.6

* 1 United Nations Population Division. 2 IIHME and Pardee Center University of Denver.

라틴아메리카와 카리브해

**2035년 인구
5대 도시***

* United Nations
Population Division.

1	멕시코시티(멕시코)	2540만 명
2	상파울루(브라질)	2450만 명
3	부에노스아이레스(아르헨티나)	1710만 명
4	리우데자네이루(브라질)	1480만 명
5	리마(페루)	1300만 명

1인당 GDP*

* Oxford Economics.

	2020년	2040년
구매력 패리티	13,400달러	18,900달러

종교*

* World Religion Database

	가톨릭	불가지론/무교	기타
2020	92.1%	4.1%	3.8%
2040	90.9%	5.3%	3.7%

2020년 연령구조*

15세 미만	15~64세	65세 이상
23.9%	67.2%	8.9%

2040년 연령구조*

15세 미만	15~64세	65세 이상
18.8%	65.9%	15.2%

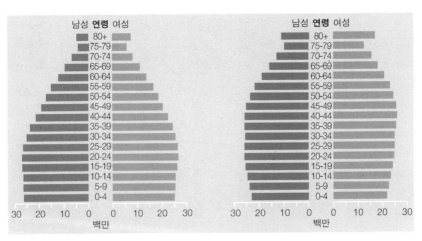

* United Nations Population Division.

2020 정부 유형* 국가 수

자유민주주의

자유롭고 공정한 다당 선거를 치르고 언론과 표현의 자유를 보장. 또한
자유민주주의 국가들은 법치주의를 지지하고 행정부를 견제함.

3

선거 민주주의

자유롭고 공정한 다당제 선거를 치르고 언론과 표현의 자유를 보장하되,
법치주의를 지지하거나 행정부에 대한 제약은 없음.

16

선거 독재

선거를 실시하지만 자유롭고 공정한 다당제가 아니거나 정부가 언론 및
표현의 자유를 보장하지 않음.

5

폐쇄 독재

최고 통치자를 뽑기 위한 다당제 선거를 실시하지 않음.

1

* Varieties of Democracy. 이 조사보고서에 포함된 숫자는 '특정 지역과 국가'에서 별도로 보고된 숫자와 같지 않을 수 있음.

2019[1]

디지털 경제 준비

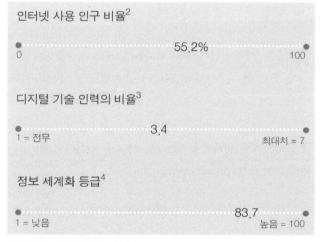

인터넷 사용 인구 비율[2]

0   55.2%   100

디지털 기술 인력의 비율[3]

1 = 전무   3.4   최대치 = 7

정보 세계화 등급[4]

1 = 낮음   83.7   높음 = 100

[1] 2019 또는 가장 최근 입수 데이터
[2] International Telecommunication Union
[3] World Economic Forum.
[4] KOF Globalization Index

2040 기온, 가뭄 및 허리케인 활동

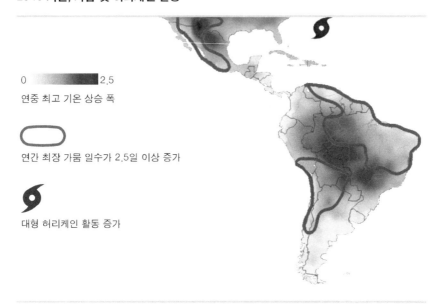

0 ▰▰▰▰ 2.5
연중 최고 기온 상승 폭

연간 최장 가뭄 일수가 2.5일 이상 증가

대형 허리케인 활동 증가

자료: Clemens Schwingshackl, Jana Sillman, and the Centre for International Climate and Environmental Research.
지도: Pardee Center University of Denver.

이 지도는 2040년에 나타날 최고기온, 가뭄 및 허리케인/사이클론 활동의 변화 - 1980~2005년 기준선과 비교하여 - 를 보여준다. 이 변화는 대표농도경로(RCP) 4.5 시나리오에 따라 유엔 IPCC(기후변화에 관한 정부간 패널)가 구체화한 조건을 고려했다. 몇 가지 다른 기온 추정치를 사용할 수도 있었지만, 연중 가장 더운 날의 최고기온을 선택한 것은 폭염과 관련된 인적·농업적·경제적 비용이 심각하기 때문이다. 폭염에 긴 가뭄이 겹치면 그런 영향이 몇 배가 된다.

유럽

2035년 인구 5대 도시*

1	이스탄불(터키)	1800만 명
2	파리(프랑스)	1210만 명
3	런던(영국)	1060만 명
4	마드리드(스페인)	700만 명
5	앙카라(터키)	620만 명

* United Nations Population Division.

1인당 GDP*

* Oxford Economics.

	2020년	2040년
구매력 패리티	37,200달러	51,000달러

종교*

* World Religion Database

	기독교	이슬람교	불가지론/무교
2020	63.7%	18.8%	16.5%
2040	58.5%	21.6%	18.7%

2020년 연령구조*			2040년 연령구조*		
15세 미만	15~64세	65세 이상	15세 미만	15~64세	65세 이상
16.6%	64.6%	18.8%	14.5%	59.5%	26.0%

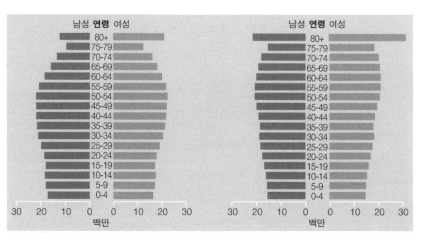

* United Nations Population Division.

2020 정부 유형* 국가 수

자유민주주의

자유롭고 공정한 다당 선거를 치르고 언론과 표현의 자유를 보장. 또한
자유민주주의 국가들은 법치주의를 지지하고 행정부를 견제함.

19

선거 민주주의

자유롭고 공정한 다당제 선거를 치르고 언론과 표현의 자유를 보장하되,
법치주의를 지지하거나 행정부에 대한 제약은 없음.

13

선거 독재

선거를 실시하지만 자유롭고 공정한 다당제가 아니거나 정부가 언론 및
표현의 자유를 보장하지 않음.

3

폐쇄 독재

최고 통치자를 뽑기 위한 다당제 선거를 실시하지 않음.

0

* Varieties of Democracy. 이 조사보고서에 포함된 숫자는 '특정 지역과 국가'에서 별도로 보고된 숫자와 같지 않
을 수 있음.

2019[1]

디지털 경제 준비

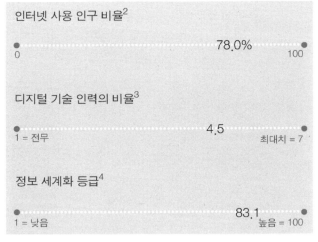

인터넷 사용 인구 비율[2]

0   78.0%   100

디지털 기술 인력의 비율[3]

1 = 전무   4.5   최대치 = 7

정보 세계화 등급[4]

1 = 낮음   83.1   높음 = 100

[1] 2019 또는 가장 최근 입수 데이터
[2] International Telecommunication Union
[3] World Economic Forum.
[4] KOF Globalization Index

2040 기온, 가뭄 및 허리케인 활동

0   2.5
연중 최고 기온 상승 폭

⬭
연간 최장 가뭄 일수가 2.5일 이상 증가

대형 허리케인 활동 증가

자료: Clemens Schwingshackl, Jana Sillman, and the Centre for International Climate and Environmental Research.
지도: Pardee Center University of Denver.

이 지도는 2040년에 나타날 최고기온, 가뭄 및 허리케인/사이클론 활동의 변화 - 1980~2005년 기준선과 비교하여 - 를 보여준다. 이 변화는 대표농도경로(RCP) 4.5 시나리오에 따라 유엔 IPCC(기후변화에 관한 정부간 패널)가 구체화한 조건을 고려했다. 몇 가지 다른 기온 추정치를 사용할 수도 있었지만, 연중 가장 더운 날의 최고기온을 선택한 것은 폭염과 관련된 인적·농업적·경제적 비용이 심각하기 때문이다. 폭염에 긴 가뭄이 겹치면 그런 영향이 몇 배가 된다.

러시아와 유라시아

**2035년 인구
5대 도시***

1	모스코바(러시아)	1280만 명
2	상트페테르부르크(러시아)	560만 명
3	타슈켄트(우즈베키스탄)	300만 명
4	키예프(우크라이나)	300만 명
5	바쿠(아제르바이잔)	280만 명

* United Nations Population Division.

1인당 GDP*

	2020년	2040년
구매력 패리티	18,400달러	30,400달러

* Oxford Economics.

종교*

	기독교	이슬람교	불가지론/무교
2020	61.3%	32.5%	5.5%
2040	57.6%	38.1%	3.6%

* World Religion Database

2020년 연령구조*			2040년 연령구조*		
15세 미만	15~64세	65세 이상	15세 미만	15~64세	65세 이상
21.2%	66.0%	12.8%	18.0%	64.9%	17.1%

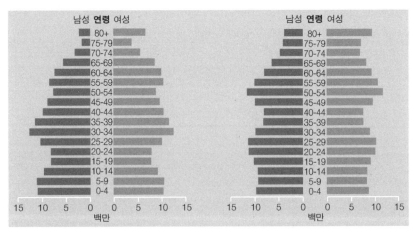

* United Nations Population Division.

2020 정부 유형* 국가 수

자유민주주의

자유롭고 공정한 다당 선거를 치르고 언론과 표현의 자유를 보장. 또한 자유민주주의 국가들은 법치주의를 지지하고 행정부를 견제함.

0

선거 민주주의

자유롭고 공정한 다당제 선거를 치르고 언론과 표현의 자유를 보장하되, 법치주의를 지지하거나 행정부에 대한 제약은 없음.

3

선거 독재

선거를 실시하지만 자유롭고 공정한 다당제가 아니거나 정부가 언론 및 표현의 자유를 보장하지 않음.

8

폐쇄 독재

최고 통치자를 뽑기 위한 다당제 선거를 실시하지 않음.

1

* Varieties of Democracy. 이 조사보고서에 포함된 숫자는 '특정 지역과 국가'에서 별도로 보고된 숫자와 같지 않을 수 있음.

2019[1]
디지털 경제 준비

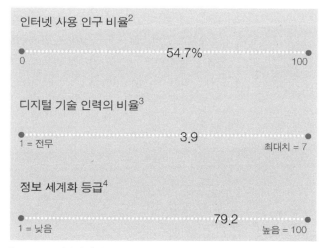

인터넷 사용 인구 비율[2]

0   54.7%   100

디지털 기술 인력의 비율[3]

1 = 전무   3.9   최대치 = 7

정보 세계화 등급[4]

1 = 낮음   79.2   높음 = 100

[1] 2019 또는 가장 최근 입수 데이터
[2] International Telecommunication Union
[3] World Economic Forum.
[4] KOF Globalization Index

2040 기온, 가뭄 및 허리케인 활동

0   2.5

연중 최고 기온 상승 폭

연간 최장 가뭄 일수가 2.5일 이상 증가

대형 허리케인 활동 증가

자료: Clemens Schwingshackl, Jana Sillman, and the Centre for International Climate and Environmental Research.

지도: Pardee Center University of Denver.

이 지도는 2040년에 나타날 최고기온, 가뭄 및 허리케인/사이클론 활동의 변화 - 1980~2005년 기준선과 비교하여 - 를 보여준다. 이 변화는 대표농도경로(RCP) 4.5 시나리오에 따라 유엔 IPCC(기후변화에 관한 정부간 패널)가 구체화한 조건을 고려했다. 몇 가지 다른 기온 추정치를 사용할 수도 있었지만, 연중 가장 더운 날의 최고기온을 선택한 것은 폭염과 관련된 인적·농업적·경제적 비용이 심각하기 때문이다. 폭염에 긴 가뭄이 겹치면 그런 영향이 몇 배가 된다.

중동과 북아프리카

2035년 인구 5대 도시*

* United Nations Population Division.

1	카이로(이집트)	2850만 명
2	바그다드(이라크)	1080만 명
3	테헤란(이란)	1070만 명
4	리야드(사우디아라비아)	910만 명
5	알렉산드리아(이집트)	720만 명

1인당 GDP*

* Oxford Economics.

	2020년	2040년
구매력 패리티	15,300달러	19,900달러

종교*

* World Religion Database

	이슬람교	기독교	유대교
2020	92.9%	3.9%	1.5%
2040	93.2%	3.6%	1.5%

2020년 연령구조*

15세 미만	15~64세	65세 이상
29.8%	64.8%	5.4%

2040년 연령구조*

15세 미만	15~64세	65세 이상
23.6%	66.5%	9.9%

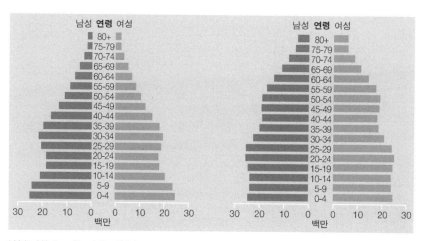

* United Nations Population Division.

2020 정부 유형* 국가 수

자유민주주의

자유롭고 공정한 다당 선거를 치르고 언론과 표현의 자유를 보장. 또한
자유민주주의 국가들은 법치주의를 지지하고 행정부를 견제함.

2

선거 민주주의

자유롭고 공정한 다당제 선거를 치르고 언론과 표현의 자유를 보장하되,
법치주의를 지지하거나 행정부에 대한 제약은 없음.

0

선거 독재

선거를 실시하지만 자유롭고 공정한 다당제가 아니거나 정부가 언론 및
표현의 자유를 보장하지 않음.

5

폐쇄 독재

최고 통치자를 뽑기 위한 다당제 선거를 실시하지 않음.

15

* Varieties of Democracy. 이 조사보고서에 포함된 숫자는 '특정 지역과 국가'에서 별도로 보고된 숫자와 같지 않을 수 있음.

2019[1]

디지털 경제 준비

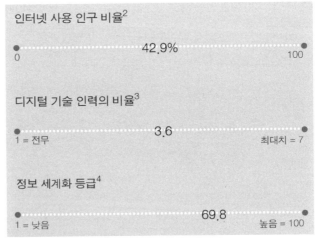

인터넷 사용 인구 비율[2]

0   42.9%   100

디지털 기술 인력의 비율[3]

1 = 전무   3.6   최대치 = 7

정보 세계화 등급[4]

1 = 낮음   69.8   높음 = 100

[1] 2019 또는 가장 최근 입수 데이터
[2] International Telecommunication Union
[3] World Economic Forum.
[4] KOF Globalization Index

2040 기온, 가뭄 및 허리케인 활동

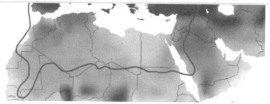

연중 최고 기온 상승 폭

연간 최장 가뭄 일수가 2.5일 이상 증가

대형 허리케인 활동 증가

자료: Clemens Schwingshackl, Jana Sillman, and the Centre for International Climate and Environmental Research.
지도: Pardee Center University of Denver.

이 지도는 2040년에 나타날 최고기온, 가뭄 및 허리케인/사이클론 활동의 변화 - 1980~2005년 기준선과 비교하여 - 를 보여준다. 이 변화는 대표농도경로(RCP) 4.5 시나리오에 따라 유엔 IPCC(기후변화에 관한 정부간 패널)가 구체화한 조건을 고려했다. 몇 가지 다른 기온 추정치를 사용할 수도 있었지만, 연중 가장 더운 날의 최고기온을 선택한 것은 폭염과 관련된 인적·농업적·경제적 비용이 심각하기 때문이다. 폭염에 긴 가뭄이 겹치면 그런 영향이 몇 배가 된다.

사하라 이남 아프리카

2035년 인구 5대 도시*

1	킨샤사(콩고민주공화국)	2670만 명
2	라고스(나이지리아)	2440만 명
3	루안다(앙골라)	1450만 명
4	다르에스살람(탄자니아)	1340만 명
5	하르툼(수단)	960만 명

* United Nations Population Division.

1인당 GDP*

* Oxford Economics.

	2020년	2040년
구매력 패리티	3,600달러	4,700달러

종교*

	기독교	이슬람교	민족 종교
2020	57.2%	32.2%	9.3%
2040	58.1%	33.7%	7.1%

* World Religion Database.

2020년 연령구조*

15세 미만	15~64세	65세 이상
42.0%	55.0%	3.0%

2040년 연령구조*

15세 미만	15~64세	65세 이상
36.0%	60.0%	3.9%

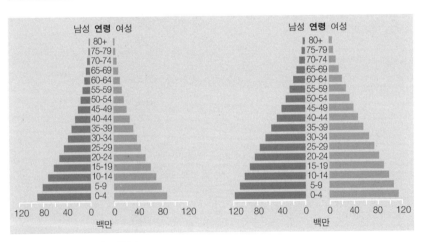

* United Nations Population Division.

2020 정부 유형* 국가 수

자유민주주의

자유롭고 공정한 다당 선거를 치르고 언론과 표현의 자유를 보장. 또한
자유민주주의 국가들은 법치주의를 지지하고 행정부를 견제함.

1

선거 민주주의

자유롭고 공정한 다당제 선거를 치르고 언론과 표현의 자유를 보장하되,
법치주의를 지지하거나 행정부에 대한 제약은 없음.

17

선거 독재

선거를 실시하지만 자유롭고 공정한 다당제가 아니거나 정부가 언론 및
표현의 자유를 보장하지 않음.

27

폐쇄 독재

최고 통치자를 뽑기 위한 다당제 선거를 실시하지 않음.

5

* Varieties of Democracy. 이 조사보고서에 포함된 숫자는 '특정 지역과 국가'에서 별도로 보고된 숫자와 같지 않을 수 있음.

2019[1]

디지털 경제 준비

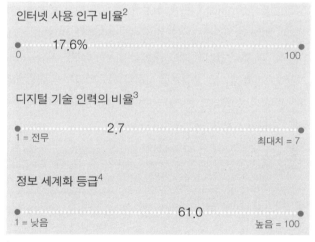

인터넷 사용 인구 비율[2]

17.6%

0   100

디지털 기술 인력의 비율[3]

2.7

1 = 전무   최대치 = 7

정보 세계화 등급[4]

61.0

1 = 낮음   높음 = 100

[1] 2019 또는 가장 최근 입수 데이터
[2] International Telecommunication Union
[3] World Economic Forum.
[4] KOF Globalization Index

2040 기온, 가뭄 및 허리케인 활동

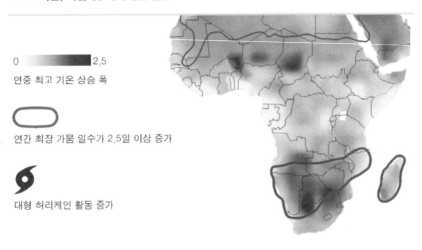

0 ▇▇▇ 2.5
연중 최고 기온 상승 폭

◯
연간 최장 가뭄 일수가 2.5일 이상 증가

🌀
대형 허리케인 활동 증가

자료: Clemens Schwingshackl, Jana Sillman, and the Centre for International Climate and Environmental Research.
지도: Pardee Center University of Denver.

이 지도는 2040년에 나타날 최고기온, 가뭄 및 허리케인/사이클론 활동의 변화 - 1980~2005년 기준선과 비교하여 - 를 보여준다. 이 변화는 대표농도경로(RCP) 4.5 시나리오에 따라 유엔 IPCC(기후변화에 관한 정부간 패널)가 구체화한 조건을 고려했다. 몇 가지 다른 기온 추정치를 사용할 수도 있었지만, 연중 가장 더운 날의 최고기온을 선택한 것은 폭염과 관련된 인적·농업적·경제적 비용이 심각하기 때문이다. 폭염에 긴 가뭄이 겹치면 그런 영향이 몇 배가 된다.

남아시아

* United Nations
Population Division.

**2035년 인구
5대 도시***

1	뉴델리(인도)	4330만 명
2	다카(방글라데시)	3120만 명
3	뭄바이(인도)	2730만 명
4	카라치(파키스탄)	2310만 명
5	캘커타(인도)	1960만 명

1인당 GDP*

* Oxford Economics.

	2020년	2040년
구매력 패리티	5,900달러	15,700달러

종교*

* World Religion Database

	힌두교	이슬람	기독교	민족 종교
2020	56.4%	32.1%	4.1%	3.0%
2040	53.9%	34.3%	4.8%	2.4%

2020년 연령구조*

15세 미만	15~64세	65세 이상
27.6%	66.3%	6.1%

2040년 연령구조*

15세 미만	15~64세	65세 이상
21.8%	68.1%	10.1%

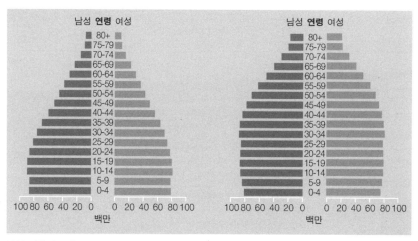

* United Nations Population Division.

2020 정부 유형* 국가 수

자유민주주의

자유롭고 공정한 다당 선거를 치르고 언론과 표현의 자유를 보장. 또한 자유민주주의 국가들은 법치주의를 지지하고 행정부를 견제함.

0

선거 민주주의

자유롭고 공정한 다당제 선거를 치르고 언론과 표현의 자유를 보장하되, 법치주의를 지지하거나 행정부에 대한 제약은 없음.

4

선거 독재

선거를 실시하지만 자유롭고 공정한 다당제가 아니거나 정부가 언론 및 표현의 자유를 보장하지 않음.

4

폐쇄 독재

최고 통치자를 뽑기 위한 다당제 선거를 실시하지 않음.

0

* Varieties of Democracy. 이 조사보고서에 포함된 숫자는 '특정 지역과 국가'에서 별도로 보고된 숫자와 같지 않을 수 있음.

2019[1]

디지털 경제 준비

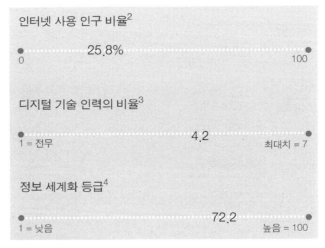

인터넷 사용 인구 비율[2]

25.8%

0   100

디지털 기술 인력의 비율[3]

4.2

1 = 전무   최대치 = 7

정보 세계화 등급[4]

72.2

1 = 낮음   높음 = 100

[1] 2019 또는 가장 최근 입수 데이터
[2] International Telecommunication Union
[3] World Economic Forum.
[4] KOF Globalization Index

2040 기온, 가뭄 및 허리케인 활동

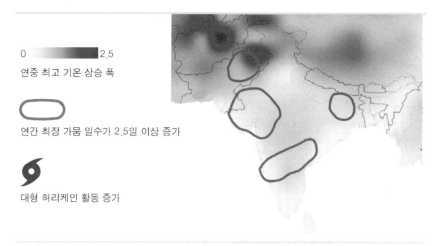

0 ▭ 2.5
연중 최고 기온 상승 폭

연간 최장 가뭄 일수가 2.5일 이상 증가

대형 허리케인 활동 증가

자료: Clemens Schwingshackl, Jana Sillman, and the Centre for International Climate and Environmental Research.
지도: Pardee Center University of Denver.

이 지도는 2040년에 나타날 최고기온, 가뭄 및 허리케인/사이클론 활동의 변화 - 1980~2005년 기준선과 비교하여 - 를 보여준다. 이 변화는 대표농도경로(RCP) 4.5 시나리오에 따라 유엔 IPCC(기후변화에 관한 정부간 패널)가 구체화한 조건을 고려했다. 몇 가지 다른 기온 추정치를 사용할 수도 있었지만, 연중 가장 더운 날의 최고기온을 선택한 것은 폭염과 관련된 인적·농업적·경제적 비용이 심각하기 때문이다. 폭염에 긴 가뭄이 겹치면 그런 영향이 몇 배가 된다.

동북아시아

2035년 인구
5대 도시*

* United Nations
Population Division.

1	도쿄(일본)	3600만 명
2	상하이(중국)	3430만 명
3	베이징(중국)	2540만 명
4	충칭(중국)	2050만 명
5	오사카(일본)	1830만 명

1인당 GDP*

* Oxford Economics.

	2020년	2040년
구매력 패리티	19,400달러	36,700달러

종교*

* World Religion Database

	불가지론/무교	중국 민속종교	불교	기독교
2020	35.4%	27.2%	19.9%	7.7%
2040	31.1%	25.9%	21.4%	11.6%

2020년 연령구조*

15세 미만	15~64세	65세 이상
17.1%	69.5%	13.4%

2040년 연령구조*

15세 미만	15~64세	65세 이상
14.0%	61.3%	24.8%

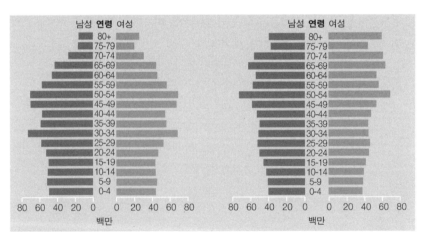

* United Nations Population Division.

2020 정부 유형* 국가 수

자유민주주의

자유롭고 공정한 다당 선거를 치르고 언론과 표현의 자유를 보장. 또한
자유민주주의 국가들은 법치주의를 지지하고 행정부를 견제함.

3

선거 민주주의

자유롭고 공정한 다당제 선거를 치르고 언론과 표현의 자유를 보장하되,
법치주의를 지지하거나 행정부에 대한 제약은 없음.

1

선거 독재

선거를 실시하지만 자유롭고 공정한 다당제가 아니거나 정부가 언론 및
표현의 자유를 보장하지 않음.

0

폐쇄 독재

최고 통치자를 뽑기 위한 다당제 선거를 실시하지 않음.

2

* Varieties of Democracy. 이 조사보고서에 포함된 숫자는 '특정 지역과 국가'에서 별도로 보고된 숫자와 같지 않을 수 있음.

2019[1]

디지털 경제 준비

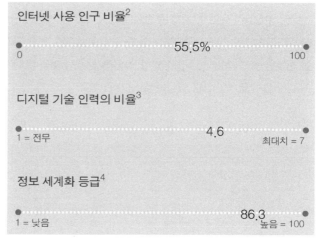

인터넷 사용 인구 비율[2]

0   55.5%   100

디지털 기술 인력의 비율[3]

1 = 전무   4.6   최대치 = 7

정보 세계화 등급[4]

1 = 낮음   86.3   높음 = 100

[1] 2019 또는 가장 최근 입수 데이터
[2] International Telecommunication Union
[3] World Economic Forum.
[4] KOF Globalization Index

2040 기온, 가뭄 및 허리케인 활동

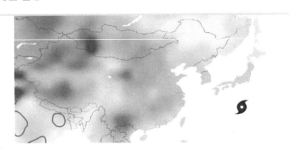

연중 최고 기온 상승 폭

연간 최장 가뭄 일수가
2.5일 이상 증가

대형 허리케인 활동 증가

자료: Clemens Schwingshackl, Jana Sillman, and the Centre for International Climate and Environmental
Research.
지도: Pardee Center University of Denver.

이 지도는 2040년에 나타날 최고기온, 가뭄 및 허리케인/사이클론 활동의 변화 -
1980~2005년 기준선과 비교하여 - 를 보여준다. 이 변화는 대표농도경로(RCP) 4.5
시나리오에 따라 유엔 IPCC(기후변화에 관한 정부간 패널)가 구체화한 조건을 고려했
다. 몇 가지 다른 기온 추정치를 사용할 수도 있었지만, 연중 가장 더운 날의 최고기온
을 선택한 것은 폭염과 관련된 인적·농업적·경제적 비용이 심각하기 때문이다. 폭염
에 긴 가뭄이 겹치면 그런 영향이 몇 배가 된다.

동남아시아

**2035년 인구
5대 도시***

1	마닐라(필리핀)	1860만 명
2	자카르타(인도네시아)	1370만 명
3	방콕(태국)	1270만 명
4	호찌민(베트남)	1220만 명
5	쿠알라룸푸르(말레이시아)	1050만 명

* United Nations
Population Division.

1인당 GDP*

* Oxford Economics.

	2020년	2040년
구매력 패리티	11,800달러	24,500달러

종교*

* World Religion Database

	이슬람교	불교	기독교	민족 종교
2020	37.2%	26.1%	22.9%	4.4%
2040	37.0%	25.0%	24.8%	3.8%

2020년 연령구조*

15세 미만	15~64세	65세 이상
25.2%	67.7%	7.1%

2040년 연령구조*

15세 미만	15~64세	65세 이상
20.3%	66.0%	13.7%

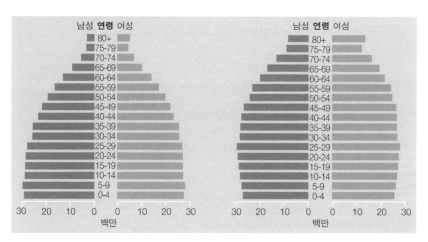

* United Nations Population Division.

2020 정부 유형* 국가 수

자유민주주의

자유롭고 공정한 다당 선거를 치르고 언론과 표현의 자유를 보장. 또한 자유민주주의 국가들은 법치주의를 지지하고 행정부를 견제함.

0

선거 민주주의

자유롭고 공정한 다당제 선거를 치르고 언론과 표현의 자유를 보장하되, 법치주의를 지지하거나 행정부에 대한 제약은 없음.

2

선거 독재

선거를 실시하지만 자유롭고 공정한 다당제가 아니거나 정부가 언론 및 표현의 자유를 보장하지 않음.

5

폐쇄 독재

최고 통치자를 뽑기 위한 다당제 선거를 실시하지 않음.

3

* Varieties of Democracy. 이 조사보고서에 포함된 숫자는 '특정 지역과 국가'에서 별도로 보고된 숫자와 같지 않을 수 있음.

2019[1]

디지털 경제 준비

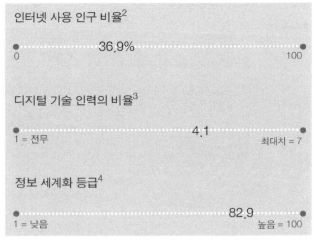

인터넷 사용 인구 비율[2]

36.9%

0   100

디지털 기술 인력의 비율[3]

4.1

1 = 전무   최대치 = 7

정보 세계화 등급[4]

82.9

1 = 낮음   높음 = 100

[1] 2019 또는 가장 최근 입수 데이터
[2] International Telecommunication Union
[3] World Economic Forum.
[4] KOF Globalization Index

2040 기온, 가뭄 및 허리케인 활동

0 ▬▬▬▬ 2.5
연중 최고 기온 상승 폭

⬭
연간 최장 가뭄 일수가 2.5일 이상 증가

🌀
대형 허리케인 활동 증가

자료: Clemens Schwingshackl, Jana Sillman, and the Centre for International Climate and Environmental Research.
지도: Pardee Center University of Denver.

이 지도는 2040년에 나타날 최고기온, 가뭄 및 허리케인/사이클론 활동의 변화 - 1980~2005년 기준선과 비교하여 - 를 보여준다. 이 변화는 대표농도경로(RCP) 4.5 시나리오에 따라 유엔 IPCC(기후변화에 관한 정부간 패널)가 구체화한 조건을 고려했다. 몇 가지 다른 기온 추정치를 사용할 수도 있었지만, 연중 가장 더운 날의 최고기온을 선택한 것은 폭염과 관련된 인적·농업적·경제적 비용이 심각하기 때문이다. 폭염에 긴 가뭄이 겹치면 그런 영향이 몇 배가 된다.

오세아니아

**2035년 인구
5대 도시***

* United Nations
Population Division.

1	멜버른(호주)	610만 명
2	시드니(호주)	590만 명
3	브리즈번(호주)	290만 명
4	퍼스(호주)	240만 명
5	오클랜드(뉴질랜드)	190만 명

1인당 GDP*

* Oxford Economics.

	2020년	2040년
구매력 패리티	34,000달러	43,300달러

종교*

* World Religion Database

	기독교	불가지론/무교	불교	이슬람
2020	65.1%	25.3%	2.4%	2.2%
2040	62.1%	27.8%	2.5%	2.4%

2020년 연령구조*

15세 미만	15~64세	65세 이상
23.6%	63.6%	12.8%

2040년 연령구조*

15세 미만	15~64세	65세 이상
20.9%	62.3%	16.8%

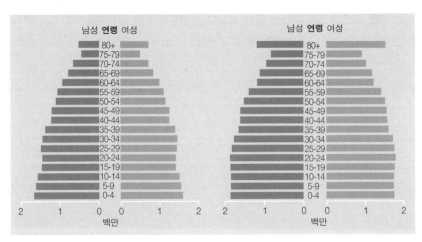

* United Nations Population Division.

2020 정부 유형* 국가 수

자유민주주의

자유롭고 공정한 다당 선거를 치르고 언론과 표현의 자유를 보장. 또한 자유민주주의 국가들은 법치주의를 지지하고 행정부를 견제함.

2

선거 민주주의

자유롭고 공정한 다당제 선거를 치르고 언론과 표현의 자유를 보장하되, 법치주의를 지지하거나 행정부에 대한 제약은 없음.

2

선거 독재

선거를 실시하지만 자유롭고 공정한 다당제가 아니거나 정부가 언론 및 표현의 자유를 보장하지 않음.

2

폐쇄 독재

최고 통치자를 뽑기 위한 다당제 선거를 실시하지 않음.

0

* Varieties of Democracy. 이 조사보고서에 포함된 숫자는 '특정 지역과 국가'에서 별도로 보고된 숫자와 같지 않을 수 있음.

2019[1]
디지털 경제 준비

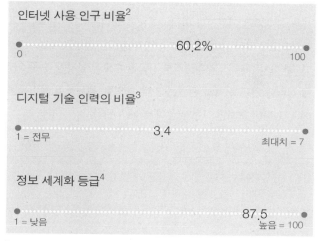

인터넷 사용 인구 비율[2]

0   60.2%   100

디지털 기술 인력의 비율[3]

1 = 전무   3.4   최대치 = 7

정보 세계화 등급[4]

1 = 낮음   87.5   높음 = 100

[1] 2019 또는 가장 최근 입수 데이터
[2] International Telecommunication Union
[3] World Economic Forum.
[4] KOF Globalization Index

2040 기온, 가뭄 및 허리케인 활동

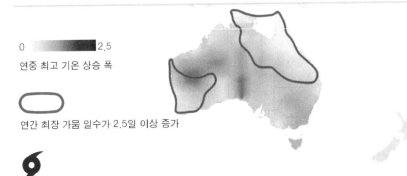

0 ▬▬▬ 2.5
연중 최고 기온 상승 폭

연간 최장 가뭄 일수가 2.5일 이상 증가

대형 허리케인 활동 증가

자료: Clemens Schwingshackl, Jana Sillman, and the Centre for International Climate and Environmental Research.
지도: Pardee Center University of Denver.

이 지도는 2040년에 나타날 최고기온, 가뭄 및 허리케인/사이클론 활동의 변화 - 1980~2005년 기준선과 비교하여 - 를 보여준다. 이 변화는 대표농도경로(RCP) 4.5 시나리오에 따라 유엔 IPCC(기후변화에 관한 정부간 패널)가 구체화한 조건을 고려했다. 몇 가지 다른 기온 추정치를 사용할 수도 있었지만, 연중 가장 더운 날의 최고기온을 선택한 것은 폭염과 관련된 인적·농업적·경제적 비용이 심각하기 때문이다. 폭염에 긴 가뭄이 겹치면 그런 영향이 몇 배가 된다.

특정 지역 및 국가

라틴아메리카와 카리브해

가이아나
과테말라
그레나다
니카라과
도미니카공화국
도미니카연방
멕시코
바베이도스
바하마
베네수엘라
벨리즈

볼리비아
브라질
세인트루시아
세인트빈센트 그레나딘
세인트키츠 네비스
수리남
아르헨티나
아이티
앤티가 바부다
에콰도르
엘살바도르

온두라스
우루과이
자메이카
칠레
코스타리카
콜롬비아
쿠바
트리니다드 토바고
파나마
파라과이
페루

유럽

그리스
네덜란드
노르웨이
덴마크
독일
라트비아
루마니아
룩셈부르크
리투아니아
몬테네그로
몰타
벨기에
보스니아 헤르체고비나

북마케도니아
불가리아
세르비아
스웨덴
스위스
스페인
슬로바키아
슬로베니아
아이슬란드
아일랜드
알바니아
에스토니아
영국

오스트리아
이탈리아
체코
코소보
크로아티아
키프로스
터키
포르투갈
폴란드
프랑스
핀란드
헝가리

러시아와 유라시아

러시아	아제르바이잔	카자흐스탄
몰도바	우즈베키스탄	키르기스스탄
벨라루스	우크라이나	타지키스탄
아르메니아	조지아	투르크메니스탄

중동과 북아프리카

레바논	알제리	이집트
리비아	예멘	카타르
모로코	오만	쿠웨이트
바레인	요르단	튀니지
사우디아라비아	이라크	팔레스타인
시리아	이란	
아랍에미리트	이스라엘	

사하라 이남 아프리카

가나	모리타니	잠비아
가봉	모잠비크	적도기니
감비아	베냉	중앙아프리카공화국
기니	보츠와나	지부티
기니비사우	부룬디	짐바브웨
나미비아	부르키나파소	차드
나이지리아	상투메 프린시페	카메룬
남수단	세네갈	카보베르데
남아프리카공화국	세이셸	케냐
니제르	소말리아	코모로
라이베리아	수단	코트디부아르
레소토	시에라 리온	콩고공화국
르완다	앙골라	콩고민주공화국
마다가스카르	에리트레아	탄자니아
말라위	에스와티니	토고
말리	에티오피아	
모리셔스	우간다	

남아시아

네팔	부탄	인도
몰디브	스리랑카	파키스탄
방글라데시	아프가니스탄	

동북아시아

대만	북한	중국
몽골	일본	한국

동남아시아

동티모르	베트남	캄보디아
라오스	브루나이	태국
말레이시아	싱가포르	필리핀
미얀마	인도네시아	

오세아니아

나우루	사모아	파푸아뉴기니
뉴질랜드	솔로몬제도	팔라우
니우에	쿡제도	피지
마셜제도	키리바시	호주
미크로네시아	통가	
바누아투	투발루	

부록

「미국 정보 공동체의
안보 위협 평가 2021」

2021

Annual Threat Assessment

of the US Intelligence Community

머리말

미국의 국가 안보에 대한 전 세계적 위협에 대한 이 연례 보고서는 FY21 정보수권법(P.L. 116-260)의 섹션 617에 따라 작성된 것이다. 이 보고서는 정책 입안자, 전투 요원 및 국내 법 집행 요원이 세계 어디서나 미국인의 생명과 미국의 국익을 보호하는 데 필요한 세계의 미묘하고 독립적이며 꾸밈없는 정보를 제공하기 위해 매일 노력하는 정보 공동체(Intelligence Community: IC)의 집단적 통찰력을 반영한 것이다.

이 평가는 내년 미국에 대한 가장 직접적이고 심각한 위협에 중점을 둔다. 이 평가에 제시된 주제의 순서는 정보 공동체 관점에서 상대적 중요성이나 위협의 규모를 반드시 나타내는 것은 아니다. 단기적인 초점이 기후변화 및 환경 파괴와 같은 미래의 더 큰 위협을 막는 데 도움이 될 수 있는 경우를 포함하여 모두 강력한 정보 대응을 필요로 한다.

법에서 요구하는 바에 따라 이 보고서는 하원과 상원의 군사위원회뿐만 아니라 의회 정보위원회에도 제공된 것이다.

이 평가를 준비하는 데 2021년 4월 9일 현재 입수 가능한 정보를 사용했다.

2021년 4월 9일
국가정보장실

차례

서문

내년에 미국과 그 동맹국들은 코로나19 팬데믹으로 인한 세계적인 혼란과 강대국의 경쟁, 생태 파괴의 교란적 영향, 환경 파괴, 기후변화, 점점 더 권한을 많이 갖게 된 비국가행위자들과 빠르게 진화하는 기술을 배경으로 다양한 위험에 직면하게 될 것이다. 위험의 복잡성, 교차로 및 점점 더 상호 연결되는 모바일 세상에서 사건이 연속적으로 발생할 가능성으로 인해 정보 공동체는 새로운 과제에 당면하게 된다. 예를 들어, 생태 및 기후변화는 공중보건 위험, 인도주의적 우려, 사회적·정치적 불안정, 지정학적 경쟁과 관련이 있다. 「안보 위협 평가 2021」 보고서는 미국의 주요 적과 경쟁국들을 강조하면서 미국 국익에 대한 가장 시급한 위협에 대한 정보 공동체의 기준 평가를 제공하므로, 이러한 연관성 중 일부를 부각시킨다. 모든 세계적 과제에 대한 철저한 평가를 내린 것은 아니며, 특히 미국의 적대국들의 취약성에 대한 평가를 제외한다. 이 평가 보고서는 주로 중국과 러시아와 같은 위협 국가들에 대해 언급한 섹션에서 대량살상무기 및 기술과 같은 기능적 문제를 설명한다.

베이징, 모스크바, 테헤란, 평양은 팬데믹에도 불구하고 미국과 동맹국들을 희생시키면서 자신들의 이익을 증진시킬 능력과 의도를 보여주었다. 중국은 점점 더 많은 분야에서, 특히 경제적으로나 군사적으로 미국에 도전하는 거의 동등한(near-peer) 경쟁국이다. 또한 기술적으로도 글로벌 규범의 변화를 추진하고 있다. 러시아는 무력 사용을 포함한 기술을 사용하면서 전 세계적으로 가능한 한 미국에 대항하고 있다. 이란은 더 광범위한 악성 영향력 행사와 함께 지역의 위협으로 남을 것이며, 북한은 지역 및 세계 무대에서 파괴적인 역할을 할 것이다. 주요 적과 경쟁국들은 군사, 사이버, 기타 능력을 강화하고 행사하며, 미국과 동맹국에 대한 위험을 높이고, 우리의 재래식 억지력을 약화시키며, 대량살상무기로 인한 오랜 위협을 악화시키고 있다.

코로나19 팬데믹의 영향은 계속해서 정부와 사회에 부담을 줄 것이며, 중국과 러시아 같은 나라들이 '백신 외교'와 같은 방법을 통해 이익을 추구함에 따라 인도주의적·경제적 위기와 정치적 불안 및 지정학적 경쟁에 불을 지필 것이다. 어느 나라도 완전히 구제받지 못했고, 백신이 세계적으로 널리 보급되어도 수년 동안 경제적·정치적 여진이 느껴질 것이다. 부채가 많거나 석유 수출, 관광 또는 송금에 의존하는 국가들은 특히 어려운 회복에 직면하고, 다른 나라들은 내부로 눈을 돌리거나 다른 도전에 정신이 팔릴 것이다.

생태계의 악화와 기후변화는 계속해서 질병의 발생을 촉진하고, 식량과 물 안보를 위협하며, 정치적 불안정과 인도주의적 위기를 악화시킬 것이다. 기후변화가 미국 안보에 미치는 영향의 대부분은 더 광범위한 정치적·경제적 맥락에서 간접적으로 작용하겠지만, 더 따뜻한 날씨는 더 강력한 폭풍, 홍수, 영구 동토층 융해와 같은 직접적이고 즉각적인 영향을 일으킬 수 있다. 올해 우리는 2020년의 여러 허리케인과 수년간 반복되는 가뭄과 폭풍을 포함하여 코로나19 팬데믹의 경제적 여파와 극심한 날씨로 휘청이고 있는 중앙아메리카 인구의 이주 급증 가능성을 보게 될 것이다.

불법 마약과 초국가적 조직범죄의 재앙은 미국의 삶, 번영, 안전에 계속해서 타격을 줄 것이다. 주요 마약 밀매 단체는 다른 초국가적 범죄 조직과 마찬가지로 치명적인 거래를 유지하기 위해 팬데믹의 도전에 적응했다.

우리 삶의 모든 측면에서 기술의 확산과 침투뿐만 아니라, 새로 등장하고 교란적인 기술들은 독특한 과제를 제기한다. 사이버 역량은 우리의 기반 시설과 민주주의에 대한 외국의 악랄한 영향을 미치는 위협과 명백하게 얽혀 있다.

ISIS, 알카에다, 이란과 그 호전적인 동맹국들은 미국에서 다양하게 미국 국민과 미국의 국익에 대한 테러 공격을 계속하고 있다. 지도부의 손실에도 불구하고, 테러 단체들은 뛰어난 회복력을 보여주었고, 통제되지 않은 지역을 이용하여 재건하고 있다.

지역 분쟁은 계속해서 인도주의적 위기를 불러일으키고 안정을 훼손하며 미국 국민과 국익을 위협하고 있다. 일부는 미국 안보에 직접적인 영향을 미친다. 예를 들어 아프가니스탄, 이라크, 시리아에서의 전투는 미군에 직접적인 영향을 미치며, 핵으로 무장한 인도와 파키스탄 간의 긴장은 여전히 세계의 관심사이다. 이스라엘과 이란 간의 반복적인 폭력, 리비아의 외세 활동, 아프리카, 아시아 및 중동을 포함한 다른 지역에서의 분쟁은 확대되거나 확산될 가능성이 있다.

「안보 위협 평가 2021」는 국가정보장의 투명성 약속과 미국 대중과 미국 의회에 정기적인 위협 업데이트를 제공하는 전통을 지킨다. 정보 공동체는 미국과 동맹국들의 이익에 대한 직접 및 간접적 위협을 감시하고 평가하는 데 경계를 늦추지 않는다. 이런 지속적인 노력의 일환으로 정보 공동체의 국가 정보 책임자들은 정보 공동체 전체의 분석관들과 긴밀하게 협력하여 위협의 전 범위를 조사하고 장기적이며 압도적인 위협 환경의 맥락에서 가장 가능성 있는 그리고/또는 영향을 미치는 단기적 위험을 강조한다.

중국의 세계 강대국 추진

중국 공산당은 중국의 영향력 확산과 미국의 영향력 축소, 미국과 동맹국 및 협력국 간 교류에 쐐기를 박고, 권위주의적 중국 체제에 우호적인 새로운 국제규범 진작을 위해 총력전을 계속 펼칠 것이다. 하지만 중국 지도자들은 그러한 기회가 그들의 이익에 부합할 때 미국과의 긴장을 줄이기 위한 전술적 기회를 모색할 것이다. 중국 지도자들은 이 전략이 외국 기술에 대한 의존도를 줄이고 군사 발전을 가능하게 하며 경제 성장을 유지하여 중국 공산당의 생존을 보장하기 위해 필요하다고 생각하기 때문에 주요 혁신과 산업 정책을 유지할 것이다.

- 중국은 갈수록 경쟁이 치열해지는 미중 관계를 획기적인 지정학적 변화의 일환으로 보고 있으며, 2018년 이후 중국에 대한 미국의 경제 조치는 중국의 부상을 억제하기 위한 미국의 광범위한 노력의 일환으로 보고 있다.
- 중국은 코로나19 팬데믹 봉쇄의 성공을 체제 우월성의 증거로 내세우고 있다.
- 중국은 날로 커지는 군사력과 경제, 기술, 외교력을 결합해 중국 공산당을 보존하고, 영토와 지역적 우위를 확보하며, 워싱턴의 비용 부담으로 국제공조를 강화하고 있다.

지역 및 글로벌 활동

중국은 자국의 힘을 과시하기 위해 전체 정부 도구를 조정하여 사용하고 분쟁지역과 대만에 대한 영유권 주장 등 중국이 선호하는 것을 받아

들이도록 역내 이웃 국가들에게 강요하려고 한다.

- 올해 일부 병력의 철수에도 불구하고 중국-인도 간 국경 긴장이 여전히 고조된 상태이다. 중국이 2020년 5월 이후 국경을 점령한 것은 수십 년 만에 가장 심각한 단계적 확대이며, 1975년 이후 처음으로 양국 간 치명적인 국경 충돌로 이어졌다. 올해 2월 중순 현재, 여러 차례의 회담 후 양측은 분쟁지역 일부 지역에서 병력과 장비를 철수시켰다.
- 중국 정부는 남중국해에서 상대국 주장들을 계속 위협할 것이며, 점점 더 많은 수의 항공, 해군, 해양법 집행 플랫폼을 사용하여 중국이 분쟁지역에 대한 효과적인 통제권을 가지고 있음을 동남아 국가들에 알릴 것이다. 중국은 이와 유사하게 동중국해에서 다툼을 벌이고 있는 지역에 대해 일본을 압박하고 있다.
- 중국 정부는 대만 당국에 통일을 향해 나아가라고 압박할 것이며, 미국-대만 관계 증진으로 간주되는 것을 비난할 것이다. 우리는 중국이 다음 단계로 나아가면서 마찰이 커질 것으로 예상한다. 왜냐하면 중국은 대만이 국제적으로 고립되어 있고, 경제적 번영을 위해 본토에 의존하고 있으며, 대만을 둘러싼 군사 활동을 계속 늘려가고 있는 모습을 묘사하고 있기 때문이다.
- 중국이 러시아와 상호 보완적 관심 분야에 대한 협력을 강화하고 있는 것은 국방, 경제 협력 등이다.

중국은 낭비와 착취적 관행을 줄이려 노력하는 한편, 자국의 경제·정치·군사력 확충을 위해 일대일로(Belt and Road Initiative: BRI)를 지속적으로 추진하여 국제사회의 비판이 일어날 것이다. 중국은 '백신 외교'를 통해 자국의 영향력을 증대시키려 노력할 것이며, 각국이 개발 중인 코로나19 백신에 대해 편애하는 국가에 접근을 제공할 것이다. 중국은 또한 개인의 권리에 대한 국가 주권과 정치적 안정을 강조하면서 기술과 인권에 대한 새로운 국제규범을 촉진할 것이다.

중국 공산당이 국방, 에너지, 금융 및 기타 부문과 관련된 미국 및 동맹국 기업과 연구 기관의 핵심 기술 부문과 독점 상업 및 군사 기술을 표적으로 삼기 때문에, 중국은 미국의 기술 경쟁력에 대한 가장 큰 위협이 될 것이다. 베이징은 기술력을 향상시키기 위해 공공 투자에서 스파이, 절도 행위까지 다양한 도구를 동원하고 있다.

군사력

중국은 강대국이 되고, 자국 영토로 보는 것을 확보하며, 세계적 수준의 군대를 구축하여, 국제규범과 관계를 불안정하게 함으로써 지역 문제에서 우위를 확립하려는 목표를 계속 추구할 것이다. 중국의 군사적 공약에는 다년간에 걸친 포괄적인 군사 개혁 이니셔티브 의제가 포함되어 있다.

- 인민해방군이 해외 군사시설 접근 협정을 지속적으로 추진하여 전력 투사 능력을 향상시키고 해외에서 중국 이익을 보호할 것으로 예상한다.
- 인민해방군 해군과 공군은 이 지역 최대 규모로 중국의 전력 투사 능력을 향상시키는 첨단 장거리 플랫폼을 지속적으로 배치하고 있다. 인민해방군 로켓군의 매우 정확한 단거리, 준중거리, 중거리 재래식 시스템은 이 지역의 미국과 동맹국 기지들을 위험에 처하게 할 수 있다.

대량살상무기

중국은 향후 10년 동안 최소한 핵 비축량을 두 배로 늘리고 핵전력 삼각축(nuclear triad)을 배치하겠다는 의도로 역사상 가장 빠른 확장과 플랫폼 다변화를 계속할 것이다. 중국은 자국의 현대화 계획을 제한하는 무기 통제 협정에 관심이 없으며, 미국이나 러시아의 핵 우위에 잠겨 있는 (lock in) 상태에서 실질적인 협상에 동의하지 않을 것이다.

● 중국은 지역적 고도화 관리와 대륙 간 2차 타격 능력 확보를 위해 설계된 핵미사일 시스템을 포함해 과거보다 생존성이 높고 다양하며 경계태세가 강화되는 핵미사일 전력을 증강하고 있다.

우주

중국은 미국이 우주 리더십으로 얻은 군사적·경제적 이득과 명성 편익을 획득하기 위해 우주 분야에서 미국의 역량만큼 높이거나 능가하기 위해 노력하고 있다.

● 2022년에서 2024년 사이에 지구 저궤도(Low Earth Orbit: LEO)에서 중국 우주 정거장이 가동될 것으로 예상된다. 중국도 달 탐사 임무를 추가로 수행했으며, 달에 로봇 연구소를 설치하고, 이후 간헐적으로 달 탐사 기지를 건설할 계획이다.
● 인민해방군은 위성 정찰 및 위치 확인, 측위·항법·시각동기 (Positioning, Navigation and Timing: PNT)와 같은 우주 서비스와 위성통신을 무기와 지휘 및 통제 체제에 통합하여 미군의 정보 우위를 약화시킬 것이다.

대우주 작전은 인민해방군의 잠재적인 군사 활동에 필수적일 것이며, 중국은 미국과 동맹국 위성들을 표적으로 하는 대우주 무기 능력을 보유하고 있다.

- 중국은 계속해서 군사 우주 요소를 훈련하고 새로운 파괴 및 비파괴 지상 및 우주 기반 대위성(antisatellite: ASAT) 무기를 배치하고 있다.
- 중국은 이미 지구 저궤도(LEO) 인공위성을 파괴하기 위한 지상형 ASAT 미사일과 LEO 위성의 민감한 우주 기반 광학센서를 막거나 손상시키기 위한 지상형 ASAT 레이저를 배치했다.

사이버

우리는 중국이 번식력이 강하고 효과적인 사이버 스파이 역량을 갖고 있고 상당한 사이버 공격 능력을 보유하고 있으며 영향력 위협이 증가하고 있다고 평가한다. 중국의 사이버 추격과 관련 기술의 확산은 미국 본토에 대한 사이버 공격 위협, 중국 정부가 내부 이념 통제에 위협적으로 보는 미국 웹 콘텐츠의 억압, 전 세계로 기술 주도 권위주의의 확대를 증가시킨다.

- 우리는 중국이 최소한 미국 내의 중요한 인프라에 국지적이고 일시적인 장애를 일으킬 수 있는 사이버 공격을 시작할 수 있다고 계속 평가하고 있다.
- 중국은 특히 위구르인과 같은 소수 민족 사이에서 인구를 감시하고 반대를 억압하기 위해 감시 시스템과 검열을 활용하는 면에서 세계를 주도하고 있다. 중국 공산당 권력에 대한 인지된 위협을 감시하고, 영향력을 행사하려는 노력의 일환으로 언론인 해킹, 개인 정보

도용, 온라인 언론의 자유를 허용하는 공격 도구와 같이 국경을 넘어 미국 및 비미국 시민에게 영향을 미치는 사이버 침입을 감행한다. 중국은 또한 감시 도구와 기술을 수출하기 위해 코로나19를 퇴치하기 위한 전 세계적인 노력에 대한 원조를 이용하고 있다.

● 중국의 사이버 스파이 활동에는 정보 수집, 공격 또는 영향력 행사를 위한 후속 기회가 많을 통신 회사, 관리 서비스 및 널리 사용되는 소프트웨어의 제공자가 포함된다.

첩보, 영향력 행사, 선거 영향 및 개입

중국은 전 세계적으로 증가하는 정치적·경제적·안보적 이익을 더 잘 지원하기 위해 계속해서 글로벌 첩보 활동(intelligence footprint)을 확대할 것이며, 미국의 동맹국들과 협력국들에 더욱 도전하게 될 것이다. 중국은 동아시아와 서태평양을 넘나들며 이 지역에 대한 미국의 공약에 대한 의구심을 일으키게 하며, 대만의 민주주의를 훼손하고, 중국의 영향력을 확대하려고 한다.

● 중국은 다음과 같은 노력을 강화해 왔다. 자국이 선호하는 정책을 증진하는 미국의 정치적 환경을 형성하고 대중 담론을 조성하며, 중국의 이익에 반대한다고 생각되는 정치인들을 압박하고, 종교의 자유와 홍콩의 민주주의 억압 따위의 문제를 놓고 중국에 대한 비판을 무마하는 것이다.

러시아의 도발 행동

모스크바는 올해에도 미국의 영향력을 약화시키고, 새로운 국제규범과 파트너십을 개발하며, 서구 국가를 분열시키고, 서구의 동맹을 약화시키며, 러시아가 새로운 다극 국제질서의 주역으로서 세계적 사건을 형성할 수 있는 능력을 보여주기 위해 다양한 전술을 계속 사용할 것이다. 러시아는 군사, 핵, 우주, 사이버 및 첩보 능력을 계속 개발하는 동시에 해외에 적극적으로 참여하고 에너지 자원을 활용하여 의제를 발전시키고 미국을 약화시킬 것이다.

우리는 러시아가 독자적으로 미국과 실질적인 협력의 기회를 모색하기를 기대하며, 러시아가 미군과의 직접적인 충돌을 원하지 않는다고 평가한다.

- 러시아 관리들은 미국이 러시아를 약화시키고, 블라디미르 푸틴 대통령을 약화시키며, 구소련과 다른 지역에 서구 친화적인 정권을 세우기 위해 자체적으로 '영향력 캠페인'을 수행하고 있다고 오랫동안 믿어왔다.
- 러시아는 미국과 국내 문제에 상호 간섭하지 않고 구소련 지역의 대부분에 대해 미국이 러시아의 세력권을 인정하는 합의를 모색하고 있다.

지역 및 세계적 활동

우리는 모스크바가 자국의 이익을 증진하거나 미국과 동맹국들의 이익을 저해하기 위해 특히 캠페인, 첩보 및 대테러 협력, 군사 지원 및 연합 훈련, 용병 작전, 암살 및 무기 판매에 영향을 미치는 다양한 도구를 사용할 것으로 평가하고 있다. 우리는 러시아가 자국의 이익이 걸려 있거나, 전력 공백을 기회로 바꿀 수 있거나, 행동에 대해 예측되는 비용이 낮을 때 위기에 뛰어들 것으로 예상한다. 러시아는 자국의 목표 달성을 위해 전 세계 군사, 첩보, 보안, 상업 및 에너지 설치 공간을 계속 확장하고, 미국의 동맹국들 및 적대국들과 파트너십을 구축할 것이다. 특히 중국과 전략적 협력이 증가하고 있다.

- 우리는 러시아 연방보안국(FSB)이 2019년 베를린 공원에서 체첸 분리주의자 암살을 조직했으며, 2020년 러시아 국내의 야당 활동가인 알렉세이 나발니(Aleksey Navalnyy)를 4세대 화학 물질로 죽이려고 시도한 것으로 판단한다.
- 중동과 북아프리카에서 모스크바는 시리아와 리비아에 대한 개입을 통해 영향력을 증대하고, 미국의 지도력을 약화시키며, 필수 중재자로서의 역할을 하고, 군사적 접근권과 경제적 기회를 얻고 있다.
- 서반구에서 러시아는 베네수엘라와의 관계를 확대하고 쿠바를 지원했으며, 무기 판매 및 에너지 계약을 통해 라틴아메리카의 시장과 천연 자원에 대한 접근을 확대하고 일부는 제재 효과를 상쇄했다.
- 구소련 지역에서 모스크바는 코카서스에서 역할을 강화하고, 필요하다고 판단되면 벨라루스에 개입하며, 회담 해결이 지연되고 낮은 수준의 전투가 계속되는 동안 우크라이나에 대한 불안정화 노력을 계속할 수 있는 좋은 위치에 있다.
- 러시아는 2006년부터 에너지를 대외정책 수단으로 사용해 협력을 강요하고 각국을 협상 테이블로 끌어 들였다. 예를 들어 모스크바와 키예프 사이의 가격 분쟁 이후, 러시아는 2009년에 통과하는 가스를

포함하여 우크라이나로의 가스 공급을 중단했고, 이 조치는 13일 동안 유럽의 일부 지역에 영향을 미쳤다. 러시아는 또한 민간 원자로 건설의 능력을 외교 정책에 소프트파워 도구로 사용한다.

군사력

우리는 군사 현대화, 군사력 사용, 정보전 결합 등을 포함한 모스크바의 군사 태세와 행동이 미국과 그 동맹국들의 이익에 도전할 것으로 본다. 러시아의 국방비 지출이 종전 수준과 같거나 감소하더라도 러시아는 미국과 역내 각국에 대해 위협을 증가시킬 신형 무기를 강조할 것이며, 이와 동시에 해외 군사개입을 계속하고 훈련용 군사연습을 실시하며 과거 시리아와 우크라이나 개입 시의 교훈을 체화할 것이다.

- 모스크바는 전략적으로 중요한 지역에 병력을 전개할 여력이 있지만, 그 전개 지역이 러시아에서 멀어질수록 전투작전을 집약적으로 지속할 수 있는 능력이 떨어질 것이다.
- 크렘린과 가까운 러시아 올리가르히(oligarch)들에 의해 운영되는 민간 군사·보안 회사들이 모스크바의 군사 진출을 저비용으로 확장하며, 이렇게 해서 러시아는 개입을 부인하고 전투 사상자 발생과 거리를 둔다. 그러나 이러한 대리 군대는 전술적 능숙함이 부족하기 때문에 모스크바의 전략적 목표를 성취하지 못하는 경우가 흔하다.

대량살상무기

우리는 러시아가 핵무기 능력을 확장 및 현대화하고 전략 무기와 비전략 무기의 능력을 증가시키기 때문에, 미국이 예측 가능한 최대의 유력한 대량살상무기 경쟁국으로 남을 것이라고 평가한다. 러시아도 1990년대 이후 핵시설의 물리적 보안이 개선되었음에도 불구하고 여전히 핵물질적 안보에 대한 우려가 있다.

- 러시아는 미국과 나토에 대한 잠재적 분쟁에서 억지력을 유지하고 목표를 달성하기 위해 핵 능력이 필수적이라고 보고 있으며, 러시아 연방을 궁극적으로 보장할 수 있는 것은 핵무기 억지력이라고 보고 있다.
- 러시아는 핵 또는 재래식 탄두를 운반할 수 있는 크고 다양하며 현대적인 비전략적 시스템을 구축하고 있다. 모스크바는 그러한 시스템이 적을 억지하고 잠재적인 적대 행위의 확대를 통제하며 국경 근처의 미군과 연합군에 대응할 수 있는 선택지를 제공한다고 믿기 때문이다.

사이버

우리는 러시아가 스파이 활동, 영향력 및 공격 능력을 개선하고 활용함에 따라 여전히 최고의 사이버 위협이 될 것으로 평가한다.

- 러시아는 미국과 동맹국 및 협력국들의 해저 케이블과 산업 제어 시스템을 포함한 중요 인프라를 계속 표적으로 삼고 있다. 이러한 시도를 통해 위기 상황에서 인프라를 손상시킬 수 있는 능력이 향상되고 일부 경우에는 이를 입증할 수 있다.
- 이 보고서의 사이버 섹션에 설명된 2020년 러시아 소프트웨어 공급망 운영은 미국의 공공 및 민간 조직을 표적으로 삼고 잠재적으로 파괴하려는 모스크바의 능력과 의도를 보여준다.
- 러시아는 또한 사이버 작전을 사용하여 러시아 정부의 안정에 대

한 위협으로 간주되는 것을 방어하고 있다. 2019년 러시아는 정부 활동을 조사하는 언론인과 조직을 해킹하려고 시도했으며 적어도 한 번은 그들의 정보를 유출했다.

● 러시아는 사이버 공격을 적대국을 저지하고, 에스컬레이션을 통제하며, 분쟁을 일으키기 위한 수용 가능한 선택지로 거의 확실하게 간주한다.

첩보, 영향력 작전, 선거 영향 및 개입

러시아는 미국에 가장 심각한 첩보 위협이 되고 있다. 그 방법은 러시아의 정보기관과 영향력 도구를 이용해 서방 동맹을 분열시키고 구소련 지역에서 영향력을 유지하며, 전 세계적으로 영향력을 높이는 한편, 미국의 국제적 위상을 훼손하고, 미국 내부에 불화를 심고 미국 유권자와 의사결정에 영향을 미치고 있다. 러시아는 기술 수집 및 감시 기능을 계속 발전시킬 것이며 아마도 미국의 적을 포함한 여타 국가와 기술 및 전문 지식을 공유할 것이다.

● 모스크바는 미국 선거를 미국의 국제적 위상을 손상시키고, 따라서 미국 내부의 불협화음이 미국의 의사결정에 영향을 미치며, 미국 유권자들을 동요시킬 기회로 보고 있는 것이 거의 확실하다. 모스크바는 2016, 2018, 2020년 미국 선거에 대한 영향력을 행사했다.

우주

러시아는 여전히 핵심적인 우주 경쟁 국가가 될 것이다. 러시아는 정찰, 통신 및 항법 위성들의 대규모 네트워크를 유지하고 있다. 러시아는 통신, 측위·항법·시각동기, 지오로케이션(지리위치, geolocation), 첩보, 감시 및 정찰과 같은 우주 서비스를 무기와 지휘통제 시스템에 통합하는 데 초점을 맞출 것이다.

- 러시아는 미국과 연합국의 우주 능력을 교란하고 저하시키기 위해 군사 우주 요소를 훈련시키고 새로운 대위성 무기를 배치하고 있으며, 교란 및 사이버 공간 능력, 유도 에너지 무기, 궤도상의 능력 및 지상 기반 대위성 능력을 포함한 일련의 파괴·비파괴 대우주 무기를 개발, 테스트 및 실전 배치하고 있다.

이란의 도발 행동

이란은 미국의 영향력을 약화시키고 해외 시아파를 지원하며, 이웃 국가에서 영향력을 확고히 하고 힘을 투사하고, 국제적 압력을 회피하며, 정권 안정에 대한 위협을 최소화하기 위해 노력하면서 미국과 이 지역의 동맹국 이익에 지속적인 위협이 될 것이다. 이란의 경제 악화와 열악한 지역 평판이 이란의 목표 달성에 장해가 되고 있지만, 이란은 목표를 달성하기 위해 외교, 핵 프로그램 확대, 군사 판매 및 획득, 대리 및 파트너 공격 등 다양한 수단을 시도할 것이다. 우리는 이란이 내년에 긴장을 고조시키고 미국과 동맹국들의 이익을 위협할 수 있는 위험을 감수할 것으로 예상하고 있다.

- 이란은 자국이 미국과 그 지역 동맹국들과의 분쟁에 휘말린 것으로 보고 있는데, 이런 나라들이 이란의 지정학적 영향력을 축소하고 정권 교체를 추구하는 데 초점을 맞추고 있다고 인식하고 있다.
- 테헤란의 행동은 미국, 이스라엘, 걸프 국가의 적대감, 재래식 무기와 대리군을 통해 병력을 투입하는 능력, 그리고 국제사회로부터 외교, 경제적 양보를 얻어내려는 열망을 반영할 것이다.
- 특히 미국의 이해관계와 관련해 이란의 공격 의지는 미국의 대응 의지에 대한 인식, 직접적인 충돌을 유발하지 않고 공격을 감행할 수 있는 능력, 그리고 미국의 잠재적인 제재 완화를 위태롭게 할 것이라는 전망에 달려 있을 것이다.
- 아마도 이란의 정권 지도자들은 제재나 인도적 구호 또는 미국이 포괄적공동행동계획(Joint Comprehensive Plan of Action: JCPOA)에 재가

입하지 않고 가까운 시일 내에 미국과의 외교적 대화에 참여하는 것을 꺼릴 것이다. 이란은 전면적인 분쟁에 휘말리는 것을 경계하고 있지만, 미국의 압력에 대항하기 위해 여전히 최선을 다하고 있다.

지역 개입 및 불안정화 활동

이란은 올해와 향후 몇 년 동안 자국 영향력의 핵심 격전지가 될 이라크에서 여전히 문제가 되는 행위자일 것이며, 이란이 지원하는 이라크 시아파 민병대는 이라크 주둔 미군에 계속 주요 위협을 가할 것이다.

- 2020년 이라크에서 미군 시설이나 미군 관련 호송차에 대한 간접 사격과 기타 공격이 증가한 것은 이란의 지원을 받는 이라크 시아파 민병대의 영향이 크다.
- 이란은 미군의 주둔에 도전하고 이라크 정치와 안보 문제에 영향력을 유지하려는 이란의 목표를 위해 시아파 민병대 동맹국들과 그들의 관련 정당들에 의존할 것이다. 이란은 미국의 제재를 피하기 위해 이라크 시아파 단체 및 지도자들과의 관계를 계속 활용하고 있으며, 정치적 압박과 동적 파업을 통해 미군을 철수시키려 하고 있다.
- 비록 테헤란은 여전히 이라크에서 영향력 있는 외부 행위자로 남아 있지만, 무스타파 알카디미 총리와 같은 이라크 정치인들은 이라크가 두 나라 사이의 분쟁의 장이 되는 것을 피하기 위해 이라크와 이란 및 미국과의 관계를 균형 있게 조정하려고 시도할 것이다.

이란은 시리아에서 영향력을 유지하기로 결정했다.

- 이란은 시리아에서 분쟁이 잦아듦에 따라 영구적인 군사 주둔과

경제적 거래를 추구하고 있다. 테헤란은 이러한 것들이 지역적 영향력을 구축하고 헤즈볼라를 지원하며 이스라엘을 위협하고자 하는 것이 거의 확실하다.

이란은 예멘에서 여전히 불안정한 세력이 될 것이다. 이란의 탄도 및 순항 미사일과 무인 시스템 공급을 포함하여 후티 반군에 대한 테헤란의 지원은, 특히 사우디아라비아에 대한 공격을 통해 미국의 파트너와 이익에 위협이 되고 있다.

테헤란은 미사일 부대를 통해서나 헤즈볼라와 다른 테러 단체의 지원을 통해 직간접적으로 여전히 이스라엘에 대한 위협이 될 것이다.

이란은 아프가니스탄에서 양다리를 걸칠 것이며, 그들의 행동이 불안정성을 위협할 수도 있을 것이다. 이란은 공개적으로 아프간 평화 회담을 지지하고 있지만, 아프가니스탄에 미군이 장기 주둔하는 것에 대해 우려하고 있다. 따라서 이란은 카불 및 탈레반과 동맹을 맺고 있기 때문에 어떠한 정치적 결과도 활용할 수 있다.

군사력

이란의 다양한 군사 능력과 재래식 및 비재래식 능력을 모두 사용하는 하이브리드 전투 방식은 가까운 장래에도 미국과 이 지역 동맹국들의 이익에 위협이 될 것이다.

- 이란은 2020년 1월 이란 이슬람혁명수비대 쿠드스군(IRGC-QF) 사령관 카셈 솔레이마니의 피살 사건에 대응해 이라크 주둔 미군 기지에 대한 다연장 탄도미사일을 발사하는 등 주로 공격자에 대한 억지력과 보복 능력을 바탕으로 한 재래식 군사전략을 선보였다. 이란은

이 지역에서 가장 많은 탄도미사일 전력을 보유하고 있으며, 경제적인 어려움 속에서도 재래식 무기를 개량하고 보유할 방안을 모색할 것이다.

● 비재래식 전쟁 운영 및 호전적인 파트너들과 대리인들로 구성된 네트워크를 통해 이란은 이 지역에 대한 자국의 이익을 증진시키고, 전략적 깊이를 유지하며, 비대칭적인 보복 선택지를 제공할 수 있게 되었다.

● 이란 이슬람혁명수비대 쿠드스군과 그 대리인들은 여전히 이란 군사력의 중심이 될 것이다.

미국의 이익과 본토에 대한 공격

우리는 이란이 10년 이상 추구해 온 목표인 미국 내 네트워크 개발에 여전히 주시하고 있지만, 미국 국민들에게 가장 큰 위험은 국토 밖, 특히 중동과 남아시아에 존재한다고 평가한다.

● 이란은 이 지역에 무기와 폭발물을 이용할 수 있는 자산과 대리인을 보유하고 있기 때문에 아마도 중동과 남아시아에서 미국의 이익을 가장 쉽게 공략할 수 있을 것이다.

핵 발발

우리는 이란이 현재 핵무기 개발을 위해 필요하다고 판단하는 주요 활동을 하고 있지 않다고 평가하고 있다. 다만, 미국이 2018년 5월 포괄적공동행동계획 협정에서 탈퇴한 이후, 이란 관리들은 이란의 약속을 일부 포기하고 포괄적공동행동계획의 한도를 초과하는 일부 핵 활동을 재개했다. 만약 이란이 제재 완화를 받지 않는다면, 이란 관리들은 우라늄을 60%까지 농축하는 것에서부터 40메가와트급 중수로를 새로 설계하고 건설하는 것까지 다양한 방안을 고려할 것이다.

● 이란은 미국의 포괄적공동행동계획 탈퇴에 대한 돌이킬 수 없는 대응으로 핵 활동 재개를 일관되게 주장해 왔으며, 미국이 포괄적공동행동계획의 약속을 이행한다면 완전한 준수로 복귀할 것이라는 메시지를 보냈다.

2019년 6월 이후, 이란의 우라늄 비축량 크기와 농축 수준이 포괄적공동행동계획 한도를 넘어섰다. 이란은 2019년 9월부터 첨단 원심분리기 연구 개발 규제를 무시하고 깊이 매장된 포르도(Fordow) 시설에서 우라늄 농축 작업을 재개했다. 올해 1월에 이란은 우라늄을 20%까지 농축하기 시작했고, 원자로 연료용 우라늄 금속을 생산하겠다는 의도로 연구 개발을 시작했으며, 2월에는 실험실에서 1그램의 천연 우라늄 금속을 생산했다.

사이버, 첩보, 영향력 행사 및 선거 개입
이란의 전문성과 공격적인 사이버 작전을 수행하려는 의지는 미국과 동맹국 네트워크 및 데이터의 보안에 중대한 위협이 되고 있다. 이란은 중요 인프라에 대한 공격과 영향력 및 스파이 활동을 수행할 수 있다.

● 이란은 2020년 4월부터 7월까지 이스라엘의 수도 시설에 대한 불특정 단기적 효과를 초래한 다수의 사이버 공격을 감행했다고 언론들이 보도했다.

이란은 미국의 2020년 대선을 겨냥한 공격적인 영향력 행사를 활성화하기 위해 사이버 공간을 점점 더 적극적으로 활용하고 있다. 그리고 우리는 이란이 가짜 위협이나 선거 인프라 손상에 대한 잘못된 정보를 퍼뜨리고 반미 콘텐츠를 재순환하는 등 온라인의 은밀한 영향력에 초점을 맞출 것으로 예상한다.

- 이란은 2020년 미국 대선을 전후해 미국 유권자들에게 위협적인 메시지를 보내 역학 관계에 영향을 미치려 했고, 2020년 12월 이란의 사이버 행위자들은 미국 선거에 대한 신뢰를 떨어뜨리기 위해 미국 선거 관리에 대한 정보를 유포했다.

북한의 도발 행동

　북한 지도자 김정은은 지역 안보 환경을 재편하고 핵무기와 대륙간 탄도미사일(Intercontinental Ballistic Missile: ICBM) 실험까지 포함하여 미국과 동맹국 간의 긴장을 고조시키기 위해 여러 가지 공격적이고 잠재적으로 불안정한 행동을 취할 수 있다.

- 우리는 김정은 위원장이 핵무기를 외국의 개입에 대한 궁극적인 억지력으로 보고 시간이 흐르면서 핵 보유국으로서 국제적인 인정과 존중을 받을 것으로 믿고 있다고 평가한다. 그는 아마도 자신의 정권에 대한 현재의 압박 수준이 접근 방식의 근본적인 변화를 요구할 정도는 아니라고 볼 것이다.
- 김정은 위원장은 또한 재래식 군사 현대화 노력, 핵무기와 미사일 개발, 대외 개입, 제재 회피, 사이버 능력을 통해 핵 보유국으로서의 위신, 안보, 수용을 달성하고자 한다.

군사력

　북한은 재래식 군사력을 계속 향상시켜 김정은 위원장의 정치적 목적을 달성하거나 북한이 공격을 받을 경우 큰 손실을 입힐 수 있는 다양한 도구를 마련함으로써 미국, 한국, 일본에 점점 더 큰 위협이 될 것이다.

- 평양은 2021년 1월과 2020년 10월 군사 퍼레이드에서 더 발전하고 더 다양한 전략 및 전술 탄도미사일 부대를 과시했다.

대량살상무기

북한은 가까운 장래에 대량살상무기의 위협국이 될 것이다. 왜냐하면 김정은은 핵무기에 대한 강한 의지를 갖고 있으며, 북한은 적극적으로 탄도미사일 연구 개발을 하고 있으며, 북한의 생화학무기(Chemical & Biological Weapon: CBW) 노력이 지속되고 있기 때문이다.

- 김정은 위원장은 2019년 12월 북한의 핵무기 및 ICBM 실험에 대한 자발적 유예의 중단을 발표했으나 아직까지 장거리 미사일 실험을 하지 않았으며, 향후 미국과의 비핵화 회담의 문을 열어두고 있다. 김정은 위원장은 미국이 북한에 유리한 조건에서 자신을 상대하도록 강요하기 위해 올해 장거리 미사일이나 핵실험 재개를 고려하고 있을지도 모른다.

사이버

북한의 사이버 프로그램에 따라 스파이, 절도, 공격 위협이 증가하고 있다.

- 북한은 지난 10년 동안의 운영으로 미루어볼 때 일부 중요 인프라 네트워크의 일시적이고 제한된 중단을 야기하고, 미국의 비즈니스 네트워크를 붕괴시킬 수 있는 전문 지식을 보유하고 있을 것이며, 소프트웨어 공급망을 손상시키는 운영을 수행할 수 있을 것이다.
- 북한은 전 세계 금융기관과 암호화폐 거래소를 상대로 사이버 절도를 감행해 수억 달러를 가로챘을 가능성이 있으며, 이는 아마도 핵과 미사일 프로그램과 같은 정부의 우선순위에 자금을 대기 위해서일 것이다.

초국가적 이슈들

코로나19 팬데믹과 질병

코로나19 팬데믹은 전 세계의 건강을 넘어 경제, 정치 및 안보 분야까지 광범위한 영향을 미치면서 전 세계인의 삶을 혼란에 빠뜨렸다. 코로나19는 백신과 치료제가 널리 배포될 때까지 전 세계 인구에 위협이 될 것으로 예상된다. 팬데믹의 경제적·정치적 영향은 수년 동안 전 세계에 파급될 것이다.

팬데믹은 지정학적 긴장을 고조시키고 있으며, 강대국들은 이익과 영향력을 위해 경쟁하고 있다. 특히 일부 정부들이 자성하며 세계화와 상호 의존성의 장점에 의문을 제기함에 따라, 국가들은 팬데믹과 그 경제적 파장에 대응하기 위해 협력하고 있으나, 일부 경우는 협력을 저해하고 있다. 중국과 러시아 같은 일부 정부는 지정학적 입지를 강화하기 위해 의약품과 백신을 제공하고 있다.

지속적인 경제 침체, 실업 및 공급 차질이 결합된 압력에 직면하여 사람들이 더욱 절실해짐에 따라 전염병으로 인한 경제적 손실은 적어도 소수 (또는 다수) 국가에서 불안정성을 만들거나 악화시킬 가능성이 있다. 심각한 타격을 입은 일부 개발도상국은 재정 및 인도주의적 위기를 겪고 있으며, 이주 증가, 정부 붕괴 또는 내부 분쟁의 위험이 증가하고 있다.

• 비록 세계무역이 코로나19로 인한 침체에서 회복될 조짐을 보이고 있지만, 경제학자들은 올해 회복이 팬데믹 지속 또는 확산에 의해 중단되어 많은 정부들에 내부 경제 안정에 초점을 맞추도록 압력을 가할 수 있다고 경고하고 있다. 올해 4월 국제통화기금(IMF)은 세계 경

제가 올해 6%, 2022년 4.4% 성장할 것으로 추정했다. 올해 전망치는 기존 전망치 대비 0.5%p 상향 조정되었다. 이는 연말 백신 효과로 활동이 강화되리라는 기대감과 일부 경제 대국에서 추가 지원 정책이 반영된 것이다. 2020년의 세계 성장 위축은 3.3%로 추산된다.

• 올해 초 코로나19 감염의 재발은 관광, 식당 등 타격이 심한 업종에서 어려움을 겪고 있는 기업들이 도산하고 정부들이 증가하는 예산 부담에 직면하고 있기 때문에 훨씬 더 큰 경제적 영향을 미칠 수 있다.

• 개발도상국, 특히 송금, 관광 또는 석유 수출에 크게 의존하는 개발도상국에 미치는 영향은 심각하고 오래 지속될 수 있다. 많은 개발도상국들은 이미 부채 탕감을 모색하고 있다.

• 코로나19 팬데믹으로 인한 경제적 여파는 분쟁 및 기상 이변과 함께 전 세계적으로 식량 불안을 10년 이상 만에 최고치로 끌어올렸으며, 이로 인해 불안의 위험이 증가하고 있다. 심각한 식량 불안을 겪고 있는 사람들의 수는 2019년 1억 3500만 명에서 지난해 약 2억 7000만 명으로 두 배 증가했으며, 올해 연말까지는 3억 3000만 명으로 늘어날 것으로 전망된다.

코로나19 팬데믹은 전 세계 국가들의 안보 우선순위 변화를 촉발하고 있다. 군 당국이 예산 삭감에 대한 요구가 증가함에 따라 유엔 평화유지활동, 군사훈련 및 대비, 테러방지 작전, 군비통제 감시, 검증, 준수 등에서 간극이 나타나고 있다. 이러한 간극은 팬데믹이 신속하게 종식되고 급속하게 회복되지 않으면 커질 가능성이 있다. 특히 팬데믹으로 인해 분쟁의 수나 강도가 감소하지 않았기 때문에 그 관리가 더욱 어려워진다.

백신, 원조 제공, 산모 및 아동 건강 프로그램과 같은 필수 건강 서비스에 대한 코로나19 관련 장애는, 특히 저소득 국가의 취약한 인구에서 추가적인 건강 위기 발생 가능성을 증가시킬 것이다. 예를 들어, 팬데믹은 인간면역결핍바이러스/에이즈(HIV/AIDS) 치료와 사하라 이남 아프리카의 예방 조치를 방해했고, 수십 개국의 홍역 및 소아마비 예방 활동에 지장을 주었다. 미국인을 포함한 세계 인구는 계획 없이 급속도로 이뤄진 도시화, 장기화된 분쟁과 인도주의적 위기, 이전의 미개척지로 밀려든 인간의 침입, 국제 여행과 무역의 확대, 정부와 의료 종사자들에 대한 대중의 불신 등 위험 요인이 지속됨에 따라 새로운 전염병 발생에 취약할 것이다.

기후변화와 환경 파괴

우리는 기후변화와 환경 악화의 영향이 경제에 대한 위험, 정치적 변동성 증가, 인간 이동, 향후 10년 동안 그리고 그 이후에 일어날 지정학적 경쟁을 위한 새로운 장소 등 직간접적 위협이 혼합될 것이라고 평가한다. 과학자들은 또한 대기, 육상, 해수 온도 상승이 미국과 미국의 이익을 직접적으로 위협하는 폭염, 가뭄, 홍수 등이 더 빈번하고 가변적인 극한 날씨 사태를 만들어낸다고 경고한다. 적응 조치로 이러한 위협의 영향을 관리한다고 해도 그렇다는 말이다. 토양, 물, 생물 다양성 자원의 훼손과 고갈은 거의 확실하게 인프라, 건강, 물, 식량 및 안보를 위협할 것이며, 특히 변화에 빠르게 적응할 능력이 부족한 많은 개발도상국에서 부족한 천연자원에 대한 경쟁으로 인한 분쟁 가능성이 증가할 것이다.

- 2020년은 2010년부터 2019년까지의 10년 동안의 기온 상승에 이어, 사상 가장 더운 해로 기록되었다. 북극해 얼음의 최소 범위는 2020년 사상 두 번째로 낮은 수준에 이르러 미국, 중국, 러시아 간 경

쟁이 치열해지고 있는 이 지역에서 자원과 해로의 접근성이 높아지고 있음을 부각시켰다.

● 2020년에 발생한 여섯 개의 대서양 폭풍은 온난화 온도 때문에 '급속 강화 임계치'를 통과했는데, 이는 걸프 연안의 미군 시설뿐만 아니라 사람들이 대피하거나 대비할 수 있는 시간이 더 적어 피해가 커지는 폭풍을 말한다.

● 2020년 폭풍 시기는 라틴아메리카를 특히 강타했다. 이 지역은 이미 수년간 계속되는 가뭄과 폭풍으로 고통을 받았으며, 팬데믹과 관련된 이동 제한이 완화됨에 따라 이 지역으로부터의 대규모 인구 이동 가능성이 증가하였다.

● 오염과 열악한 토지관리 관행으로 인한 환경파괴는 계속해서 인간의 건강을 위협하고 사회 불안을 초래할 것이다. 대기오염은 2019년 전 세계적으로 네 번째 조기사망 위험인자로 약 700만 명의 사망자가 발생했으며, 코로나19 감염의 민감성과 심각성을 높이는 것으로 밝혀졌다. 2020년에 코로나19 봉쇄로 인해 대기 질이 전 세계적으로 일시적으로 개선되었음에도 불구하고, 2020년 9월에 이르러 대기 오염은 전염병 이전 수준으로 되돌아갔다.

● 전 세계 에너지 사용량 및 관련 배출량이 계속 증가하여 파리협정의 목표가 위험에 처함으로써 기후변화 위협은 더욱 심해질 것이다. 세계로 퍼진 팬데믹으로 인해 각국이 국경을 폐쇄하고 여행을 크게 줄였는데도, 2020년의 전 세계 이산화탄소 배출 감소량은 6% 미만에 그쳤다. 2020년 12월에 이르러 각국이 다시 문호를 개방하기 시작하면서, 이전의 월간 수준으로 반등했다. 이는 배출량이 경제 성장과 얼마나 강하게 연관되어 있는지를 보여준다.

신기술(emerging technologies)

수십 년 동안 기술력을 높인 여러 국가의 투자와 노력에 이어, 신기술에 대한 미국의 리더십은 주로 중국에 의해 점점 더 도전을 받고 있다. 우리는 보다 평등한 경쟁의 장으로 인해 신기술 개발이 여러 국가에서 점점 더 많이 출현하고 경고도 덜 받을 것으로 예상한다.

- 전 세계적으로 급속히 확산되는 신기술은 국가 역량을 강화할 뿐만 아니라 점점 더 정교한 능력을 소그룹과 개인의 손에 넣어준다. 기술의 민주화는 유익할 수 있지만 경제적·군사적·사회적으로 불안정해질 수도 있다. 이러한 이유로 컴퓨팅, 생명공학, 인공지능 및 제조와 같은 기술의 발전은 신기술의 궤도를 예측하고 안보에 미치는 영향을 이해하는 데 특별한 주의를 기울여야 한다.

중국은 2030년까지 다양한 신기술 분야에서 리더십을 달성하겠다는 목표를 갖고 있다. 중국은 자원이 풍부하고 종합적인 전략을 가지고 있기 때문에 미국의 1차 전략 경쟁국으로 두각을 나타내고 있다. 모든 중국 기관이 군사, 정보, 보안 서비스와 기술과 정보를 공유하도록 요구하는 군사-민간 융합 정책과 국가정보법을 통해 기술 이전과 정보 수집을 포함한 국가 목표를 진전시키기 위한 기술을 획득하고 사용한다.

- 베이징은 생명공학, 첨단 컴퓨팅, 인공지능과 같은 광범위한 활성화 기술뿐만 아니라 안전한 통신과 같은 틈새 기술 필요성 등 군사적·경제적 미래에 매우 중요하다고 생각하는 기술에 초점을 맞추고 있다.

모스크바는 또한 첨단 과학기술 개발을 국가 안보 우선순위로 보고 기술 주권을 보존하기 위해 노력하고 있다. 러시아는 국내 연구 개발 노력을 발전시키기 위해 점점 더 인재 모집 및 국제 과학 협력을 모색하고 있지만, 자원 제약으로 인해 인공지능의 군사적 응용과 같은 몇 가지 핵심 기술에 국내 연구 개발 노력을 집중하지 않을 수 없었다.

사이버

국가 및 그 대리인들로부터의 사이버 위협은 여전히 심각할 것이다. 외국 국가들은 정보를 훔치고, 인구에 영향을 미치며, 물리적 및 디지털 중요 인프라를 포함한 산업 피해를 입히기 위해 사이버 작전을 사용한다. 이러한 능력을 가진 국가와 비국가행위자가 늘고 있지만, 우리는 여전히 러시아, 중국, 이란, 북한에 대해 가장 우려하고 있다. 미국을 겨냥한 많은 숙련된 외국 사이버 범죄자들은 안전한 피난처나 그들의 활동으로부터 이익을 제공하는 이런저런 나라들과 상호 이익이 되는 관계를 유지하고 있다.

전 세계 군사적 사용 증가를 포함하여 국가의 권력 도구로 사이버 작전 사용이 증가함에 따라 더 파괴적이고 교란적인 사이버 활동의 가능성이 높아졌다. 각국이 보다 공격적인 사이버 작전을 시도함에 따라 민간인에게 영향을 미치고 유사한 결과를 추구하는 다른 국가들을 대담하게 만들 가능성이 높다.

전 세계의 권위주의 및 자유주의 정권은 점점 더 디지털 도구를 활용하여 시민을 감시하고, 표현의 자유를 통제하며, 정보를 검열 및 조작하여 인구 통제를 유지한다. 이러한 정권은 해외 인구를 감시하고 영향을 미치기 위한 광범위한 노력의 일환으로 언론인 및 소수 종교를 해킹하거나, 온라인에서 언론의 자유를 허용하는 도구의 공격과 같이 국경을 넘어 시민에게 영향을 미치는 사이버 침입을 점점 더 많이 수행하고 있다.

민주주의 국가들은 국내의 안보 위협에 맞서면서 어떻게 사생활과 시민의 자유를 보호할 것인가에 대한 논의를 계속할 것이며, 언론의 자유는 주요 기술 회사들에 의해 제한될 수 있다는 인식에 맞설 것이다. 한편 권위주의적이고 비자유주의적인 정권은 아마도 국내에서의 억압적인 프로그램과 해외에서의 악의적 영향력을 정당화하기 위해 민주주의 국가들이 이러한 도구들을 수용하는 것을 지적할 것이다.

지난 10년 동안, 국가 후원 해커들은 소프트웨어 및 IT 서비스 공급망을 손상시켜 스파이, 방해 공작, 전투 준비 등의 작업을 수행하는 데 도움을 주었다.

• 러시아 소프트웨어 공급망의 미국 기반 IT 기업에 대한 활동으로 미국 연방, 주 및 지방 정부, 중요 인프라 기업, 기타 민간 부문 조직을 포함한 전 세계 약 1만 8000명의 고객이 노출되었다. 행위자들은 몇몇 미국 정부 기관을 포함한 일부 고객의 시스템을 손상시키기 위한 후속 활동을 계속했다.

외국의 불법 마약과 조직범죄

우리는 매년 수만 명의 미국인을 사망하게 하는 잠재적인 불법 마약을 공급하는 초국가적 조직범죄 네트워크의 위협이 여전히 심각한 수준에 머물 것으로 예상한다. 팬데믹은 주로 이동 제한 때문에 마약 밀매업자들에게 몇 가지 난제를 야기했지만, 치명적인 과다 복용이 증가한 것으로 그들의 적응력이 뛰어났음이 입증되었다.

• 멕시코의 마약 밀매업자들이 코카인, 펜타닐, 헤로인, 마리화나, 필

로폰의 미국 내 밀수를 주도하고 있다. 그들은 멕시코에서 헤로인, 마리화나, 필로폰을 생산하고, 남아메리카 공급자들로부터 코카인을 얻는다. 그들은 올해 안에 아시아에서 수입한 화학 전구체를 사용하여 고품질 펜타닐을 생산하는 데 거의 틀림없이 진전을 이룰 것이다.

● 미국 질병통제센터에 따르면 2018년부터 2019년까지 총약물 과다복용 사망자가 증가했으며, 오피오이드(특히 펜타닐)가 사망자 수의 절반 이상에 관련 있다고 한다. 2020년 7월 현재, 잠정적인 자료에 따르면 총약물 과다복용 사망자는 계속 증가하고 있다.

● 팬데믹과 관련하여 미국 남서부 국경의 더 엄격한 통제 때문에 마약밀매업자들은 일시적으로 마약 밀수를 늦추었지만 그 이후 영업을 재개했다.

초국가적 범죄조직들은 미국과 외국 기업들로부터 훔치기 위해 사이버 도구를 계속 사용할 것이고, 불법 수익금을 세탁하기 위해 복잡한 금융 계획을 사용할 것이며, 금융기관에 대한 신뢰를 떨어뜨릴 것이다.

이주

경제적 격차와 극심한 날씨와 분쟁의 영향을 포함하여 전 세계적 이주와 이동을 이끄는 힘은 이주와 난민 흐름을 부추길 것이 거의 확실하지만, 팬데믹 제한은 국경 간 이동에 대한 견제 수단으로 남을 것이다. 이동과 퇴거는, 특히 코로나19가 전 세계적인 인도주의적 대응 메커니즘과 자금 지원을 방해하기 때문에, 인도주의적 요구를 고조시키고, 정치적 격변의 위험을 증가시키며, 다른 건강 위기 위험을 악화시키고, 무장 단체에 의한 모집과 급진화를 지원할 것이다.

많은 난민들과 내부 실향민들은 그들의 집으로 돌아오지 못할 것 같다.

자국 국경 내에서 이주하는 사람들의 수가 계속 증가하고 있으며, 정부가 국내 인구를 돌보고 대중의 불만을 완화하는 능력을 더욱 압박하고 있다. 초국가적 조직범죄 집단은 갈취, 납치, 강제 노동을 통해 이민자를 착취하고 다른 불법 활동으로부터 주의를 돌리기 위해 이주를 촉진한다.

서반구에서는 특히 미국의 코로나19 감염률이 감소하는 경우, 미국 이민 정책과 계절적 고용 기회의 인식된 변화와 더불어 팬데믹과 허리케인의 복합적인 영향이 미국행 이민 부활의 경제적·물리적 조건을 조성하고 있다.

지난해에는 코로나19와 연계된 이동성 제한이 처음에는 중앙아메리카에서 미국 남서부 국경으로의 이주를 억제했지만, 2020년 중반부터는 이주민 수가 다시 증가하기 시작했다.

출생지 국가에서는 이러한 과제를 해결할 능력이 부족하기 때문에 높은 범죄율과 취약한 고용시장이 중앙아메리카로부터의 미국행 이주를 위한 주요 추진 요인으로 남아 있다.

중동과 북아프리카에서 유럽으로의 이주는 2015년 절정기 이후 계속 감소해 왔으며, 코로나19 여행 제한은 올해 이민자 흐름을 더욱 억제할 가능성이 높다. 하지만, 중동에서의 새로운 분쟁은 더 많은 이주를 촉발할 수 있고, 이전의 물결은 많은 유럽 국가들의 내셔널리즘 정서를 부채질했다. 각국은 주권 상실과 정체성 상실 운동을 벌이는 포퓰리즘 정치인과 정당이 부상하는 것을 목격하고 있다. 일부 유럽 국가들은 이주와 코로나19 우려와 고령화된 노동력을 보충하기 위한 노동자의 필요성의 균형을 맞추려고 노력하고 있다.

세계적 테러리즘

우리는 ISIS와 알카에다가 여전히 해외의 미국 이익에 가장 큰 수니

파 테러 위협으로 남아 있다고 평가하고 있으며, 그들은 또한 지속적인 미국과 동맹국들의 대테러(counter terrorism: CT) 압력이 그들의 공격 능력을 크게 저하시켰음에도 불구하고 미국 내부에서 공격을 시도하고 있다. 미국에 기반을 둔 외로운 행위자들과 광범위한 이념적 동기를 가진 작은 세포 테러리스트들은 더 큰 즉각적인 국내 위협을 제기한다. 우리는 알카에다와 ISIS로부터 영감을 받은 국내에서 자란 폭력 극단주의자들(homegrown violent extremists: HVE)과 인종적 편견과 반정부 정서와 같은 국내의 영향에서 비롯된 이념적 목적을 위해 테러를 저지르는 국내의 폭력 극단주의자들(domestic violent extremists: DVE) 내부에서 이러한 외적인 위협이 드러나는 것을 본다. 국내 폭력 극단주의자들은 또한 해외에서 같은 생각을 가진 개인과 단체에서 영감을 받는다. 테러 위협의 확산, 많은 나라들의 우선순위 경쟁, 그리고 어떤 경우에는 서구의 대테러 지원 축소가 테러리스트들에게 기회를 넓혀주고 최근의 좌절로부터 회복할 공간을 제공할 것이다.

ISIS: ISIS는 이라크와 시리아에서 장기간의 반란을 일으킬 수 있으며, 고위 지도부의 손실에도 불구하고 국제 조직을 이끌 수 있다. 서구에서 ISIS에서 영감을 받은 사람들에 의한 공격은 2017년 정점을 찍은 이후 감소하기는 했지만 여전히 이러한 공격은 이 단체의 우선순위이다. ISIS가 미국에 공격자를 배치하고 지원하기 위해 극복해야 할 물류 및 보안 문제를 고려할 때, ISIS가 운영 또는 지시하는 음모가 아니라 ISIS에 영감을 받은 공격이 올해 미국 본토에 대한 ISIS의 주요 위협으로 남을 가능성이 매우 높다.

• ISIS는 이라크와 시리아에서 저항 세력을 확대하려 할 것이며, 시

리아에서는 현지 지도자들과 안보 요소, 기반 시설, 재건 노력을 공격하고 있다.

- ISIS의 이념적 호소는 비록 더 적은 수용자에게 통한다 하더라도 거의 틀림없이 효과가 있을 것이다. 이 단체는 앞으로도 자체 미디어들을 이용해 ISIS 지도부의 지시가 없어도 세계 지지자들이 스스로 공격을 감행하도록 유도할 것이지만, ISIS의 미디어 능력 저하로 인해 이전과 같이 잦은 공격 유도와 신병과 지지자 모집에 어려움이 있을 것이다.

알카에다: 알카에다의 고위 지도부 간부는 지난 몇 년 동안 심각한 손실을 입었지만, 남은 지도자들은 지역적 요소들 간의 협력을 장려하고, 미국을 비롯한 다른 국제적 목표들에 대한 공격을 계속 요구하며, 전 세계의 음모를 진전시키기 위해 노력할 것이다. 알카에다의 지역 계열 조직들은 지역 분쟁과 통제되지 않은 공간을 이용하여 미국과 서방의 이익뿐 아니라 해외의 지방 정부와 인구를 위협할 것이다.

- 알카에다의 사헬과 소말리아에 있는 계열 조직들은 지난 2년 동안 이득을 얻었으나 알카에다 그룹은 주요 지도자들을 잃거나 북아프리카, 남아시아, 시리아, 예멘에서의 제한된 작전만 관리하는 등 다른 곳에서는 차질을 겪었다.

헤즈볼라: 우리는 헤즈볼라가 이란 및 이란과 동맹인 시아파 무장단체들과 협력하여 테러 억지력, 보복 선택지, 그리고 적대국들에 대한 강압 수단으로서 테러 능력을 계속 개발할 것으로 예상하고 있다.

헤즈볼라는 이란의 이슬람혁명수비대 쿠드스군 사령관 카셈 솔레이마니 피살 사건 이후 레바논과 중동에서 미국의 영향력 축소에 주력하고 있다. 헤즈볼라는 레바논과 이 지역 내, 해외, 그리고 미국 내 미국의 이익을 직간접적으로 겨냥할 수 있는 능력을 유지하고 있다.

인종적 또는 민족적 동기를 가진 폭력적 극단주의자: 알카에다 및 ISIS와 같은 지하디 테러리스트 조직과 연계되지 않거나 영감을 받지 않는 다양한 이념에 의해 동기 부여된 국내 폭력 극단주의자들은 미국에 높은 위협이 되고 있다. 이러한 다양한 극단주의자들은 인종적 또는 민족적으로 동기 부여된 위협, 반정부적 또는 반권위적 위협을 포함하여 점점 더 복잡해지는 위협 환경을 반영한다.

과격주의자들은 백인 우월주의, 신나치주의, 배타적 문화-민족주의 신념을 지지하고 종종 이런 사상들의 혼합을 지지하는데, 느슨한 온라인 커뮤니티를 통해서 서구의 같은 생각을 가진 개인 및 집단과 지속적인 초국가적 연결고리를 가지고 있다. 이러한 확산 운동의 위협은 수십 년 동안 퇴색되어 왔으나 2015년 이후 증가했다.

- 백인종의 우월성을 선전하는 과격한 극단주의자들은 2015년 이후 141명 이상의 사망자를 낸 최소 26건의 살상 공격과 수십 건의 서방 세계에서 일어난 파괴적인 음모에 책임이 있다. 이러한 극단주의자들은 종종 자신들을 더 넓은 지구촌 운동의 일부라고 생각하지만, 대부분의 공격은 개인이나 작고 독립적인 세포에 의해 수행되었다.
- 오스트레일리아, 독일, 노르웨이 및 영국은 신나치 그룹을 포함하여 인종적 또는 민족적 동기를 가진 폭력적 극단주의자들을 가장 빠르게 증가하는 테러 위협으로 간주한다.
- 이들 및 반정부 또는 반권위 극단주의자들과 같은 다른 국내 폭력 극단주의자들은 모두 그들의 목표에 대한 이념적·사회적·정치적·개

인적 불만이 뒤섞여 동기 부여되고 고무되는데, 목표에는 대규모 공공 집회, 예배당, 법 집행기관, 정부 시설, 소매업소가 점점 더 많이 포함된다. 정의상 자신의 계획에 대해 다른 사람들과 공모할 가능성이 없는 외로운 행위자들은 점점 더 부드럽고 친숙한 공격 대상을 선택하게 되어 법 집행기관의 탐지 및 사전 차단을 어렵게 하고 있다.

화학·생물학·방사능·핵 물질(CBRN: Chemical, Biological, Radiological, Nuclear materials): 테러리스트들은 미국의 이익에 반해서 아마도 미국 본토에 화학 및 생물학적 제제를 사용한 공격에 여전히 관심이 있다.

분쟁과 불안정

국내 및 국가 간 분쟁과 불안정은 향후 1년 동안에도 미국 국민과 이익에 직간접적인 위험을 가할 것이다. 권력과 자원, 민족 분쟁, 이데올로기 경쟁은 많은 나라에서 반란과 내전을 일으킬 것이다. 또한 중국과 인도 간에 국경 분쟁에서부터 잠재적으로 더 지속적인 폭력 대결에 이르기까지 국가 간 분쟁도 격화될 것이다.

아프가니스탄

우리는 내년까지도 평화 협정의 전망이 여전히 어두울 것으로 평가한다. 탈레반은 전장에서 이익을 낼 가능성이 있으며, 연합군이 지원을 철회하면 아프간 정부는 탈레반 저지선을 유지하기 위해 안간힘을 쓸 것이다.

- 카불은 전장에서 계속 밀리고 있으며, 탈레반은 자신들이 군사적 승리를 거둘 수 있다고 확신하고 있다. 아프가니스탄군은 주요 도시와 다른 정부 거점들을 계속 확보하고 있지만, 그들은 방어 임무에 묶여 있으며, 2020년에 버려진 지역에서 영토를 탈환하거나 주둔지를 다시 세우기 위해 고군분투하고 있다.

인도-파키스탄

비록 인도와 파키스탄 간 전면전이 일어날 가능성은 낮지만, 두 나라 사이의 위기는 고조되어 에스컬레이션 주기를 위험에 빠트릴 가능성이 있다. 나렌드라 모디 총리 주도로 인도는 과거보다 파키스탄의 인지적 또는 실제적인 도발에 대해 군사력으로 대응할 가능성이 더 높아졌다. 긴장이 고조되면 두 핵무장 이웃 사이의 분쟁 위험이 증가하고 카슈미르 내 폭력사태나 인도 내 무장세력 공격이 잠재적 발화점으로 부상하고 있다.

중동

중동은 만연된 분쟁으로 특징지어질 것이며, 여러 나라에서 반란이 일어나고, 이란과 다른 나라들 사이에 분쟁이 일어나며, 지속적인 테러와 항의 운동이 이따금씩 폭력을 불러일으키고 있다. 특히 이 지역이 코로나19 팬데믹으로 인한 경제적 여파를 겪고 있고 지도자들이 정치 및 경제 개혁에 대한 대중의 기대를 충족시키기 위해 고군분투하고 있는 가운데, 국민들의 불만과 사회경제적 불만이 계속 증가함으로 인해 국내 변동성은 지속될 것이다. 부글부글 끓어오른 분쟁에 특히 러시아, 터키 및 여타 국가들이 개입할 경우 폭발할 수 있으며, 이는 확대와 오판의 위험을 증가시킨다.

이라크: 이라크 정부는 ISIS와 싸우고 이란의 지원을 받는 시아파 민병대를 통제하기 위해 계속해서 투쟁할 것이 거의 확실하다. 바그다드는 ISIS 지도자들과 세포들을 공략하기 위해 미국과 다른 외부 지원에 의존하고 있다. 그럼에도 불구하고 이 단체는 저항 세력으로서 회복력을 보였다. 이란의 지원을 받는 시아파 민병대는 이라크 정부가 철군 일정에 합의하지 않을 경우 미군이 철수하도록 압박하기 위해 지난 2월 아르빌 국제공항 로켓 공격과 같은 미국의 목표물들에 대한 공격을 계속할 것으로 보인다. 만약 정부 부패와 쇠퇴하는 경제에 반대하는 대중 시위가 더 격렬하게 바뀌거나 바그다드가 더 광범위한 지역 분쟁에 휘말리게 된다면, 미국인들도 위험에 직면할 것이다.

리비아: 임시국민통합정부는 이전 정부가 화해를 진전시키지 못했던 지속적인 정치적·경제적·안보적 난관에 직면할 것이다. 리비아의 경쟁 국들이 그들의 의견 차이를 해결하기 위해 노력하고 있으며 외국 행위자 들이 영향력을 행사함에 따라, 제한적인 정치적·경제적·안보적 진전에도 불구하고, 리비아 내전의 불안정과 재충전의 위험은 올해 지속될 것이다. 이집트, 러시아, 아랍에미리트, 터키 각국은 대리인단에 대한 재정적·군 사적 지원을 계속할 가능성이 있다. 잠재적 인화점은 외국 군대의 철수를 요구한 2020년 10월 유엔이 중개한 휴전협정을 러시아와 터키가 준수하 는지 여부이다.

시리아: 분쟁, 경제적 쇠퇴, 인도주의적 위기가 앞으로 몇 년 동안 시 리아를 괴롭힐 것이며, 미군에 대한 위협은 더욱 커질 것이다. 바샤르 알 아사드 대통령은 시리아 핵심부를 확고히 장악하고 있지만 터키군 강화, 이슬람 극단주의, 이들리브주 반군 등 잔존 반대 세력에 맞서 온 나라에 대한 통치권 재확립을 위해 고군분투할 것이다. 아사드는 의미 있는 협상 을 중단하고 러시아와 이란의 지원에 의존할 것이다. 쿠르드족은, 특히 쿠르드족 경제 및 인도주의 여건이 악화되고 미국이 군대를 철수할 경우 시리아 정권, 러시아, 터키의 압박이 가중될 것으로 보인다. 동부 시리아 에 주둔하고 있는 미군은 이란과 시리아 정권 연합 집단군의 위협에 직면 하게 될 것이다. 이들은 공격을 부인할 것이다. 테러리스트들은 안전한 피난처에서 서방세계에 대한 공격을 감행할 것이며, 전투가 증가하거나 경제 붕괴하여 또 다른 이민의 물결을 촉발할 수도 있다.

아시아
올해 2월에 일어난 버마군의 정권 탈취와 아웅산 수치 국가고문 구금, 그리고 1년 비상사태 선포는 그 나라의 민주적 전환의 단절을 의미했고 코로나19와 관련된 경제적 압박 속에서 새로운 사회 불안과 광범위한 대중 시위를 야기했다.

라틴아메리카

서반구는 선거 다툼이나 격렬한 민중 시위를 포함하여, 내년에는 변동성이 과열된 국가를 거의 확실히 볼 것 같다. 라틴아메리카는 올해 대통령 선거와 의회 선거를 몇 차례 치를 예정인데, 온두라스와 니카라과 같은 나라의 일부 선거는 부정선거 의혹이 제기될 정도로 양극화된 환경 속에서 진행되고 있다.

- 코로나19 팬데믹 이후 심각한 경제 침체에 대한 국민들의 불만이 고조되고 있으며, 이는 범죄와 광범위한 공직 부패에 대한 대중의 우려를 더욱 악화시키고 있다. 콜롬비아, 과테말라 및 페루는 팬데믹 기간 동안 시위가 발생했다.
- 이미 높은 범죄율과 마약 밀매는 아마도 빈곤이 악화되고 경찰과 사법부의 자원이 줄어들면서 증가할 것이고, 이로 인해 미국으로의 이민 시도를 부추길 가능성이 있다.
- 베네수엘라의 정치적·경제적 위기는 계속될 것이며, 베네수엘라 사람들이 라틴아메리카의 나머지 지역으로 계속해서 탈출할 것이다. 라틴아메리카 일부 국가들은 코로나19 감염과 사망이 세계에서 가장 높아 고전하고 있는 정부에 부담을 가중시킬 것이다.

아프리카

동아프리카는 에티오피아의 민족 분쟁, 수단 과도정부 내부의 권력 투쟁, 소말리아의 계속되는 불안정으로 고군분투할 것이며, 지역 간 폭력과 테러리즘의 변덕스러운 혼합은 서아프리카의 안정을 위협할 것이다. 분쟁과 통치가 제대로 되지 않는 공간, 일부 지역사회의 소외, 그리고 지속적인 통신 연결은 내년 중에 특히 사헬과 동아프리카 및 남부 아프리카의 일부 지역에서 테러를 부채질할 가능성이 있다. 사하라 이남 아프리카 전역에서 일련의 선거는 정치적 불안과 폭력의 위험을 높일 것이다.

지은이

미국 국가정보위원회

NATIONAL INTELLIGENCE COUNCIL

미국 국가정보위원회는 CIA, FBI, NSA 등 미국의 정보기관 16개를 통괄하는 국가정보장(DNI)의 직속기관으로서, 미국 대통령 및 정책 입안자의 대내외 정책 수립과 정보 공동체의 역할 수행을 돕기 위해 광범위한 영역의 정보를 수집·분석하여 제공한다. 국가정보위원회에서는 국가정보관(NIO)으로 불리는 12명의 분야별·지역별 전문가를 중심으로 매년 외부 위협을 전략적으로 평가한 국가정보 판단서(NIE)를 생산해 정보 공동체 내에 배포하며, 특히 1997년 11월부터 미국 대선에 맞춰 4년마다 향후 20년을 내다보는 미래 예측 보고서인 '글로벌 트렌드'를 작성해 일반에게도 공개해 왔다. 미국의 정보 수집 및 분석 역량이 집결된 '글로벌 트렌드' 보고서는 새로운 미 행정부의 중장기 전략과 정책 구상에도 지대한 영향을 미치는 까닭에 발표될 때마다 미국 안팎으로 큰 관심을 불러일으키고 있다.

옮긴이(가나다순)

박동철　서울대학교 국제경제학과를 졸업하고, 미국 오하이오 대학교에서 경제학 석사 학위를 받았다. 주EU대표부 일등서기관, 이스라엘 및 파키스탄 주재 참사관을 지냈고, 현재는 정보평론연구소를 운영하면서 연구와 집필 활동에 매진하고 있다. 『트럼프의 미국 우선주의』의 해제를 달았다. 옮긴 책으로 『글로벌 트렌드 2025』, 『글로벌 거버넌스 2025』, 『정보 분석의 혁신』, 『글로벌 트렌드 2030』, 『창조산업: 이론과 실무』, 『글로벌 트렌드 2035』, 『스파이 세계사』(근간) 외 다수가 있다.

박삼주　서울대학교 경제학과를 졸업했다. 옮긴 책으로 『글로벌 트렌드 2035』, 『믿음 이해하기』, 『정보와 사회』, 『극단의 도시들』이 있다.

박행웅　한국외국어대학교 영어과 및 동 대학원을 졸업하고 KOTRA 밀라노 및 류블리아나(슬로베니아) 무역관장과 정보기획처장, 그리고 한국출판협동조합 전무를 역임했다. 옮긴책으로 『인터넷 갤럭시』, 『네트워크 사회』, 『마누엘 카스텔의 커뮤니케이션 권력』, 『미·중 분쟁의 실상』, 『한국전쟁과 냉전의 시대』 등 다수가 있다.

정승욱　연세대학교 행정대학원에서 정치행정리더십을 전공하고 1989년 세계일보에 입사했다. 『김정일 그 후』, 『새로운 중국, 시진핑 거버넌스』, 『일본은 절대로 침몰하지 않는다』, 『2030년을 지배하는 초일류 기업분석 15』를 썼다. 옮긴 책으로 『붉은 황제의 민주주의』가 있다.

글로벌 트렌드 2040

더 다투는 세계

지은이   미국 국가정보위원회
옮긴이   박동철, 박삼주, 박행웅, 정승욱
펴낸이   김종수
펴낸곳   한울엠플러스(주)
편집   김하경, 조일현, 조수임

초판 1쇄 인쇄   2021년 5월 14일
초판 1쇄 발행   2021년 5월 20일

주소   10881 경기도 파주시 광인사길 153 한울시소빌딩 3층
전화   031-955-0655
팩스   031-955-0656
홈페이지   www.hanulmplus.kr
등록번호   제406-2015-000143호

ISBN 978-89-460-8081-2 03340

Printed in Korea.

NIC GLOBAL TRENDS SERIES

= 미국 국가정보원(NIC)의 글로벌 트렌드 시리즈 =

미국 국가정보기관 NIC가 미 대통령을 위해 작성하는 미래 예측 보고서

"이 보고서의 목적은 오늘날 세계의 거대하고 급속한 지정학적 변화와 앞으로
15~20년 동안 가능한 그 변화의 궤적에 관해 사람들의 생각을 자극하는 데 있다."

미국 국가정보위원회(National Intelligence Council, NIC)는 미국 정보공동체를 통할하는 정보
총리격인 미국 국가정보국(Director of National Intelligence, DNI)의 직속 자문기관이다. 각 분
야별·지역별 전문가로 구성되어 미국의 중장기 전략 구상 및 정보 판단을 주 임무로 하
며, *Global Trends 2010*(1997)을 시작으로 4년마다 장기 미래 예측 보고서를 작성해 대
외적으로 공개해 왔다. 한울은 『글로벌 트렌드 2025』(2009)를 시작으로 이 보고서의 한국
어판을 꾸준히 출간해 왔다.

Global Trends 2035 : Paradox of Progress

글로벌 트렌드 2035 : 진보의 역설

미국 국가정보위원회(NIC) 지음/ 박동철 외 옮김/ 2017년 2월 발행

▶ 親트럼프와 反트럼프로 시작된 역설의 시대
고령화하는 부국, 커지는 승자와 패자의 격차, 환경 및 보건 위기

Global Trends 2030 : Alternative Worlds

글로벌 트렌드 2030 : 선택적 세계

미국 국가정보위원회(NIC) 지음/ 박동철 옮김/ 2013년 3월 발행

▶ 팍스 아메리카나 시대가 저물고 있다
개인의 힘 증대, 위기에 빠지기 쉬운 세계경제, 걷잡을 수 없는 불평등

Global Trends 2025 : A Transformed World

글로벌 트렌드 2025 : 변모된 세계

미국 국가정보위원회(NIC) 지음/ 박안토니오 옮김/ 2009년 3월 발행

▶ 새로운 국제질서로 전환되는 향후 20년
BRICs의 파경, 서방 없는 세계, 풍요 속의 빈곤, 다극 세계의 권력 분점

한울엠플러스(주)
www.hanulmplus.kr | blog.naver.com/hanulnew
Tel. 031-955-0655 Fax. 031-955-0656